育児・介護休業のすべて

制度から手続きまでがぱっとわかる

特定社会保険労務士
多田智子

はじめに

この本を手に取ってくださった皆さんは，おそらく，

人事部・総務部の方々

会社で「育児休業の個別周知」や「相談窓口の設置」などの制度が導入され，育児休業に関する正しい知識が必要になったので習得したい！

育児休業を取得しようと考えている方々

妊娠，出産，育児に関する法律は，実は育児・介護休業法のみではなく複数の法律が絡み合っていてよくわからない。加えて，社会保険手続きに関する情報も網羅的に把握したい！

会社の経営者・管理職の方々

部下を持つ者として最近，注目を浴びている育児休業制度。男性社員からの取得申出が増えてくることを鑑み，一般的な知識を得たい！

…皆さん，それぞれ目的がおありになるかと思います。

本書はその目的にしっかりとお応えできるような書籍を目指して，構成しています。

❶ 時系列に必要な法律と制度を解説

❷ 複雑で難しい法律は図で解説

❸ ちょっと気になる点は，Q&A で解消

❹ 留意点は，ワンポイントで補足

❺ 社会保険手続きも網羅

育児・介護休業法は1992年に制定された法律です。昨今では，社会的な課題と連動し，数年おきに頻繁に改正されている法律の１つです。ワークライフバランスという言葉がありますが，まさに「仕事と生活の調和」を考えていきますと，私たちのライフステージにより必要とする制度等は違ってきます。

養育期は，両親の育児への参画を促す制度，子どもが大きくなると自らのキャリアを成長させるような機会や教育の場，そして親の介護が始まると介護と仕事を両立できるような制度。

企業はこれから労働人口の減少に伴い，自社で教育してきた従業員がどのようなライフステージにあっても活躍できる環境を醸成していくことが，重要な人材戦略になります。

このような課題に頻繁に対応している育児・介護休業法は，今後ますます，私たちの生活に密接な法律だと認識されてくるのは間違いありません。

本書から法律を理解し，ひいては法律遵守のみならず，企業がより成長するために従業員が働きやすい職場環境の構築をイメージしていただくきっかけになれば，筆者としては嬉しいかぎりです。まずは正しい知識を持って，さらに発展的な制度構築の一助になればと願ってやみません。

特定社会保険労務士　多田智子

第1章 ▶出産～育児にかかる法律の諸制度・体系を理解しましょう

出産・育児の制度概要

▶妊娠期に取得可能な制度を知っておきましょう

第1章−1 妊娠期の諸制度

▶子育て期の諸制度の枠組みを理解しましょう

第１章−２　子育て期の諸制度

第2章 ▶介護休業制度の建付けを理解しましょう

介護休業にかかる諸制度

第3章 ▶基本を押さえ，法改正に留意しましょう

育児・介護休業にかかる給付金・社会保険等の手続き

第4章 ▶ハラスメントの定義を正確に捉えましょう

育児・介護休業等に関する不利益取扱いとハラスメント

第5章 ▶育児・介護休業法の違反となる対応を確認しましょう

妊娠・出産・育児・介護にまつわる法的問題と対応策

コラム

本書の使い方1

本書は，知りたいとき，確認したいときに，ぱっと開けばすぐわかるように作りました。
どんなつくりになっているのか，まずはご確認ください。

キーワード
何について書かれているかがぱっと見てわかります。

タイトルとその要約
制度ごと，法律ごと，発生する順番に章立てし，何について解説しているか（制度なのか，法律なのか，手続きなのか），わかるようにタイトルをつけました。
囲みの中は，要約です。ここはしっかり理解しましょう。

ステップと必要な書類
事務を行う際には，ステップを追って，確実に実行しましょう。
必要な書類等，提出先などをここに整理しました。

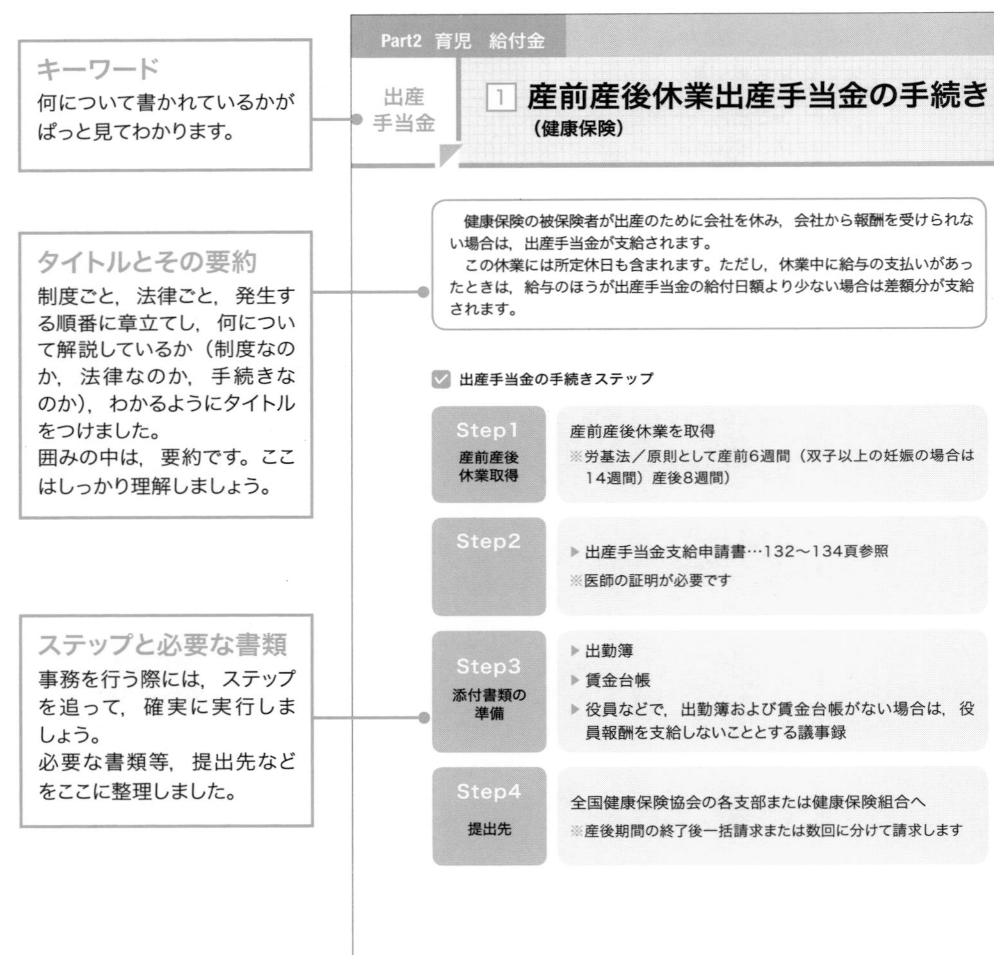

Part2 育児 給付金
出産手当金
1 産前産後休業出産手当金の手続き
（健康保険）
健康保険の被保険者が出産のために会社を休み，会社から報酬を受けられない場合は，出産手当金が支給されます。
この休業には所定休日も含まれます。ただし，休業中に給与の支払いがあったときは，給与のほうが出産手当金の給付日額より少ない場合は差額分が支給されます。
出産手当金の手続きステップ
Step1
産前産後休業取得
産前産後休業を取得
※労基法／原則として産前6週間（双子以上の妊娠の場合は14週間）産後8週間）
Step2
▶出産手当金支給申請書…132～134頁参照
※医師の証明が必要です
Step3
添付書類の準備
▶出勤簿
▶賃金台帳
▶役員などで，出勤簿および賃金台帳がない場合は，役員報酬を支給しないこととする議事録
Step4
提出先
全国健康保険協会の各支部または健康保険組合へ
※産後期間の終了後一括請求または数回に分けて請求します

見開き解説
左側には，ルールや手続きの要約を，右側には，わかりにくい部分の解説や図解を示すようにしました。ぱっと開いたページに必要な知識が載っています。

太字
重要なところが太字になっています。まずはここをチェックしましょう。

▶ 出産手当金の支給を受ける条件

被保険者が出産のため仕事を休み，給与を受けられない場合は，出産手当金が支給されます。
なお，**被保険者の資格を失った場合**でも，資格喪失日の前日（退職日等）までに被保険者期間が継続して１年以上あり，**資格喪失日の前日（退職日等）に出産手当金の支給を受けているか**，受けられる状態であれば，被保険者期間中に引き続いて支給を受けることができます。

▶ 支給期間と支給額

❶ 支給期間

出産手当金は出産の日（出産が出産予定日より遅れた場合は出産予定日）以前42日（多胎妊娠の場合は98日）から出産日後56日までの期間で，支給要件を満たした期間について支給されます。なお，**出産日は出産の日以前**の期間に含まれます。また，出産が出産予定日より遅れた場合は，その期間を含めて支給されます。

支給期間（産前42日＋α日（予定日～出産日）＋産後56日）

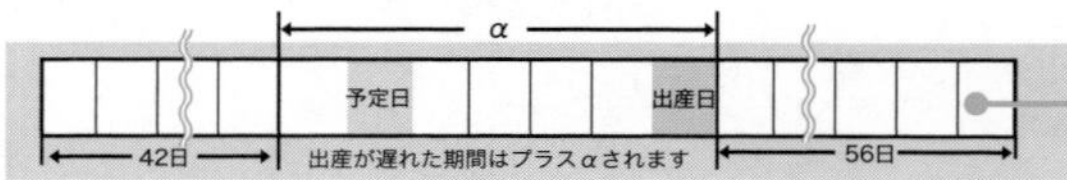

図解
いろいろなケースが多いですが，それらを整理できるように図解化しました。複雑な内容も図で理解しましょう。

❷ 支給額

出産手当金の支給額は，１日につき**支給開始日以前の継続した12カ月の各月の標準報酬月額を平均した額の30分の１（１円未満四捨五入）の３分の２に相当する額**です。給与の支払いがあって，出産手当金の額より少ない場合は，その差額が支給されます。

ONE POINT「支給開始日」とは一番最初に出産手当金が支給された日のことです。

支給開始日の以前の期間が12カ月に満たない場合は，次のいずれか低い額を使用して計算します。
ア　支給開始日の属する月以前の継続した各月の標準報酬月額の平均額
イ　標準報酬月額の平均額

ワンポイントアドバイス
基本を理解できたら，次に，さまざまな留意点も知っておきましょう。いつか役に立つワンポイントアドバイスです。

書類記入上の注意点

書類は，一度の作業で完璧に完了したいものです。間違えやすい部分，注意したい部分を，実際の書類上で解説しました。

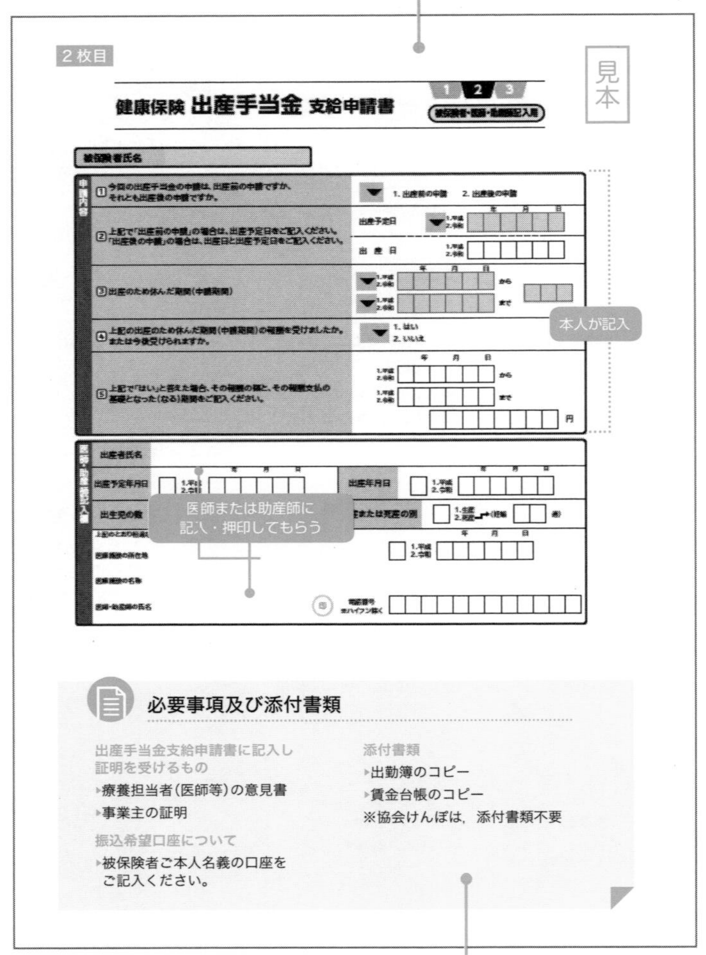

２枚目

見本

健康保険 出産手当金 支給申請書

1 2 3

被保険者・医師・助産師記入用

被保険者氏名

申請内容

① 今回の出産手当金の申請は、出産前の申請ですか、それとも出産後の申請ですか。 1. 出産前の申請 2. 出産後の申請

② 上記で「出産前の申請」の場合は、出産予定日をご記入ください。「出産後の申請」の場合は、出産日と出産予定日をご記入ください。 出産予定日 1.平成 2.令和 年 月 日 / 出産日 1.平成 2.令和

③ 出産のため休んだ期間（申請期間） 1.平成 2.令和 年 月 日 から / 1.平成 2.令和 まで

④ 上記の出産のため休んだ期間（申請期間）の報酬を受けましたか。または今後受けられますか。 1. はい 2. いいえ

⑤ 上記で「はい」と答えた場合、その報酬の額と、その報酬支払の基礎となった（なる）期間をご記入ください。 1.平成 2.令和 年 月 日 から / 1.平成 2.令和 まで / 円

医師・助産師記入欄

出産者氏名

出産予定年月日 1.平成 2.令和 年 月 日 出産年月日 1.平成 2.令和 年 月 日

出生児の数 生産または死産の別 1.生産 2.死産（妊娠 週）

上記のとおり相違ないことを証明する。 1.平成 2.令和 年 月 日

医療施設の所在地

医療施設の名称

医師・助産師の氏名 印 電話番号 ※ハイフン除く

必要事項及び添付書類

出産手当金支給申請書に記入し証明を受けるもの

- 療養担当者（医師等）の意見書
- 事業主の証明

振込希望口座について

- 被保険者ご本人名義の口座をご記入ください。

添付書類

- 出勤簿のコピー
- 賃金台帳のコピー

※協会けんぽは，添付書類不要

必要事項および添付書類

書類提出の際に必要となる証明書や添付書類などについて，整理してあります。従業員に説明するときにも便利です。

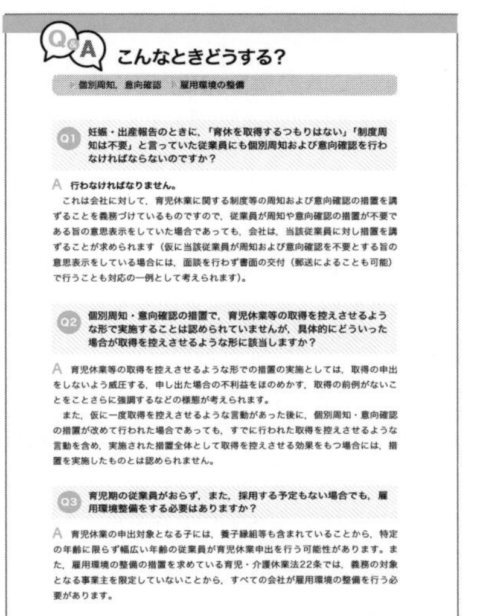

こんなときどうする?

▶個別周知、意向確認　▶雇用環境の整備

Q1 妊娠・出産報告のときに、「育休を取得するつもりはない」「制度周知は不要」と言っていた従業員にも個別周知および意向確認を行わなければならないのですか？

A **行わなければなりません。**

これは会社に対して、育児休業に関する制度等の周知および意向確認の措置を講ずることを義務づけているものですので、従業員が周知や意向確認の措置が不要である旨の意思表示をしていた場合であっても、会社は、当該従業員に対し措置を講ずることが求められます（仮に当該従業員が周知および意向確認を不要とする旨の意思表示をしている場合には、面談を行わず書面の交付（郵送によることも可能）で行うことも対応の一例として考えられます）。

Q2 個別周知・意向確認の措置で、育児休業等の取得を控えさせるような形で実施することは認められていませんが、具体的にどういった場合が取得を控えさせるような形に該当しますか？

A 育児休業等の取得を控えさせるような形での措置の実施としては、取得の申出をしないよう威圧する、申し出た場合の不利益をほのめかす、取得の前例がないことをことさらに強調するなどの様態が考えられます。

また、仮に一度取得を控えさせるような言動があった後に、個別周知・意向確認の措置が改めて行われた場合であっても、すでに行われた取得を控えさせるような言動を含め、実施された措置全体として取得を控えさせる効果をもつ場合には、措置を実施したものとは認められません。

Q3 育児期の従業員がおらず、また、採用する予定もない場合でも、雇用環境整備をする必要はありますか？

A 育児休業の申出対象となる子には、養子縁組等も含まれていることから、特定の年齢に限らず幅広い年齢の従業員が育児休業申出を行う可能性があります。また、雇用環境の整備の措置を求めている育児・介護休業法22条では、義務の対象となる事業主を限定していないことから、すべての会社が雇用環境の整備を行う必要があります。

こんなときどうする?

従業員から質問されそうな内容について，Q&A形式でまとめました。ふだんから眺めておいて，とっさのときにも慌てないようにしましょう。

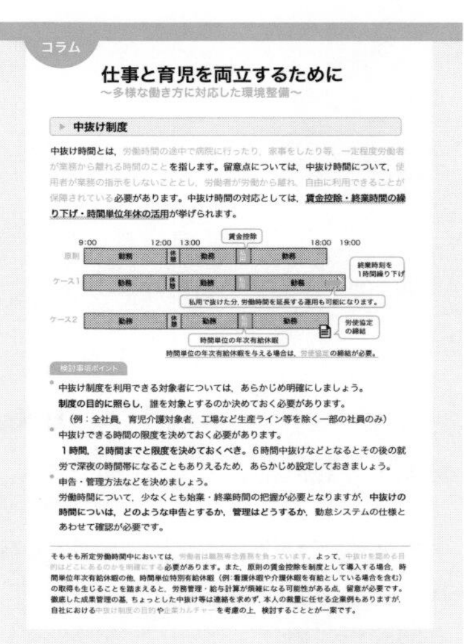

コラム

仕事と育児を両立するために

〜多様な働き方に対応した環境整備〜

▶ **中抜け制度**

中抜け時間とは、労働時間の途中で病院に行ったり、家事をしたり等、一定程度労働者が業務から離れる時間のこと**を指します。留意点については、中抜け時間について、**使用者が業務の指示をしないこととし、労働者が労働から離れ、自由に利用できることが保障されている**必要があります。中抜け時間の対応としては、賃金控除・終業時間の繰り下げ・時間単位年休の活用が挙げられます。**

時間単位の年次有給休暇を与える場合は、労使協定の締結が必要。

検討事項ポイント

- 中抜け制度を利用できる対象者については、あらかじめ明確にしましょう。
  制度の目的に照らし、誰を対象とするのか決めておく必要があります。
  （例：全社員、育児介護対象者、工場など生産ライン等を除く一部の社員のみ）
- 中抜けできる時間の限度を決めておく必要があります。
  1時間、2時間までと限度を決めておくべき。6時間中抜けなどとなるとその後の就労で深夜の時間帯になることもありえるため、あらかじめ設定しておきましょう。
- 申告・管理方法などを決めましょう。
  労働時間について、少なくとも始業・終業時間の把握が必要となりますが、中抜けの時間についは、どのような申告とするか、管理はどうするか、勤怠システムの仕様とあわせて確認が必要です。

そもそも所定労働時間中においては、労働者は職務専念義務を負っています。よって、中抜けを認める目的はどこにあるのかを明確にする必要があります。また、原則の賃金控除を制度として導入する場合、時間単位年次有給休暇の他、時間単位特別有給休暇（例：看護休暇や介護休暇を有給としている場合を含む）の取得も生じることを踏まえると、労務管理・給与計算が煩雑になる可能性がある点、留意が必要です。徹底した成果管理の基、ちょっとした中抜け等は連絡を求めず、本人の裁量に任せる企業例もありますが、自社における中抜け制度の目的や企業カルチャーを考慮の上、検討することとが一案です。

コラム

育児休業と関連してくる新しい人事の動きについてまとめてみました。将来，あなたの職場でも検討することになるかもしれません。

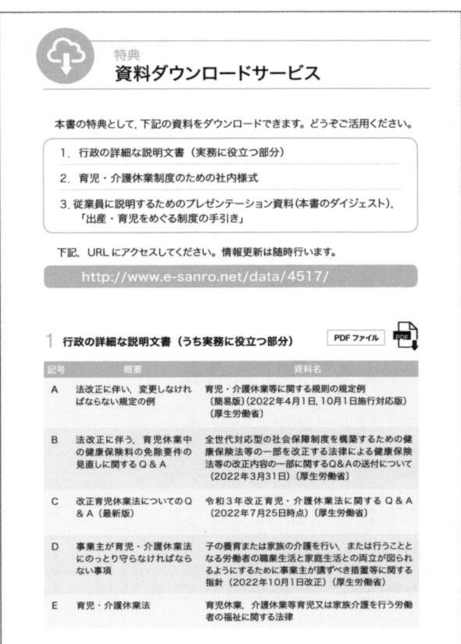

特典

資料ダウンロードサービス

本書の特典として，下記の資料をダウンロードできます。どうぞご活用ください。

1．行政の詳細な説明文書（実務に役立つ部分）
2．育児・介護休業制度のための社内様式
3．従業員に説明するためのプレゼンテーション資料（本書のダイジェスト），「出産・育児をめぐる制度の手引き」

下記，URLにアクセスしてください。情報更新は随時行います。

http://www.e-sanro.net/data/4517/

1 行政の詳細な説明文書（うち実務に役立つ部分）　PDFファイル

記号	概要	資料名
A	法改正に伴い、変更しなければならない規定の例	育児・介護休業等に関する規則の規定例〔簡易版〕（2022年4月1日，10月1日施行対応版）〔厚生労働省〕
B	法改正に伴う、育児休業中の健康保険料の免除要件の見直しに関するQ＆A	全世代対応型の社会保障制度を構築するための健康保険法等の一部を改正する法律による健康保険法等の改正内容の一部に関するQ＆Aの送付について（2022年3月31日）〔厚生労働省〕
C	改正育児休業法についてのQ＆A（最新版）	令和3年改正育児・介護休業法に関するQ＆A（2022年7月25日時点）〔厚生労働省〕
D	事業主が育児・介護休業法にのっとり守らなければならない事項	子の養育または家族の介護を行い、または行うこととなる労働者の職業生活と家庭生活との両立が図られるようにするために事業主が講ずべき措置等に関する指針（2022年10月1日改正）（厚生労働省）
E	育児・介護休業法	育児休業、介護休業等育児又は家族介護を行う労働者の福祉に関する法律

データダウンロードサービス

本書に出てくる帳票，従業員に説明するときのパワーポイントの資料ひな型，行政の資料などを，ダウンロードできます。詳細は216頁をご覧ください。

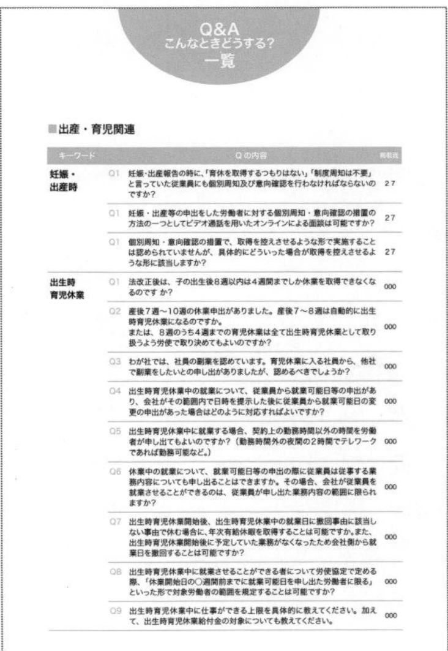

Q&A
こんなときどうする?
一覧

■出産・育児関連

キーワード		Qの内容	掲載頁
妊娠・出産時	Q1	妊娠・出産報告の時に、「育休を取得するつもりはない」「制度周知は不要」と言っていた従業員にも個別周知及び意向確認を行わなければならないのですか?	27
	Q1	妊娠・出産等の申出をした労働者に対する個別周知・意向確認の措置の方法の一つとしてビデオ通話を用いたオンラインによる面談は可能ですか?	27
	Q1	個別周知・意向確認の措置で、取得を控えさせるような形で実施することは認められていませんが、具体的にどういった場合が取得を控えさせるような形に該当しますか?	27
出生時育児休業	Q1	法改正後は、子の出生後8週以内は4週間までしか休業を取得できなくなるのです か?	000
	Q2	産後7週〜10週の休業申出がありました。産後7〜8週は自動的に出生時育児休業になるのですか。または、8週のうち4週までの育児休業は全て出生時育児休業として取り扱うよう労使で取り決めてもよいのですか?	000
	Q3	わが社では、社員の副業を認めています。育児休業に入る社員から、他社で副業をしたいとの申し出がありましたが、認めるべきでしょうか?	000
	Q4	出生時育児休業中の就業について、従業員から就業可能日等の申出があり、会社がその範囲内で日時を提示した後に従業員から就業可能日の変更の申出があった場合はどのように対応すればよいですか?	000
	Q5	出生時育児休業中に就業する場合、契約上の勤務時間以外の時間を労働者が申し出てもよいのですか?（勤務時間外の夜間の2時間でテレワークであれば勤務可能など。）	000
	Q6	休業中の就業について、就業可能日等の申出の際に従業員は従事する業務内容についても申し出ることはできますか。その場合、会社が従業員を就業させることができるのは、従業員が申し出た業務内容の範囲に限られますか?	000
	Q7	出生時育児休業開始後、出生時育児休業中の就業日に撤回事由に該当しない事由で休む場合に、年次有給休暇を取得することは可能ですか。また、出生時育児休業開始後に予定していた業務がなくなったため会社側から就業日を撤回することは可能ですか?	000
	Q8	出生時育児休業中に就業させることができる者について労使協定で定める際、「休業開始日の○週間前までに就業可能日を申し出た労働者に限る」といった形で対象労働者の範囲を規定することは可能ですか?	000
	Q9	出生時育児休業中に仕事ができる上限を具体的に教えてください。加えて、出生時育児休業給付金の対象についても教えてください。	000

Q&A索引

どこかに説明があったはず…というときのために，こんなときどうする?Q&Aの索引を作りました。

凡例

本書では，本文中に特に注記のない場合は，以下のとおり，略語を使用しています。

1．法令

略語	正式名称
労基法	労働基準法
育児・介護休業法	育児休業，介護休業等育児又は家族介護を行う労働者の福祉に関する法律
男女雇用機会均等法	雇用の分野における男女の均等な機会及び待遇の確保等に関する法律
パートタイム・有期雇用労働法	短時間労働者及び有期雇用労働者の雇用管理の改善等に関する法律
労災保険法	労働者災害補償保険法
個別労働関係紛争法	個別労働関係紛争の解決の促進に関する法律
労基則	労働基準法施行規則
育介則	育児休業，介護休業等育児又は家族介護を行う労働者の福祉に関する法律施行規則
均等則	雇用の分野における男女の均等な機会及び待遇の確保等に関する法律施行規則

2．告示・通達

略語	正式名称
厚労告	厚生労働省告示
基収	厚生労働省労働基準局長が疑義に答えて発する通達
基発	厚生労働省労働基準局長名で発する通達
雇児発	厚生労働省雇用均等・児童家庭局長名で発する通達
雇均発	厚生労働省雇用環境・均等局長名で発する通達
女発	労働省女性局長名で発する通達
婦発	労働省婦人局長名で発する通達
職発	厚生労働省職業安定局長名で発する通達
育介指針	子の養育又は家族介護を行い，又は行うこととなる労働者の職業生活と家庭生活との両立が図られるようにするために事業主が講ずべき措置に関する指針

3．諸機関

略語	正式名称
厚労省	厚生労働省
労基署	労働基準監督署

第1章

出産・育児の制度概要

出産〜育児にかかる法律の諸制度・体系を理解しましょう

妊娠期から子育て期にかけては，男女雇用機会均等法や労基法，育児・介護休業法が適用されます。

- 出産に入り，育児休業を経て，復帰後の勤務まで，法律のさまざまな制度が絡み合っています。
- これらの制度を理解することで，従業員が安心して出産・育児に入れる環境づくりに繋がります。

全体像

出産・育児にまつわる諸制度

（妊娠，子育て期に取得可能な制度）

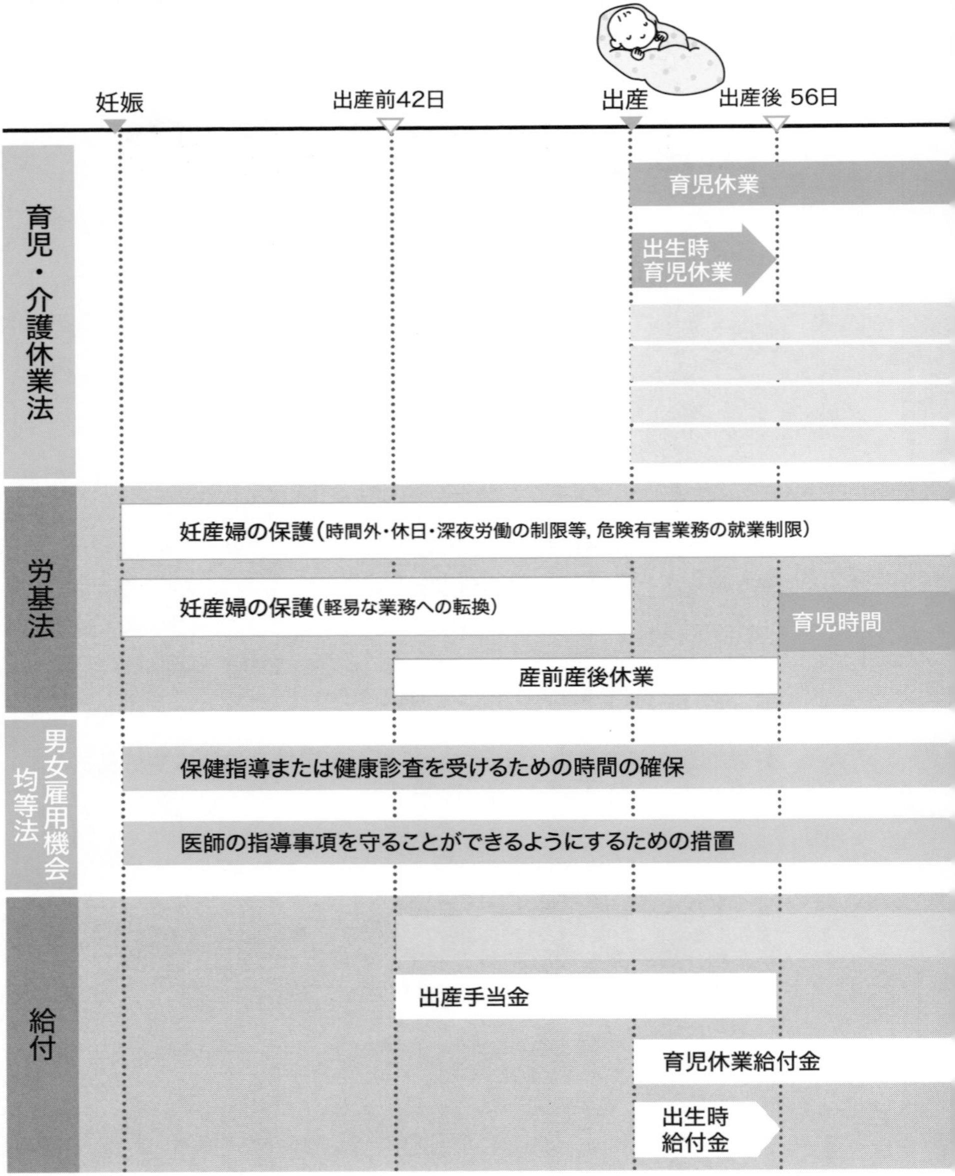

妊娠 → 出産前42日 → 出産 → 出産後 56日

- 育児・介護休業法
  - 育児休業
  - 出生時育児休業
- 労基法
  - 妊産婦の保護（時間外・休日・深夜労働の制限等，危険有害業務の就業制限）
  - 妊産婦の保護（軽易な業務への転換）
  - 育児時間
  - 産前産後休業
- 男女雇用機会均等法
  - 保健指導または健康診査を受けるための時間の確保
  - 医師の指導事項を守ることができるようにするための措置
- 給付
  - 出産手当金
  - 育児休業給付金
  - 出生時給付金

妊娠，子育て期にはさまざまな法律が絡み合い，法律で定められた諸制度がたくさんあります。まずはその概要を理解しましょう。

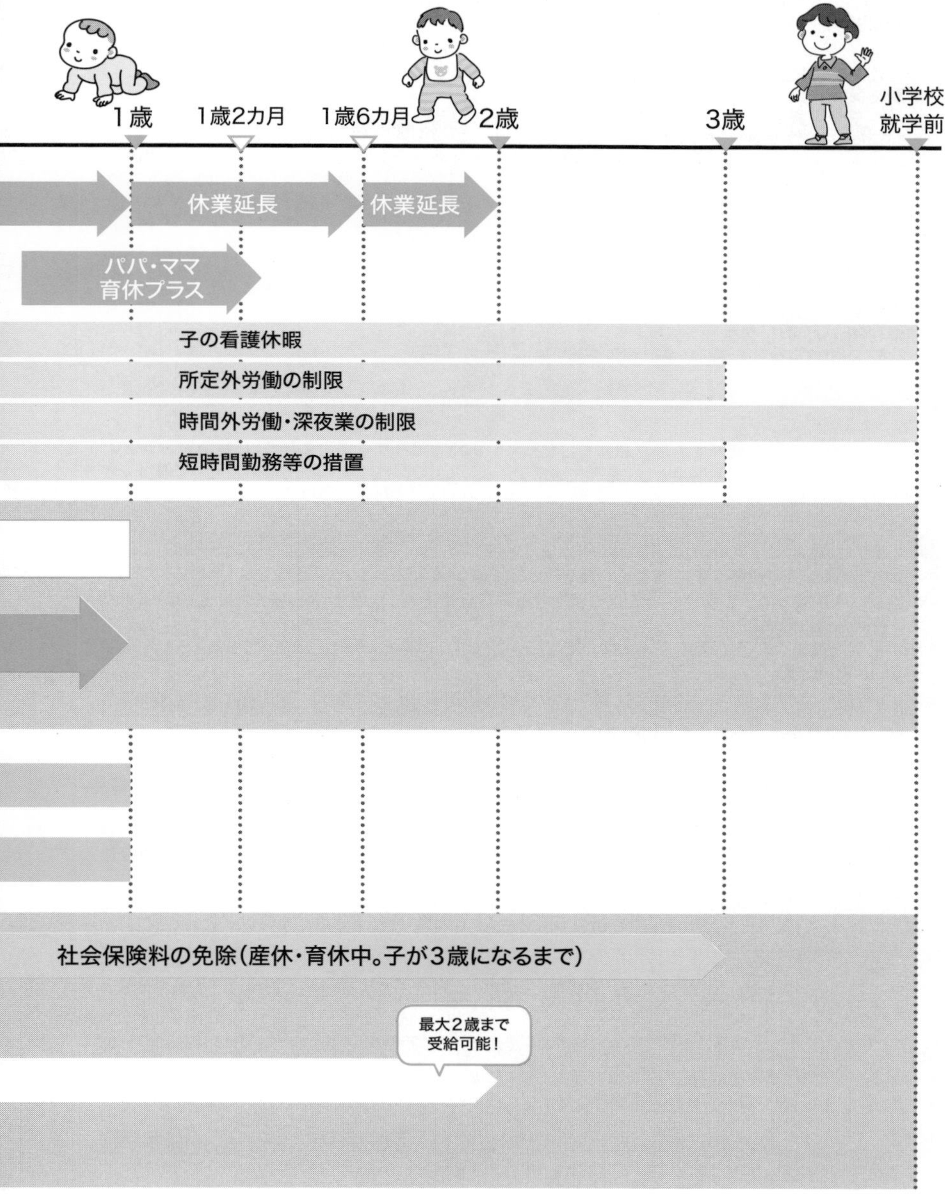

育児・介護休業法の概要

※2021年6月公布の改正法の内容含む。(下線は改正箇所)

育児休業

※賃金の支払義務なし。
※育児休業給付金(賃金の67%または50%)あり。

- 子が1歳(保育所に入所できないなど, 一定の場合は, 最長2歳)に達するまでの育児休業の権利を保障(父母ともに育児休業を取得する場合は, 子が1歳2カ月に達するまでの間の1年間)【パパ・ママ育休プラス】
- 子が1歳に達するまでに分割して原則2回まで取得可能(2022年10月1日施行)

出生時育児休業(産後パパ育休)

(2022年10月1日施行)

※賃金の支払義務なし。
※出生時育児休業給付金(賃金の67%)あり。

- 子の出生後8週間以内に4週間まで出生時育児休業(産後パパ育休)の権利を保障
  ※2回に分割して取得可能, 育児休業とは別に取得可能

介護休業

※賃金の支払義務なし。
※介護休業給付金(賃金の67%)あり。

- 対象家族1人につき, 通算93日の範囲内で合計3回まで, 介護休業の権利を保障

※有期契約労働者は, 子が1歳6カ月に達するまでに労働契約(更新される場合には更新後の契約)の期間が満了することが明らかでない場合であれば取得が可能
(介護, 出生時育児休業(産後パパ育休)も同趣旨)
(「引き続き雇用された期間が1年以上」の要件は2022年4月1日に廃止されている。)

子の看護休暇

※賃金の支払義務なし。

- 小学校就学前の子を養育する場合に年5日(2人以上であれば年10日)を限度として取得できる(1日または時間単位)

介護休暇

※賃金の支払義務なし。

- 介護等をする場合に年5日(対象家族が2人以上であれば年10日)を限度として取得できる(1日または時間単位)

所定外労働・時間外労働・深夜業の制限

- 3歳に達するまでの子を養育し, または介護を行う労働者が請求した場合, 所定外労働を制限
- 小学校就学前までの子を養育し, または介護を行う労働者が請求した場合, 月24時間, 年150時間を超える時間外労働を制限
- 小学校就学前までの子を養育し, または介護を行う労働者が請求した場合, 深夜業(午後10時から午前5時まで)を制限

短時間勤務の措置等

- 3歳に達するまでの子を養育する労働者について, 短時間勤務の措置(1日原則6時間)を義務づけ
- 介護を行う労働者について, 3年の間で2回以上利用できる次のいずれかの措置を義務づけ
  ①短時間勤務制度 ②フレックスタイム制 ③始業・終業時刻の繰上げ・繰下げ ④介護費用の援助措置

個別周知・意向確認, 育児休業を取得しやすい雇用環境整備の措置(2022年4月1日施行)

- 事業主に, 本人または配偶者の妊娠・出産等の申出をした労働者に対する育児休業制度等の個別の制度周知・休業取得意向確認の義務づけ
- 事業主に, 育児休業および出生時育児休業(産後パパ育休)の申出が円滑に行われるようにするため, 研修や相談窓口の設置等の雇用環境整備措置を講じることを義務づけ

育児休業の取得状況の公表(2023年4月1日施行)

- 常時雇用する労働者数が1, 000人超の事業主に, 毎年1回男性の育児休業等の取得状況を公表することを義務づけ

不利益取扱いの禁止等

- 事業主が, 育児休業等を取得したこと等を理由として解雇その他の不利益取扱いをすることを禁止
- 事業主に, 上司・同僚等からの育児休業等に関するハラスメントの防止措置を講じることを義務づけ

実効性の確保

- 苦情処理・紛争解決援助, 調停
- 勧告に従わない事業所名の公表

※育児・介護休業法の規定は最低基準であり, 事業主が法を上回る措置をとることは可能
※資料出所:厚生労働省「育児・介護休業法の改定について」(2022年7月1日更新)

第１章 -1

妊娠期の諸制度

妊娠期に取得可能な制度を知っておきましょう

女性の職場進出が進み，妊娠中または出産後も働き続ける女性が増加するなかで，職場において女性が働きながら安心して子どもを産み育てることができるようにするためには，それを支援する職場環境が重要となります。
この章では，従業員が妊娠期に取得可能な諸制度について，理解しましょう。

妊娠中
（均等法）

1 妊娠中の母性健康管理
（男女雇用機会均等法における母性健康管理の措置）

男女雇用機会均等法では，会社の義務として，妊娠中または出産後の女性が健康診査等を受けるための時間を確保し，その女性が医師等の指導事項を守ることができるよう，勤務時間の変更などの措置を実施する必要がある旨を定めています。

▶ 保健指導または健康診査を受けるための時間の確保（男女雇用機会均等法12条）

会社は，妊産婦である女性従業員が，保健指導や健康診査を受けるために必要な時間について希望した場合は，必ず確保することができるよう与えなければなりません。

「必要な時間」とは，病院等における待ち時間や往復時間も含みます。そのため，通院休暇１回を３時間と定めて与えても，待ち時間や往復時間を合わせて３時間では足りないのであれば，必要な時間を確保したことにはなりません。

▶ 確保すべき必要な時間

「必要な時間」は，下記①～④を合わせた時間を考慮し，十分な時間を確保できるようにしましょう。

この時間の賃金は，無給でも構いませんが，賃金の有無については，労使で話し合って定めておくことが望ましいとされています。

①　健康診査の受診時間
②　保健指導を直接受けている時間
③　医療機関等での待ち時間
④　医療機関等への往復時間

▶ 必要な時間の与え方および付与の単位

通院休暇制度を設ける場合，個々人で，通院する病院等と勤務地との距離や，医師等に指定される診察時間が異なるため，それぞれの事情に配慮し，通院に要する時間の単位は，融通をもたせることが望ましいとされています。

例えば，半日単位，時間単位等でも取れるようにしておくとよいでしょう。

▶ 保健指導または健康診査を受けるための時間の取得期間と回数

取得時間	回数
妊娠 23 週まで	4週間に1回
妊娠 24 ～ 35 週まで	2週間に1回
妊娠 36 週～出産まで	1週間に1回
出産後1年以内	医師の指示に基づき必要な時間

▶ 対象となる健康診査等

①男女雇用機会均等法でいう，保健指導または健康診査とは，妊産婦本人を対象に行われる産科に関する診察や諸検査と，その結果に基づいて行われる個人を対象とした保健指導のことです。

②産後1年以内についても，医師等が保健指導または健康診査を受けることを指示したときは，必要な時間を確保しなければならないとされているため，産後休業中および産後休業終了後においても産後の回復不全等の症状等により，例外的に対応する必要があるケースもあります。

健康診査・保健指導申請書（例）

（様式）

健康診査・保健指導申請書

所属			
氏名		出産予定日	年　月　日

※(1)	医療機関等名	所在地　（電話番号）	医療機関等初診日
1			年　月　日
2			年　月　日
3			年　月　日

※(2)	申請日	通院する日・時間	妊娠週数	承認印
1	月　日	月　日　時　分～　時　分	週	
	月　日	月　日　時　分～　時　分	週	
	月　日	月　日　時　分～　時　分	週	
	月　日	月　日　時　分～　時　分	週	
	月　日	月　日　時　分～　時　分	週	
	月　日	月　日　時　分～　時　分	週	
	月　日	月　日　時　分～　時　分	週	
	月　日	月　日　時　分～　時　分	週	
	月　日	月　日　時　分～　時　分	週	
	月　日	月　日　時　分～　時　分	週	

※(1)　2以降は医療機関等を変更した場合に，記入してください。
※(2)　医療機関等を※(1)欄の番号で記入してください。

▶ 申請に必要な書類

会社は，妊娠週数または出産予定日を確認する必要がある場合には，女性従業員の了承を得て，診断書，出産予定日証明書等の提出を，女性従業員に対し求めることができます。

この場合，証明する書類として母子健康手帳を開示させることは，プライバシー保護の観点から好ましくないとされています（平9.11.4基発695号，女発36号）。

ONE POINT　「妊娠しているかどうか」の診察は，「妊娠中」に含まれるか

「妊娠中」とは，医師等により妊娠が確認されたときから，出産までをいいます。したがって，通院のために必要な時間の申請は，原則として医師等により妊娠が確定された後となるため，**妊娠しているかどうかを診断する初回の通院は対象とはなりません**（平9.11.4基発695号，女発36号）。

ONE POINT　「妊産婦」とは

妊娠中の女性，および産後1年を経過しない女性をいいます。

指導事項を守ることができるようにするための措置（男女雇用機会均等法13条）

会社は，妊産婦である女性従業員が，健康診査等を受け医師等から指導を受けた場合は，その指導を守ることができるようにするための必要な措置を講じなければなりません。

❶ 指導事項を守ることができるようにするための措置

（1）妊娠中の通勤緩和

会社は，妊娠中の女性従業員から，通勤に利用する交通機関の混雑の程度が，母体または胎児の健康保持に影響があるとして，医師等により通勤緩和の指導を受けた旨の申出があった場合には，必要な措置を講じなければなりません。

措置の内容は，女性従業員の健康状態や通勤時間を勘案して決定することが望ましく，具体的には下記があげられます。

●時差通勤
・始業・終業時刻におのおの30～60分程度の時間差を設ける。
・労基法32条の３に規定するフレックスタイム制度を適用する。
●勤務時間の短縮（１日30～60分程度の時間短縮）
●交通手段・通勤経路の変更（混雑の少ない経路への変更）

（2）妊娠中の休憩に関する措置

会社は，妊娠中の女性従業員から，当該女性従業員の作業等が母体または胎児の健康保持に影響があるとして，医師等により休憩に関する措置についての指導を受けた旨の申出があった場合には，休憩時間の延長，休憩の回数の増加等の必要な措置を講じなければなりません。

措置の内容は，横になれる休養室を設けたり，立ち作業従事の場合は椅子を置いて休憩を取りやすいようにすることが望ましく，具体的には下記があげられます。

●休憩時間の延長
●休憩回数の増加
●休憩時間帯の変更
●立ち作業に従事する労働者のそばに椅子を置くなど，休憩を取りやすい工夫をすること

(3) 妊娠中または出産後の症状等に対応する措置

会社は，妊娠中または出産後の女性従業員から，保健指導または健康診査に基づき，医師等により指導を受けた旨の申出があった場合には，当該指導に基づき，作業の制限，勤務時間の短縮，休業等の必要な措置を講じなければなりません。

措置の内容は，必要かつ十分なものを行うことが望ましく，具体的には，下記があげられます。

●作業の制限
・ストレス・緊張を多く感じる作業の制限，同一姿勢を強制される作業の制限，腰に負担のかかる作業の制限，寒い場所での作業の制限等
・負担の大きい作業に従事している場合には，座り作業，デスクワーク，負荷の軽減された作業への転換による負担の軽減
●勤務時間の短縮
・症状等に対する主治医等の指導に基づき，1日1時間程度の勤務時間の短縮等
●休業
・主治医等の指導に基づき，症状が軽快するまで休業

(4) 新型コロナウイルス感染症に関する措置について

会社は，2023年3月31日までの間，妊娠中の女性従業員から，保健指導または健康診査に基づき，当該女性従業員の作業等における新型コロナウイルス感染症に感染するおそれに関する心理的なストレスが母体または胎児の健康保持に影響があるとして，医師等によりこれに関して指導を受けた旨の申出があった場合には，当該指導に基づき，必要な措置を講じなければなりません。

措置の内容は，具体的には下記があげられます。

●感染のおそれが低い作業への転換　●出勤の制限（在宅勤務や休業など）

❷「母性健康管理指導事項連絡カード」の利用（詳細は24頁）

ONE POINT 医師等による具体的な指導がない場合は

指導事項を守ることができるようにするための各種措置において，医師等による具体的な指導がない場合においても，会社は，妊娠中の女性従業員から申出があった時は，担当の医師等と連絡を取り，その判断を求める等，適切な対応を図る必要があります。

ONE POINT 「新型コロナウイルス感染症」とは

病原体がベータコロナウイルス属のコロナウイルス（2020年1月に，中華人民共和国から世界保健機関に対して，人に伝染する能力を有することが新たに報告されたものに限る）であるものに限るとされています（厚労省）。

▶ 紛争の解決（男女雇用機会均等法15～27条）

母性健康管理の措置が講じられず，会社と従業員の間に紛争が生じた場合，調停など紛争解決援助の申出を行うことができます。

▶ 「母性健康管理指導事項連絡カード」（「母健連絡カード」）の利用

❶「母健連絡カード」の趣旨

主治医等による指導事項の内容を会社に的確に伝達し，会社が，妊産婦である女性従業員に対して，母性健康管理の措置を適切に講じるために定められています。

❷「母健連絡カード」の提出がない場合の対応

カードはあくまでも主治医等の指導事項を会社に的確に伝えるためのものです。

したがって，カードの提出がない場合でも，女性従業員本人の申出等からその内容等が明らかであれば，会社は必要な措置を講じる必要があります。また，その内容が不明確な場合には，会社は女性従業員を介して主治医等と連絡を取り，判断を求める等，適切な対応が必要です。

＜適切な対応の例示＞

①　女性従業員を介して主治医等と連絡を取り，判断を求める。
②　会社内の産業医，保健師等の産業保健スタッフに相談し，判断を求める。
③　機会均等推進責任者へ相談し，判断を求める。
④　直ちに通勤緩和や休憩に関する措置を講じる。

なお，個人の健康状態に関する情報は，個人のプライバシーに属するものであるため，会社は，母性健康管理の措置の実施にあたっては，母健連絡カードの取扱いや保管方法等についてプライバシーの保護に十分留意しなければなりません。

❸「母健連絡カード」の使用方法

①　女性従業員が健康診査を受診します。
②　妊娠中および出産後の健康診査等の結果，通勤緩和や休憩に関する措置などが必要であると主治医等に指導を受けた場合，母健連絡カードに必要な事項が記入・発行されます。

ONE POINT　「母性健康管理指導事項連絡カード」とは

医師の指導事項を，妊産婦である女性が会社へ的確に伝えるためのカードです。
会社は，カードの記載内容に応じ，適切な措置を講じる必要があります。

③　女性従業員は，会社に母健連絡カードを提出して措置を申し出ます。

④　会社は母健連絡カードの記入事項に従って休憩時間の延長，時差通勤，勤務時間の短縮などの措置を講じます。

▶ 母性健康管理指導事項連絡カード

（表）

母性健康管理指導事項連絡カード

年　月　日

事業主 殿

医療機関等名

医師等氏名

下記の1の者は、健康診査及び保健指導の結果、下記2～4の措置を講ずることが必要であると認めます。

記

1. 氏名 等

氏名		妊娠週数	週	分娩予定日	年　月　日

2. 指導事項

症状等（該当する症状等を○で囲んでください。）

措置が必要となる症状等
つわり、妊娠悪阻（おそ）、貧血、めまい・立ちくらみ、腹部緊満感、子宮収縮、腹痛、性器出血、腰痛、痔、静脈瘤（りゅう）、浮腫（ふしゅ）、手や手首の痛み、頻尿、排尿時痛、残尿感、全身倦怠感、動悸、頭痛、血圧の上昇、蛋（たん）白尿、妊娠糖尿病、赤ちゃん（胎児）が週数に比べ小さい、多胎妊娠（　　胎）、産後体調が悪い、妊娠中・産後の不安・不眠・落ち着かないなど、合併症等（　　　　）

指導事項（該当する指導事項欄に○を付けてください。）

	標準措置		指導事項
休業	入院加療		
休業	自宅療養		
勤務時間の短縮			
作業の制限	身体的負担の大きい作業（注）		
作業の制限		長時間の立作業	
作業の制限		同一姿勢を強制される作業	
作業の制限		腰に負担のかかる作業	
作業の制限		寒い場所での作業	
作業の制限		長時間作業場を離れることのできない作業	
作業の制限	ストレス・緊張を多く感じる作業		

（注）「身体的負担の大きい作業」のうち、特定の作業について制限の必要がある場合には、指導事項欄に○を付けた上で、具体的な作業を○で囲んでください。

標準措置に関する具体的内容、標準措置以外の必要な措置等の特記事項

3. 上記2の措置が必要な期間

（当面の予定期間に○を付けてください。）

1週間（　月　日～　月　日）	
2週間（　月　日～　月　日）	
4週間（　月　日～　月　日）	
その他（　月　日～　月　日）	

4. その他の指導事項

（措置が必要である場合は○を付けてく

妊娠中の通勤緩和の措置（在宅勤務を含む。）	
妊娠中の休憩に関する措置	

指導事項を守るための措置申請書

上記のとおり、医師等の指導事項に基づく措置を申請します。

所属

氏名

事業主 殿

この様式の「母性健康管理指導事項連絡カード」の欄には医師等が、また、「指導事項を守るための措置申請書」の欄には女性

（裏）

（参考）症状等に対して考えられる措置の例

症状名等	措置の例
つわり、妊娠悪阻	休業（入院加療）、勤務時間の短縮、身体的負担の大きい作業（長時間作業場を離れることのできない作業）の制限、においがきつい・換気が悪い・高温多湿などのつわり症状を増悪させる環境における作業の制限、通勤緩和、休憩の配慮　など
貧血、めまい・立ちくらみ	勤務時間の短縮、身体的負担の大きい作業（高所や不安定な足場での作業）の制限、ストレス・緊張を多く感じる作業の制限、通勤緩和、休憩の配慮　など
腹部緊満感、子宮収縮	休業（入院加療・自宅療養）、勤務時間の短縮、身体的負担の大きい作業（長時間の立作業、同一姿勢を強制される作業、長時間作業場所を離れることのできない作業）の制限、通勤緩和、休憩の配慮　など
腹痛	休業（入院加療）、疾患名に応じた主治医等からの具体的な措置　など
性器出血	休業（入院加療）、疾患名に応じた主治医等からの具体的な措置　など
腰痛	休業（自宅療養）、身体的に負担の大きい作業（長時間の立作業、同一姿勢を強制される作業、腰に負担のかかる作業）の制限　など
痔	身体的負担の大きい作業（長時間の立作業、同一姿勢を強制される作業）の制限、休憩の配慮　など
静脈瘤	勤務時間の短縮、身体的負担の大きい作業（長時間の立作業、同一姿勢を強制される作業）の制限、休憩の配慮　など
浮腫	勤務時間の短縮、身体的負担の大きい作業（長時間の立作業、同一姿勢を強制される作業）の制限、休憩の配慮　など
手や手首の痛み	身体的負担の大きい作業（同一姿勢を強制される作業）の制限、休憩の配慮　など
頻尿、排尿時痛、残尿感	休業（入院加療・自宅療養）、身体的負担の大きい作業（寒い場所での作業、長時間作業場を離れることのできない作業）の制限、休憩の配慮　など
全身倦怠感	休業（入院加療・自宅療養）、勤務時間の短縮、身体的負担の大きい作業の制限、休憩の配慮、疾患名に応じた主治医等からの具体的な措置　など
動悸	休業（入院加療・自宅療養）、身体的負担の大きい作業の制限、疾患名に応じた主治医等からの具体的な措置　など
頭痛	休業（入院加療・自宅療養）、身体的負担の大きい作業の制限、疾患名に応じた主治医等からの具体的な措置　など
血圧の上昇	休業（入院加療・自宅療養）、勤務時間の短縮、身体的負担の大きい作業の制限、ストレス・緊張を多く感じる作業の制限、疾患名に応じた主治医等からの具体的な措置　など
蛋白尿	休業（入院加療・自宅療養）、勤務時間の短縮、身体的負担の大きい作業の制限、ストレス・緊張を多く感じる作業の制限　など
妊娠糖尿病	休業（入院加療・自宅療養）、疾患名に応じた主治医等からの具体的な措置（インスリン治療中等への配慮）　など
赤ちゃん（胎児）が週数に比べ小さい	休業（入院加療・自宅療養）、勤務時間の短縮、身体的負担の大きい作業の制限、ストレス・緊張を多く感じる作業の制限、通勤緩和、休憩の配慮　など
多胎妊娠（　　胎）	休業（入院加療・自宅療養）、勤務時間の短縮、身体的負担の大きい作業の制限、ストレス・緊張を多く感じる作業の制限、通勤緩和、休憩の配慮　など
産後体調が悪い	休業（自宅療養）、勤務時間の短縮、身体的負担の大きい作業の制限、ストレス・緊張を多く感じる作業の制限、通勤緩和、休憩の配慮　など
妊娠中・産後の不安・不眠・落ち着かないなど	休業（入院加療・自宅療養）、勤務時間の短縮、ストレス・緊張を多く感じる作業の制限、通勤緩和、休憩の配慮　など
合併症等（自由記載）	疾患名に応じた主治医等からの具体的な措置、もしくは上記の症状名等から参照できる措置　など

妊娠中
（労基法）

2 妊娠中の女性が利用できる制度
（労基法における母性健康管理の規定）

労基法における母性健康管理の規定には，危険有害業務の就業制限等，女性従業員の妊娠・出産等に関する保護規定があります。

▶ 妊産婦の時間外労働，休日労働，深夜業，変形労働時間制の適用の制限（労基法66条1項，2項および3項）

会社は，妊産婦が申し出た場合には，時間外労働，休日労働，深夜業をさせることはできません。また，変形労働時間制が採られる場合であっても，1日8時間，1週40時間を超えて労働させることはできません。

ただし，管理監督者（労基法41条2号）に該当する妊産婦には，時間外労働，休日労働の制限が適用されません（昭61.3.20基発151号，婦発69号）。

したがって，管理監督者に該当する妊産婦は，深夜業のみが法によって制限されることになります。

▶ 妊婦の軽易業務転換（労基法65条3項）

会社は，妊娠中の女性が申し出た場合には，他の軽易な業務に転換させなければなりません。

これは，原則，女性が申し出た業務に転換させるというものであり，新たに軽易な業務を創設して与える義務まで課したものではありません（昭61.3.20基発151号，婦発69号）。

▶ 妊産婦等の危険有害業務の就業制限（労基法64条の3）

会社は，妊産婦等を妊娠・出産，哺育等に有害な業務に就かせることはできません。妊産婦を就かせてはならない具体的業務は，重量物を取り扱う業務，有害ガス

! ONE POINT 軽易な業務がなく，妊娠中の女性が休業した時は？

妊娠中の女性が，転換すべき業務を指定せず，かつ，客観的に見ても他に転換すべき軽易な業務がないことにより，やむを得ず休業する場合には，「使用者の責に帰すべき事由による休業」（労基法26条）とは言えないため，休業手当を支給する必要はありません。

を発散する場所での業務をはじめ，女性労基則２条で定められています。

このうち，女性の妊娠・出産機能に有害な業務については，妊産婦以外の女性についても就業が禁止されています。

▶ 妊産婦等に対する労働時間等の制限

措置の対象	管理監督者以外	管理監督者
● 時間外労働，休日労働の制限	妊産婦から申出があった場合，させることができない。	法の規制は受けないが，対応は可能
● 深夜労働の制限	妊産婦から申出があった場合，させることができない。	妊産婦から申出があった場合，させることができない。
● （変形労働時間制の場合）変形労働時間制の適用制限	妊産婦から申出があった場合，させることができない。	法の規制は受けないが，対応は可能
● 軽易な業務への転換	妊娠中の女性が申し出た場合には，他の軽易な業務に転換させなければならない。	

会社は，本人からこれらの申出がなければ，時間外労働等をさせることは可能です。

ただし，従業員への配慮義務の一環として，妊産婦がこのような就業制限の対象となることを周知し，実際の請求手続が煩雑なものとならないよう（例えば，口頭による請求も認める等）配慮する必要があります！

▶ 危険有害な業務

業務の区分	妊婦	産後１年以内の女性
①重量物を取り扱う業務	禁止	禁止
②重量ガス等を発散する場所	禁止	禁止
③身体に著しい振動を与える機械器具を用いる業務	禁止	禁止
④深さ・高さが５メートル以上の場所等での業務	禁止	就業可
⑤その他妊産婦の妊娠・出産・哺育等に有害な業務	禁止	申出により禁止

育児～
1歳

3 産前～子が1歳まで利用可能な制度
（労基法における母性健康管理の規定）

産前6週間（42日）・産後8週間（56日）は就労が制限され，産前産後休業中は，社会保険料の免除が受けられます。また，子が1歳に達するまでは，1日2回おのおの30分の育児時間を取得できます。

▶ 産前産後休業（労基法65条1項および2項）

妊娠末期は母体への負担が大きく，また，出産後は母体を回復させるため，その間は体を休める必要があります。

①妊娠中の女性が申し出た場合，産前6週間（双子以上の場合は14週間）は就業させることはできません。また，申出の有無にかかわらず，産後8週間は女性を就業させることはできません（ただし，産後6週間を経過後に，女性本人が請求し医師が支障ないと認めた業務については就業させることは差し支えないとされます）。

②産前休業は，申出によって開始される休業であるため，会社から休業を命じることはできません。一方で，産後休業の6週間は，強制的な休業であり，会社が就業を命じることができないことはもちろん，出産した女性の側からも就業を申し出ることはできません。

▶ 育児時間（労基法67条）

1歳未満の子を育てる女性は，1日2回おのおの少なくとも30分の育児時間を請求することができます。なお，1日の労働時間が4時間以内であるような場合には，1日1回少なくとも30分の育児時間を付与することで足りるとされています（昭36.1.9基収8996号）。

①この育児時間は，「労働時間の途中」に与えなければならないものではなく，また，1回にまとめて取ることもできますので，例えば，1時間早い終業も可能です。

②対象の「子」は，その女性が出産した子である必要はないため，実子のほか養子も含みます。

③短時間勤務制度の適用を受けている女性従業員でも，請求できます。つまり，6時間勤務と1時間の育児時間取得で5時間勤務も可能となります。

▶ 産前・産後休業期間

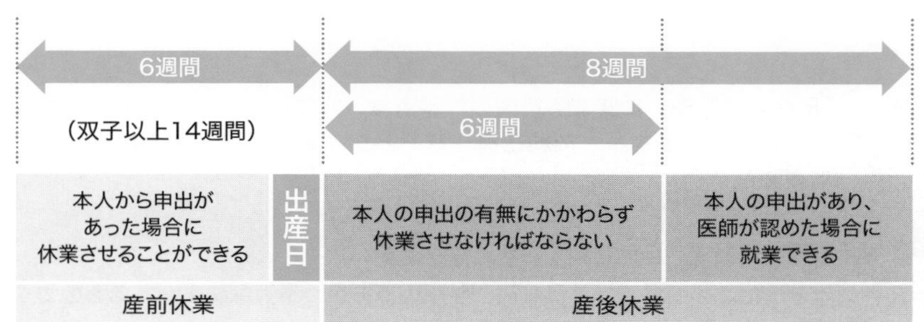

▶ 産前・産後休業期間（予定日と出産日がずれた場合）

出産予定日前に子が生まれた場合（双子以上以外）

出産予定日後に子が生まれた場合（双子以上以外）

ONE POINT それぞれの日数の数え方とは

産前休業は，出産予定日から数えて６週間前（双子以上の場合は14週間前），産後休業は，出産日の翌日から数えて８週間とカウントします。そのため，出産が予定日より早ければ，それだけ休業期間が短縮され，逆に出産が予定日より遅れた場合には，それだけ休業期間が延長されることになります。

▶ 育児時間の例

短時間勤務制度の適用を受け，所定労働時間６時間のケース

所定労働時間　6時間　｜育児時間 1時間

実質5時間勤務可（6h−1h）

ONE POINT 産後休業の「出産」とは

妊娠４カ月以上（１カ月は28日として計算，85日以上）の分娩をいい，「生産」だけでなく「死産」や「流産」も含まれています。出産当日は，産前６週間に含めます（昭25.3.31基収4057号）。

こんなときどうする?

妊産婦について

Q1 「母性健康管理」に関する措置の対象者は，妊娠中および出産後の女性従業員としていますが，契約社員，パートタイム従業員，派遣社員は含まれますか？

A 雇用形態を問わず，全従業員が対象となります。

- 母性健康管理に関する措置は，従業員の健康に直接かつ重大な関係があるものですから，就業形態を問わず，契約社員，パートタイム従業員，派遣社員，期間雇用者や日々雇用される者等についても，母性健康管理の措置の対象に含まれます。
- なお，派遣社員については，派遣元事業主および派遣先事業主のいずれについても母性健康管理措置義務があります。

Q2 妊娠中，通勤手段を一時的に変更（電車から自家用車）したときに事故に遭った場合，労災と認められますか？

A 労災の対象となると考えられます。

- 労災保険法で給付対象となる通勤とは「労働者が就業に関し住居と就業の場所との間の往復等を，合理的な経路及び方法により行うこと」と定めています。したがって，妊娠中の症状緩和のために通勤手段を変更した場合でも，労働者が一般的に取り得るものと認められれば，労災の対象となると考えられます。
- また，会社が把握しておくために，社内規程に通勤届変更等の手続きを行うよう規定しておくことも有効であると言えます。

Q3 「母性健康管理」に関する制度は，就業規則に定める必要があるでしょうか？

A 就業規則等に規定しておくことが重要です。

- 母性健康管理に関する措置が円滑に講じられるためには，あらかじめその具体的な取扱いや手続きについて就業規則等に規定しておくことが重要です。
- このとき，健康診査受診のための通院休暇制度，妊娠中の症状等に対応するための休暇制度等特別の休暇制度を導入するような場合は，休暇に関する事項として労基法上当該制度の内容を就業規則に記載し，労基署へ届け出る必要があります。

Q4 多胎妊娠での産前・産後休業期間の取扱いはどのようにすればよいのですか？

A 産前休業は14週間前以降，申出により取得可能であり，産後休業は８週間取得可能です。

- 多胎妊娠の場合，一般論として妊娠高血圧症候群や早産などのリスクが高いといわれることからすると，会社は，女性従業員が特に多胎妊娠をした場合には，その申出によって産前休業を適切に取得することを推奨するよう周知しておくといった配慮をすることが望ましいとされています。
- なお，産後休業については，多胎妊娠の場合であっても，一般的な妊娠の場合と同様になります。

Q5 妊娠４カ月以降の死産・中絶は，産後休業を与えなければならないのですか？

A 産後休業を与える必要があります。

- 労基法65条における「出産」とは，妊娠４カ月以上（１カ月は28日として計算し，４カ月目の初日からのことを指すため,「85日以上」を意味する）の分娩，すなわち，体内の子を体外に生み出すことを指し，「生産」だけでなく「死産」をも含みます(昭23.12.23基発1885号)。
- よって，妊娠４カ月以降の場合であれば，ご質問の内容であっても産後休業を付与する必要があります。

周知確認

個別周知・取得意向の確認
（妊娠・出産の申出をした従業員への対応）

本人または配偶者の妊娠・出産等を申し出た従業員に対して，事業主は育児休業制度等に関する事項の周知と休業取得の意向確認の措置を，個別に行わなければなりません。

▶ 妊娠または出産等についての申出があった場合における措置等（育児・介護休業法21条1項）

2022年４月改正

個別周知・意向確認の措置の方法として，面談は，オンライン面談も可能です。ただし，対面で行う場合と同程度の質が確保されることが必要です。音声のみの通話などは面談による方法に含まれません。

会社が講ずべき措置（義務）

1．個別の周知	2．取得意向の確認
育児休業に関する制度、その他の事項を知らせる必要があります。周知すべき事項は下記の①～④です。 ①育児休業・出生時育児休業に関する制度 ②育児休業・出生時育児休業の申出先 ③育児休業給付に関すること ④従業員が育児休業期間について負担すべき社会保険料の取扱い	育児休業および出生時育児休業の取得意向の確認を行います。具体的な方法としては、①～④のとおりです。 ①面談による方法 ②書面を交付する方法 ③FAXを利用して送信する方法※ ④電子メール等の送信の方法※ ※従業員が希望した場合

希望した場合にはWeb メールやSNS によるものも可能。（出力により書面作成できるものに限る）

▶ 申出の方法

① 従業員または配偶者の妊娠・出産に関する申出の方法は，書面等の提出に限定していません。よって，会社において特段の定めがない場合には従業員からの口頭での申出も可能です。

② 特定の様式による提出を求めるなど，一定の方法を指定する場合には，あらかじめ明らかにする必要があります。そして，指定された方法によらない申出があった際でも，必要な内容が伝わるものであるかぎり，個別周知・取得意向の確認の措置を実施するべきとされています。

▶ 申出の事実を証明する書類の提出

事実を証明することができる書類の提出を従業員に求めることができるか否かについて，規定はありません。

仮に会社が，従業員または配偶者が妊娠・出産したこと等の事実を申し出た従業員に対してその事実を証明する書類の提出を求め，その提出を従業員が拒んだ場合であっても，申出自体の効力には影響がないものであるとされています。

▶ 実施時期

この措置は，従業員が希望の日から円滑に育児休業を取得することができるように配慮し，適切な時期に実施することが必要です。具体的には，以下のとおりです。

妊娠・出産の申出のあった時期	措置を行う時期
出産予定日の１カ月半以上前	出産予定日の１カ月前まで
出産予定日の１カ月半前から１カ月前の間	出産予定日の２週間以内まで
出産予定日の１カ月前から２週間前の間	出産予定日の１週間以内まで
出産予定日の２週間前以降	できるかぎり速やかに

▶ 意向確認の方法

育児休業等の意向の確認は取得を控えさせるような形での個別周知および意向確認は認められません。また，事業主からの意向確認のための働きかけを行えばよいこととなっており，育児休業取得の具体的な意向を把握することまでは求められていません。

＜意向確認の例＞

育児休業の取得の意向について、以下を記載し、このページのコピーを、　　年　月　日までに、●●部□□係へ提出してください。

該当するものに〇	
	育児休業を取得する。
	取得する意向はない。
	検討中

【提出日】　●年●月●日
【提出者】　所属　□□部△△課
　　　　　　氏名　◆◆　◆◆

雇用環境整備

雇用環境整備の義務づけ
(育児休業を取得しやすくするために)

2022年4月改正

▶ 雇用環境の整備および雇用管理等に関する措置(育児・介護休業法22条)

育児休業の申出が円滑に行われるようにするため，雇用環境整備に関する措置として，以下のいずれかを講ずることが義務化されています。

＜雇用環境の整備の措置＞
① 雇用する従業員に対する育児休業にかかる研修の実施
② 育児休業に関する相談体制の整備
③ 雇用する従業員の育児休業の取得に関する事例の収集および当該事例の提供
④ 雇用する従業員に対する育児休業に関する制度および育児休業の取得の促進に関する方針の周知

❶「雇用する従業員に対する育児休業にかかる研修の実施」とは？

「雇用する従業員に対する育児休業にかかる研修の実施」については，その雇用するすべての従業員に対して研修を実施することが望ましいものですが，少なくとも管理職については研修を受けたことのある状態にすることが必要です。

研修の実施にあたっては，定期的に実施する，調査を行う等，会社の実態を踏まえて実施をしたり，管理職層を中心に階層別に分けて実施する等の方法が効果的だと考えられます。

❷「育児休業に関する相談体制の整備」とは？

「育児休業に関する相談体制の整備」とは相談体制の窓口の設置や相談対応者を置き，これを周知することをいいます。

これは窓口を形式的に設けるだけではなく，実質的な対応が可能な窓口が設けられていることを指しています。従業員に対する窓口の周知を行い，従業員が利用しやすい体制を整備しておくことが必要になります。

❸「雇用する従業員の育児休業の取得に関する事例の収集および当該事例の提供」とは？

自社の育児休業の取得事例を収集し，事例の掲載された書類の配付やイントラネットへの掲載等を行い，従業員が閲覧できるようにすることをいいます。

❹「雇用する従業員に対する育児休業に関する制度および育児休業の取得の促進に関する方針の周知」とは？

育児休業に関する制度および育児休業の取得の促進に関する会社の方針を記載したものの配付やイントラネットへの掲載等を行うことをいいます。

▶ 雇用環境の整備および雇用管理等に関する措置の例

① 雇用する従業員に対する育児休業にかかる研修の実施 〈少なくとも管理職は対象とする〉

② 育児休業に関する相談体制の整備 〈相談窓口の設置など〉

③ 事例の収集および当該事例の提供の例

育児休業の取得事例

所　属：製造部　企画課
氏　名：厚労 太郎さん
取得期間：子の出生直後から３カ月間
～わが社、５人目の男性育児休業取得者～

（取得したいと思ったきっかけ）
□□□
□□
□□
（配偶者の反応）
□□□
□□
□□
（上司・同僚の反応）

④ 制度および育児休業の取得の促進に関する方針の周知の例

方針周知例

わが社は仕事と育児を両立する社員を積極的にサポートします！

社長からのメッセージ
□□□□□□□□□□□□□□□□□□□□□□□□□□□□□□□□□□
□□□□□□□□□□□□□□□□□□□□□□□□□□□□□□□□□□□
□□□□□□□□□□□□□□□□□□□□□□□□□□□□□□□□□□□
□□□□□□□□□□□□□□□□□□□□□□□□□□□□□□□□□□□
□□□□□□□□□□□□□□□□□□□□□□□□□□□□□□□□□□□

～わが社の目標～
男性の育児休業・出生時育児休業取得率●●%以上、平均●カ月以上
女性の育児休業取得率●●%以上

育児休業、出生時育児休業を積極的に取得してください！
そのためにも、
●全社員に対し年に１回以上仕事と育児の両立に関する研修を実施します！
●仕事と家庭の両立に関する相談窓口を設置します！
●妊娠・出産（本人または配偶者）の申出をした方に対し、個別に制度を周知するとともに育児休業・出生時育児休業の取得の意向を確認します！

この雇用環境の整備はいずれか１つの措置を実施すれば問題ありませんが，複数実施することが望ましいでしょう。

こんなときどうする?

▶個別周知，意向確認　▶雇用環境の整備

Q1　妊娠・出産報告のときに，「育休を取得するつもりはない」「制度周知は不要」と言っていた従業員にも個別周知および意向確認を行わなければならないのですか？

A　行わなければなりません。

これは会社に対して，育児休業に関する制度等の周知および意向確認の措置を講ずることを義務づけているものですので，従業員が周知や意向確認の措置が不要である旨の意思表示をしていた場合であっても，会社は，当該従業員に対し措置を講ずることが求められます（仮に当該従業員が周知および意向確認を不要とする旨の意思表示をしている場合には，面談を行わず書面の交付（郵送によることも可能）で行うことも対応の一例として考えられます）。

Q2　個別周知・意向確認の措置で，育児休業等の取得を控えさせるような形で実施することは認められていませんが，具体的にどういった場合が取得を控えさせるような形に該当しますか？

A　育児休業等の取得を控えさせるような形での措置の実施としては，取得の申出をしないよう威圧する，申し出た場合の不利益をほのめかす，取得の前例がないことをことさらに強調するなどの様態が考えられます。

また，仮に一度取得を控えさせるような言動があった後に，個別周知・意向確認の措置が改めて行われた場合であっても，すでに行われた取得を控えさせるような言動を含め，実施された措置全体として取得を控えさせる効果をもつ場合には，措置を実施したものとは認められません。

Q3　育児期の従業員がおらず，また，採用する予定もない場合でも，雇用環境整備をする必要はありますか？

A　育児休業の申出対象となる子には，養子縁組等も含まれていることから，特定の年齢に限らず幅広い年齢の従業員が育児休業申出を行う可能性があります。また，雇用環境の整備の措置を求めている育児・介護休業法22条では，義務の対象となる事業主を限定していないことから，すべての会社が雇用環境の整備を行う必要があります。

制度概要

1 出生時育児休業〔産後パパ育休〕（制度の概要）

出生時育児休業は，出産日から８週間以内に最長４週間の休業が取得できる制度です。例えば，出生時・退院時などサポートが必要なタイミングに応じて取得することができます。

2022年10月改正

▶ 出生時育児休業の制度概要

新設された出生時育児休業は，通常の育児休業とは別に取得できる育児休業です。従業員が申し出ることにより，**子の出生後８週間を経過する日の翌日まで**の期間に，**２回に分割して，４週間以内の期間を定めて**出生時育児休業を取得することができます。

①申出は，分割取得する場合であっても**初めにまとめて２回分の休業を申し出る必要**があります。

②申出期限は原則，**２週間前まで**ですが，**労使協定**を締結し，一定の措置を講じた場合は，１カ月以内の期間を申出の期限とできます。

また，労使協定の締結など，要件を満たせば休業期間中に就業することができます（詳細は50頁）。

▶ 事業主の義務（育児・介護休業法９条の３，10条）

①会社は，出生時育児休業の申出を拒むことはできません。

ただし，１回の申出の後に，新たにもう１回申出がなされたときは，その申出

ONE POINT 双子以上の場合の分割取得日数

対象となる子が，双子等複数の場合でも計28日までの取得となるため，注意が必要です（育児・介護休業法９条の２第２項２号，平28.8.2職発0802第１号，雇児発0802第３号，改正：令3.11.4雇均発1104第２号）。

ONE POINT 「4週間」とは

暦日計算により28日間のことをいいます。交替制等により勤務が２日にわたる場合については，休暇取得当日の労務提供開始時刻から継続する24時間を１労働日として取り扱うものとされています。

ONE POINT 出生時育児休業の分割取得

出生時育児休業は，原則として同一の子について２回までにかぎり，合計28日まで取得することができます。

は拒むことができます（取得を認める必要はありません）。

②会社は，休業の申出をしたことや，休業中の就労可能日に関する申出をしなかったこと，会社が提示した日時に同意しなかったこと等を理由として，当該従業員に対し**不利益な取扱いをしてはなりません。**

▶ 育児休業全体における「出生時育児休業」のタイミング

「出生時育児休業」と「育児休業」の取得を選択できます。

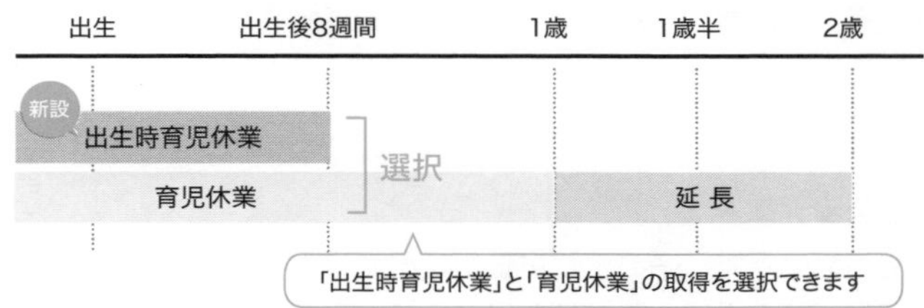

▶ 出生時育児休業取得の例

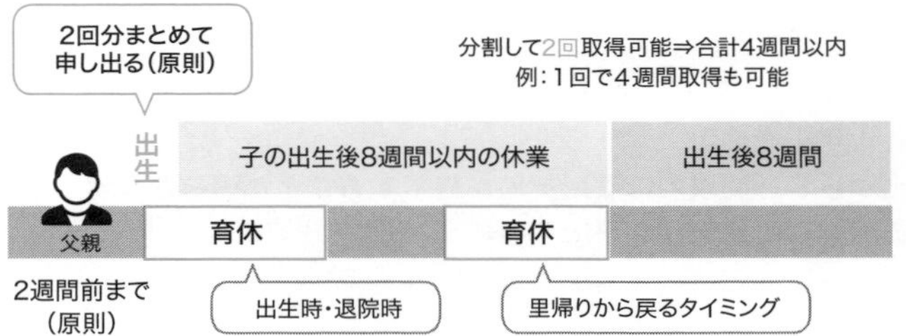

▶ 通常の育児休業との比較（制度）

	出生時育児休業	通常の育児休業
期間	●予定日または出生日から8週間以内	●子が1歳まで
取得可能日数	●最大4週間（28日） ●2回まで分割可能	（特別な事情で最大2歳まで） ●2回まで分割可能
申出期限	●原則2週間前まで（労使協定により1カ月）	●原則1カ月前まで
休業中の就業の可否	下記2つを満たせば可 ●事前の労使協定締結 ●本人の申出	原則不可

対象

2 出生時育児休業〔産後パパ育休〕（対象者と対象期間（回数））

2022年10月改正

▶ 出生時育児休業の対象となる従業員

出生時育児休業を取得できるのは，出生後８週間以内の子を養育する，産後休業をしていない男女従業員です。ただし，以下の者は除きます。

適用除外

① 日々雇用される者
② 有期契約労働者で，子の出生日または出産予定日のいずれか遅いほうから起算して８週間を経過する日の翌日から６カ月を経過する日までに契約期間を満了し，更新しないことが明らかな者

労使協定による除外

① 入社１年未満の者
② 申出から８週間以内に雇用契約が終了することが明らかな者
③ 週の所定労働日数が２日以下の者

▶ 対象となる子の範囲（育児・介護休業法２条）

従業員と法律上の親子関係がある「子」であれば，実子，養子を問いません。また，次の関係にある子についても，育児休業の対象となります。

① 特別養子縁組の看護期間中の子
② 養子縁組里親に委託されている子
③ 養子縁組里親として委託することが適当と認められるにもかかわらず，実親等が反対したことにより，養育里親として委託された子を養育する場合

ONE POINT 出生時育児休業の対象従業員

産後休業を取得した従業員は，出生時育児休業を取得できません。
そのため，対象者は主に男性になりますが，例えば養子縁組をした場合など，法律の要件を満たす場合には，女性であっても当然に対象となります。

▶ 対象期間と回数

子の出生後８週間以内に４週間（28日）まで，２回に分けて取得可能です（１回で４週間取得することも可能です）。原則出生日から８週間後までの間ですが，出産予定日前に子が生まれた場合は，出生日から出産予定日の８週間後まで，出産予定日後に子が生まれた場合は，出産予定日から出生日の８週間後までとなります。

▶ 出産予定日前後に生まれたとき

出産予定日前に子が生まれた場合

→**出生日から出産予定日の８週間後**までが対象期間

出産予定日後に子が生まれた場合

→**出生予定日から出産日の８週間後**までが対象期間

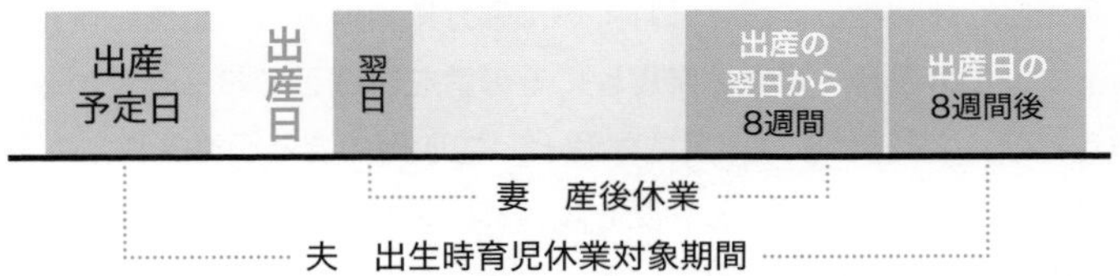

▶ 通常の育児休業との比較（適用除外者）

除外の根拠	出生時育児休業	通常の育児休業
法律	●有期契約労働者のみ ・子の出生日または出産予定日のいずれか遅いほうから起算して8週間を経過する日の翌日から6カ月以内に雇用が終了することが明らかな者	●有期契約労働者のみ ・対象となる子が1歳6カ月以内（1歳6カ月から2歳までの育児休業の申出については2歳）に雇用が終了することが明らかな者
労使協定	●正社員（無期雇用）含む ・入社1年未満の者 ・申出から8週間以内に雇用が終了することが明らかな者 ・週の所定労働日数が2日以下の者	●正社員（無期雇用）含む ・入社1年未満の者 ・申出から1年以内に雇用が終了することが明らかな者 ・週の所定労働日数が2日以下の者

▶ 育児目的休暇との関係

会社独自で，育児目的休暇（例えば，慶弔休暇として配偶者出産休暇など）の制度を設けている場合は，その休暇が出生時育児休業の取得日数以外の要件を満たすかぎり，育児目的休暇として設けられていた部分についても，出生時育児休業の扱いとなります。この場合，育児休業規程にその旨を記載しておく必要があります。

言い換えると，28日から育児目的休暇として取得できる日数を除いた期間を，出生時育児休業として取得できる制度を設ければ足りることになります。

また，この休暇期間中は年次有給休暇の付与にかかる出勤率算定にあたっては，出勤したとみなされます。

規定例

〇条　育児目的休暇を取得した場合は，当該期間に休日があった場合はその期間を含んだ日数とし，出生時育児休業の期間から控除するものとする。

▶ 育児目的休暇とは？

例えば，以下のような休暇を指します。

●慶弔休暇，配偶者出産休暇
　配偶者が出産した場合は３日の休日を付与する。
●積立年休制度，育児参加奨励休暇
　配偶者が出産した場合は14日まで消滅した年次有給休暇を使用することができる。
●子の入園式，卒園式等の行事や予防接種等の通院のための勤務時間中の外出を認める制度

<休暇中に含まれる所定休日等の取扱い>

労働日で日数を管理している「休暇」から，暦日で日数を管理する「出生時育児休業」へ取得日数を換算するにあたっては，**休暇の初日から最終日までの連続した暦日の日数（所定休日を含む）を休業取得日数として算定**することとなります。

そのためには，次の内容を就業規則等に規定しておく必要があります。

①間に入る所定休日の部分も含めて，出生時育児休業の要件（休日労働が命じられないなど労務提供義務が免除されること等）を満たすこと等
②既存の休暇の取得可能日数が４週間に満たない場合の日数や分割回数の算定方法等，会社における当該既存の「休暇」と「出生時育児休業」の関係

<賃金の取扱い>

出生時育児休業は無給，育児目的休暇は有給との取扱いをしている企業が多いと思われます。

申請

3 出生時育児休業の申出（申出方法や内容，期限について）

出生時育児休業は，従業員が会社に申し出ることを要件としており，**一定の時期に一定の方法によって**行わなければなりません。詳細について，以下で見ていきましょう。

▶ 出生時育児休業の申出方法（育児・介護休業法9条の2）

出生時育児休業の取得には，子の出生の日から起算して**8週間を経過する日の翌日まで**の期間内に，休業開始予定日と終了予定日を明らかにして**通算4週間（28日）**以内の期間を定めて，申出をする必要があります。

出生時育児休業の申出は，従業員が会社に書面を提出することによって，行わなければなりません。ただし，会社が適当と認める場合には，FAXや電子メール等（情報を出力することにより書面を作成できるものに限る）によることも可能です。

従業員から申出があったら，会社は速やかに（おおむね1週間以内）取扱通知書を書面で交付しなければなりません（従業員が希望する場合は，FAXや電子メール等も可）。

▶ 出生時育児休業の申出の期限（育児・介護休業法9条の3）

希望どおりの日から休業するためには，原則として出生時育児休業開始日の**2週間前まで**に申し出ることが必要です。ただし，労使協定で次の事項を締結する場合，

ONE POINT 出生時育児休業の4週間とは

暦日計算により28日間のことですが，交替制により2日にわたる一勤務および常夜勤勤務者の一勤務等，勤務時間が2日にわたる場合については，休暇取得当日の労務提供開始時刻から継続する24時間を一労働日として取り扱います。

ONE POINT 出生時育児休業の申出は，まとめて行う

1回目の出生時育児休業の申出をした後日に2回目の申出をする場合には，会社は2回目以降の出生時育児休業にかかる申出を拒むことができます。

ONE POINT 出生時育児休業の申出は拒めない

会社は，経営困難，事業繁忙その他どのような理由があっても適法な従業員の出生時育児休業申出を拒むことはできず，また，育児・介護休業法9条の3第3項で認められる場合を除き，出生時育児休業の時期を変更することはできないものとされています。

申出期限を**2週間超から1カ月の範囲内で定める日とすることができます。**

① 出生時育児休業の申出が円滑に行われるようにするための雇用環境の整備その他の厚労省で定める措置の内容
② 申出期限(2週間超から1カ月以内の期間に限る)

出生時育児休業(産後パパ育休)の申出期限を1カ月前までとする労使協定に定める「雇用環境の整備等の措置」

① 次に掲げる措置のうち,2つ以上の措置を講ずること。
　ア 育児休業・出生時育児休業(産後パパ育休)に関する研修の実施
　イ 育児休業・出生時育児休業(産後パパ育休)に関する相談体制の整備(相談窓口設置)
　ウ 自社の従業員の育児休業・出生時育児休業(産後パパ育休)取得事例の収集・提供
　エ 自社の従業員へ育児休業・出生時育児休業(産後パパ育休)制度と育児休業取得促進に関する方針の周知
　オ 育児休業申出をした従業員の育児休業・出生時育児休業(産後パパ育休)の取得が円滑に行われるようにするための業務の配分または人員の配置にかかる必要な措置
② 育児休業・出生時育児休業(産後パパ育休)の取得に関する定量的な目標を設定し,育児休業・出生時育児休業(産後パパ育休)の取得の促進に関する方針を周知すること。
③ 育児休業・出生時育児休業(産後パパ育休)申出にかかる当該従業員の意向を確認するための措置を講じたうえで,その意向を把握するための取組みを行うこと。

●「定量的な目標」は,数値目標であり,育児休業のほか,会社独自の育児目的休暇を含めた取得率を設定することも可能ですが,少なくとも男性の取得状況に関する目標設定が必要です。
●「意向を把握するための取組み」は,法律上の義務を上回る取組みとすることが必要です。最初の意向確認のための措置の後に,返事がないような場合は,リマインドを少なくとも1回は行うことが必要です(そこで,従業員から「まだ決められない」などの回答があった場合は,未定という形で把握)。

また次の特別な事情がある場合は，休業予定日の１週間前の申出でよいとされています。

① 出産予定日より早く子が出生したとき
② 配偶者が死亡したとき
③ 配偶者が病気または負傷等産後の養育が困難になったとき
④ 配偶者が子と同居しないこととなったとき
⑤ 子が負傷，疾病または障害により２週間以上にわたり世話を必要とする状態になったとき
⑥ 保育所等の申込みを行っているが，当面その実施が行われないとき

▶ 出生時育児休業の申出が遅れた場合

会社は，従業員が休業を開始しようとする日以後申出の日の翌日から起算して２週間（労使協定で別途期限を定めた場合も同様に，定めた期間）を経過する日までの間で，休業を開始する日を指定することができます。

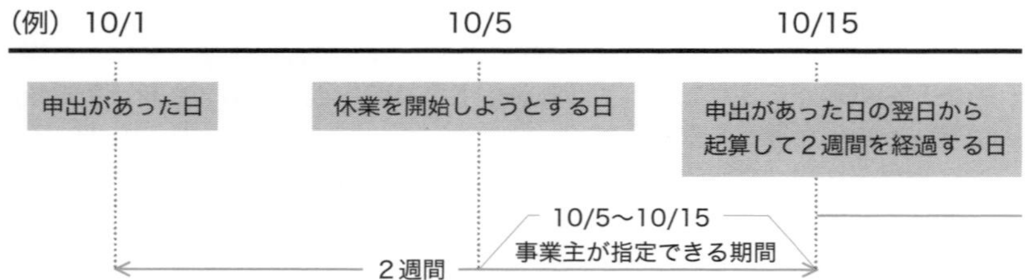

こんなときどうする？

▶出生時育児休業

法改正後は，子の出生後８週以内は４週間までしか休業を取得できなくなるのですか？

A　現行の育児休業は引き続き取得可能ですので，子の出生後８週以内の期間は，従業員の選択により，新制度と通常の育休のいずれも取得可能となります。

- 現行の育児休業は改正後も取得可能です。改正後は，現行の育児休業に加えて，出生時育児休業が創設されるものです。子の出生後８週以内の期間は，従業員の選択により，新制度と通常の育休のいずれも取得可能となります。

Q2　産後７～10週の休業申出がありました。産後７～８週は自動的に出生時育児休業になるのですか？または８週のうち４週までの育児休業はすべて出生時育児休業として取り扱うよう労使で取り決めてもよいのですか？

A　自動的・一律の取扱いはできません。また，労使協定等でそのような取扱いを事前に取り決めることもできません。

- 育児休業申出と出生時育児休業申出はそれぞれ別の権利として従業員に付与されているものですので，「産後○週間以内の期間についての休業の申出は出生時育児休業の申出とする」といった自動的・一律の取扱いはできません。また，労使協定等でそのような取扱いとすることを事前に取り決めることもできません。
- 従業員からの申出が，育児休業または出生時育児休業のどちらか不明な場合には，会社は，その申出をした従業員にどの申出であるかを確認してください。

変更・撤回

4 出生時育児休業の変更・撤回
（開始日の繰上げ，終了日の繰下げ，撤回）

開始日の繰上げ変更は，一定の場合にかぎり，出生時育児休業１回につき１回にかぎりすることができ，終了日の繰下げ変更は，事由を問わず，出生時育児休業１回につき１回にかぎりすることで，出生時育児休業期間を延長することができます。また，撤回した申出の休業は取得したものとみなします。

▶ 出生時育児休業開始日の繰上げ変更（育児・介護休業法７条）

2022年10月改正

一定の場合にかぎり，**出生時育児休業１回につき１回にかぎり**休業を**開始する日を繰上げ**変更することができます。

なお，休業を開始する日を繰上げ変更することができるのは，当初出生時育児休業を開始しようとした日の**前日までに**，出産予定日よりも早く子が出生した場合および配偶者の死亡・病気・負傷等**特別の事情がある場合**です。

＜希望どおりの日に繰上げ変更するには＞

変更後休業を開始しようとする日の１週間前までに変更の申出をする必要があります。

申出がこれより遅れた場合，会社は，従業員が変更後休業を開始しようとする日以後，変更の申出の日の翌日から起算して１週間を経過する日（変更の申出の日の属する週の翌週の応当日）までの間で休業を開始する日を指定できます。

ONE POINT 出生時育児休業の開始日の繰下げ，終了日の繰上げ

この法律では，出生時育児休業を開始する日の繰下げ変更や，出生時育児休業を終了する日の繰上げ変更のような休業期間の短縮等は，従業員の申出だけでは当然にはできません。

このような場合は，短縮等を希望する従業員と会社とでよく話し合い，どうするかを決めることになります。

従業員が希望した場合には休業期間を変更できる旨の取決めやその手続き等をあらかじめ就業規則等で明記しておくことが望ましいと考えられます。

ONE POINT 出生時育児休業の変更撤回について

原則，通常の１歳以降の育児休業と同様の取扱いとなります。

▶ 出生時育児休業終了日の繰下げ変更（育児・介護休業法7条）

一定の時期までに申し出ることにより，**事由を問わず**，**出生時育児休業1回につき1回にかぎり**休業を**終了する日を繰下げ**変更し，出生時育児休業の期間を延長することができます。なお，一定の時期までとは，当初出生時育児休業を終了しようとしていた日の**2週間前まで**に変更の申出をしなければなりません。

▶ 出生時育児休業申出の撤回等（育児・介護休業法8条）

出生時育児休業の開始**前日まで**であれば，従業員は育児休業の申出を撤回することができます。この場合，**撤回した申出の休業は取得したものとみなします。**

▶ 変更への対応方法

【開始日】

	法律	申出期日	ケース・検討	自社制度
繰上げ	あり	1週間前	出産日が早まった，配偶者の死亡などの事情がある場合	検討の必要性は低い。
繰下げ	なし		出産日が遅れたケースへの対応が不可となります。 休業日の変更は手間であるため，そのまま休んでもらう方法もありますが，「撤回する以外に方法はないのか」と従業員から言われてしまう可能性がある点が懸念事項として考えられます。	現場の意見を確認し，変更に対応できるようであれば，繰下げ制度の創設。

【終了日】

	法律	申出期日	ケース・検討	自社制度
繰上げ	なし		開始日を繰り上げたのに終了日が繰上げできないと不便になります。 また，一般的な感覚では変更できないことに違和感を感じるため，従業員に説明がつかない点が懸念事項として考えられます。	現場の意見を確認し，変更に対応できるのであれば，繰下げ制度の創設。
繰下げ	あり	2週間前	出産日が遅れたら繰下げは起こり得ます。また，事前にわかっているので，2週間前の申出で混乱は生じないと考えられます。	検討の必要性は低い。

休業中の就業

5 出生時育児休業における就業

休業中は就業しないことが原則ですが，出生時育児休業期間中は，労使協定を締結することにより，会社は，従業員の希望に応じて就業させることができます。詳細については，以下で見ていきましょう。

▶ 出生時育児休業期間中の就業（育児・介護休業法9条の5）

2022年10月改正

出生時育児休業期間中は，就業させることができる従業員について**あらかじめ労使協定を締結することにより，対象者の希望に応じて**，就業させることができます。

▶ 労使協定での締結事項

労使協定で締結する事項について，法律上の決まりはありませんが，手続き，対象者，申出期限を１カ月にしたい場合は，講ずる措置の記載は必要と考えます。また，休業開始予定日の「前日までに」ではなく，例えば「１週間前までに」と期日を定める場合は，その旨も労使協定で定めておく必要があるとされています。また，就業を希望することができる対象者を限定することも可能です。

しかしながら，雇用区分（正社員，契約社員，アルバイト等）での差異を設けることは，パートタイム・有期雇用労働法に規定する期間雇用者と正社員の不合理な待遇差の禁止という観点から，望ましくないと考えられますので，ご注意ください。

具体的な規定内容としては，例えば以下が考えられます。

1．業務上の必要性が高く，またはやむを得ない事情により出生時育児休業中の就業を自ら希望していること
2．職務内容が在宅による勤務可能であること
3．在宅勤務を行う自宅の執務環境が育児休業との両立が可能な状況であること

▶ 出生時育児休業中の就労を可とする場合の流れ

① **労使協定**を締結します。

② 従業員が就労してもよい場合は，休業開始日の前日までに**就業することができる日その他の厚労省令で定める事項等**を従業員自身が申し出ます。

③　会社がその範囲内で就労の日時を提示し，休業開始日の前日までに**従業員の同意**を得た場合にかぎり，提示した日時に就労させることが可能です。

④　休業開始前までの間，労働者は**同意を撤回**することが可能です。休業開始後は，省令で定める**特別な事情**（配偶者の疾病等やそれに準ずる心身の状態の悪化等）がある場合にかぎり撤回できます。

▶ 出生時育児休業中に就労を可能とする場合の流れ

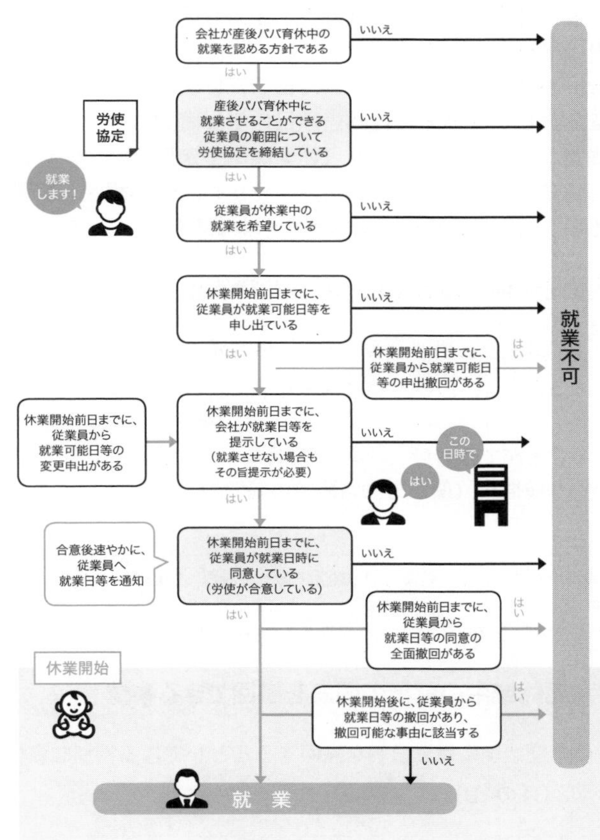

ONE POINT　休業中の就労

休業中は就業しないことが原則であり，出生時育児休業中の就業については，会社から従業員に対して就業可能日等の申出を一方的に求めることや，従業員の意に反する取扱いをしてはいけません（育介指針第２の１の２）。

就業可能日等を申し出るか否かは従業員が決めることであり，就業を希望しない場合は，就業可能日等を申し出る必要はありません。また，会社においても，従業員から申出があれば必ず就業させなければならないものではありません。

▶ 出生時育児休業中の就業の範囲（育児・介護休業法9条の5）

出生時育児休業中の就業可能日数および就業可能時間，その他の条件は，以下①～③の内容です。

① 就業日数の合計は，**出生時育児休業期間の所定労働日数の半分以下**とすること。ただし，１日未満の端数があるときは，これを切り捨てた日数とすること。

② 就業日における労働時間の合計は，**出生時育児休業期間における所定労働時間の合計の半分以下**とすること。

③ 出生時育児休業開始予定日とされた日または出生時育児休業終了予定日とされた日を就業日とする場合は，当該日の労働時間数は，**当該日の所定労働時間数に満たないもの**とすること（休業開始予定日と終了予定日に終日就業することは休業期間の設定の趣旨に反するため，休業開始・終了予定日を就業日とする場合は当該日の所定労働時間数未満としています）。

▶ 出生時育児休業中の就業にあたっての申出

就業にあたっては，次に掲げる事項を会社に書面で申し出ることが必要です（会社が適当と認める場合は，FAXや電子メール等によることも可）。

① 就業することができる日（就業可能日）

② 就業可能な時間帯（所定労働時間内の時間帯（※1）に限る），その他の労働条件（※2）

※1 あらかじめ明示された始業・就業時刻の範囲で働く従業員については，始業から就業までの時間帯のことです。

※2 就業の場所（テレワークの可否を含む）に関する事項等が考えられます。

▶ 出生時育児休業中の就業の同意を撤回できる事情

出生時育児休業開始後に就業日等を撤回することができる特別な事情は，次の場合です（育介則21条の19）。

① 配偶者が死亡したとき。

② 配偶者が負傷，疾病または障害により子の養育が困難な状態となったとき。

③ 婚姻の解消その他の事情により配偶者が子と同居しないこととなったとき。

④ 申出にかかる子が負傷，疾病または障害により，２週間以上にわたり世話を必要とする状態になったとき。

▶ 休業中の就労パターン

＜条件＞

- 休業期間：2週間（うち所定労働日10日）
- 本来の所定労働時間：1日8時間

❶ 休業期間中の所定労働日・所定労働時間の半分とする

❷ 休業開始・終了予定日を就業日とする場合は当該日の所定労働時間数未満とする

就労可能なパターン

❶ 就業可能日数は休業期間中の所定労働日・所定労働時間の半分以下 

10日 ÷ 2 ＝ 5日以下　10日 × 8時間 ÷ 2 ＝ 40時間以下

労働日数5日、労働時間28時間であるため❶はクリア！
開始日、終了日も8時間以下であるため❷もクリア！

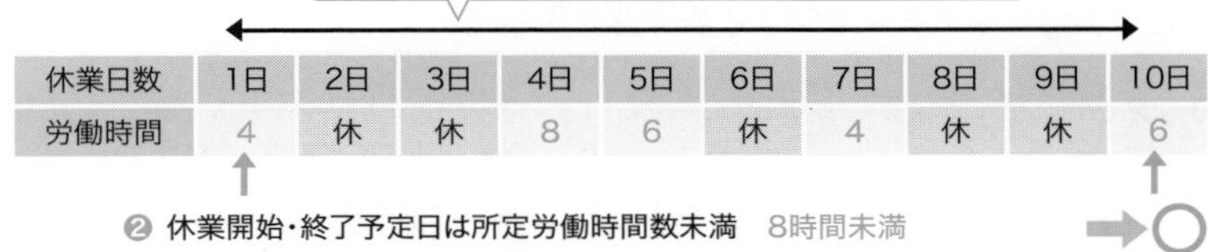

休業日数	1日	2日	3日	4日	5日	6日	7日	8日	9日	10日
労働時間	4	休	休	8	6	休	4	休	休	6

❷ 休業開始・終了予定日は所定労働時間数未満　8時間未満 →○

就労できないパターン

❶ 就業可能日数は休業期間中の所定労働日・所定労働時間の半分以下 

10日 ÷ 2 ＝ 5日以下　10日 × 8時間 ÷ 2 ＝ 40時間以下

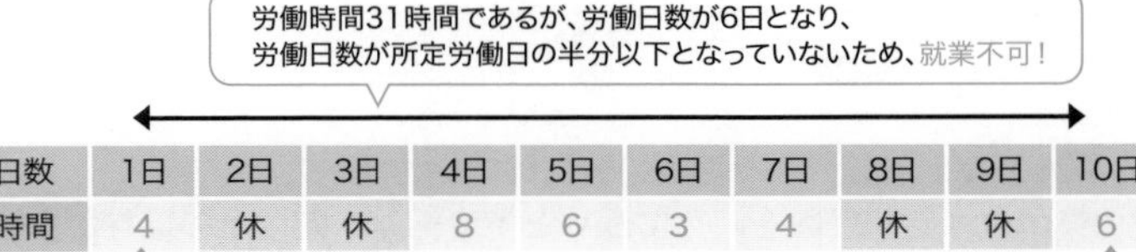
労働時間31時間であるが、労働日数が6日となり、
労働日数が所定労働日の半分以下となっていないため、就業不可！

休業日数	1日	2日	3日	4日	5日	6日	7日	8日	9日	10日
労働時間	4	休	休	8	6	3	4	休	休	6

❷ 休業開始・終了予定日は所定労働時間数未満　8時間未満 →○

ONE POINT　出生時育児休業期間の終了

出生時育児休業の期間は，従業員の意思にかかわらず次の場合に終了します。

① 子を養育しないこととなった場合

② 子の出生日（または予定日）の翌日のいずれか遅いほうから８週間を経過した場合

③ 子の出生日（出産予定日後に出生した場合は，出産予定日）以後に出生時育児休業の日数が28日に達した場合

④ 出生時育児休業をしている従業員について産前・産後休業，育児休業，介護休業または新たな出生時育児休業が始まった場合

こんなときどうする?

▶出生時育児休業中の就業　▶トラブル

Q1 **わが社では，従業員の副業を認めています。育児休業に入る従業員から，他社で副業をしたいとの申出がありましたが，認めるべきでしょうか？**

A 原則として，副業を禁止することはできなくなってきている反面，育児休業は子を養育するための休業であるという法の趣旨から考えると，自社はまだしも副業先の就労を認めてよいのかという点には検討の余地があります。

副業先での労働時間数が上限を超えると，育児休業給付金の調整にかかるため，実務上は労働時間や労働日数を報告してもらう必要が生じます。このような運用ができる状態でないと，結局のところ育児休業中の副業は現実的ではないと考えます。

☑ 会社が副業を認めるか検討する際の確認事項

国の考え

労働時間以外の時間をどのように利用するかは，基本的には従業員の自由であるとされており，原則，副業を認めないことは難しい。

育児休業の趣旨

育児休業は子を養育するためにする休業であるので，副業は制度の本旨にそぐわない（平28.8.2職発0802第１号，雇児発0802第３号）。

育休給付金との支給調整

【他の事業主の下で就労した場合の育児休業給付金】
育児休業中に一定時間数を超えて働くと不支給，一定以上の給与が支給されると減額（または不支給）となる。

副業先での労働日数・労働時間をどのように報告してもらうか？

給付金支給調整の判断

労働日数・労働時間		副業先の労働日数・労働時間数を含めて判断
給与		副業先から支給された給与額は考慮しない

Q2 出生時育児休業中の就業について，従業員から就業可能日等の申出があり，会社がその範囲内で日時を提示した後に従業員から就業可能日の変更の申出があった場合はどのように対応すればよいですか？

A　出生時育児休業の開始予定日の前日までに従業員から変更の申出があった場合には，会社は，従業員から再度申出がされた変更後の就業可能日等について，再度就業可能日等のうち，就業させることを希望する日（希望する日がない場合はその旨）およびその時間帯その他の労働条件等を従業員に提示（育介則21条の15第４項）し，従業員の同意を得る必要があります。

Q3 出生時育児休業中に就業する場合，契約上の勤務時間以外の時間を従業員が申し出てもよいのですか？（勤務時間外の夜間の２時間でテレワークであれば勤務可能など）

A　出生時育児休業期間中の就業可能な時間帯等の申出は，所定労働時間内の時間帯に限って行うことができますので，所定労働時間外の時間帯について，従業員は就業の申出を行うことはできません。

Q4 休業中の就業について，就業可能日等の申出の際に従業員は従事する業務内容についても申し出ることはできますか。その場合，会社が従業員を就業させることができるのは，従業員が申し出た業務内容の範囲に限られますか？

A　従業員からの申出可能な内容は「就業可能日」「就業可能日における就業可能な時間帯その他の労働条件」であり，業務内容が「労働条件」の範囲内であれば（例えば，テレワークで実施できる集計業務に限って就業可能と申し出る，等），従業員から申し出ることができ，会社は従業員の申出の範囲内で就業させることができることとなります。

Q5 出生時育児休業開始後，出生時育児休業中の就業日に撤回事由に該当しない事由で休む場合に，年次有給休暇を取得することは可能ですか？また，出生時育児休業開始後に予定していた業務がなくなったため会社側から就業日を撤回することは可能ですか？

A　出生時育児休業期間中の就業日は労働日であるため，年次有給休暇を取得することは可能です。また，出生時育児休業期間開始後に会社から当該就業日について撤回をすることはできません。

Q6 出生時育児休業中に就業させることができる者について労使協定で定める際，「休業開始日の○週間前までに就業可能日を申し出た従業員に限る」といった形で対象従業員の範囲を規定することは可能ですか？

A　このような形で対象従業員の範囲を定めることは可能です。

Q7 出生時育児休業中に仕事ができる上限を具体的に教えてください。加えて，出生時育児休業給付金の対象となる上限についても教えてください。

A　以下のとおりです。

①　就労上限例

所定労働時間が１日８時間，１週間の所定労働日が５日の従業員が，休業２週間・休業期間中の所定労働日10日・休業期間中の所定労働時間80時間の場合

⇒　就業日数上限５日，就業時間上限40時間，休業開始・終了予定日の就業は８時間未満

②　給付上限例

出生時育児休業を28日間（最大取得日数）取得する場合は，10日（10日を超える場合は80時間)。これより短い場合は，それに比例した日数または時間数。

計算式：10日×（休業をした日数÷28日）＝上限日数
　　　　80時間×（休業をした日数÷28日）＝上限時間

10日間の休業→最大４日（４日を超える場合は28時間）
　　［10日×10/28＝3.57（端数切上げ）→４日］

育児休業等にまつわるトラブルが生じた場合，どこに相談すればよいのでしょうか？

A　まずは，会社において自主的な解決を図るべきですが，解決が困難な場合には，都道府県労働局長に援助を求めることができます。

- まずは，会社における苦情処理機関で自主的な解決を図ることが求められますが，解決が困難な場合には，労働者および会社の双方またはその一方は，都道府県労働局長に援助を求めることができます。
- 都道府県労働局長は，両者間の紛争について調停の申請がなされ，必要があると認めるときは，紛争調整委員会（両立支援調停会議）に調停を行わせることができます（育児・介護休業法52条の５）。

＜調停の対象となる紛争＞
① 育児休業制度・介護休業制度
② 子の看護休暇制度，介護休業制度
③ 所定労働の制限・時間外労働の制限・深夜業の制限
④ 所定労働時間の短縮等の措置
⑤ 育児休業等を理由とする不利益の取扱い
⑥ 労働者の配置に関する配慮

調停の流れ

調停の申請
調整申請書を都道府県労働局雇用均等室へ提出（ホームページからのダウンロード・電子申請可）

▼

調停申請書の受理
※管轄違い，調停対象事項からの逸脱等がある場合は受理されない

▼

調停開始の決定
※調停を開始する必要がないと判断された場合は、調停は開始されない。

▼

調停会議の開催（非公開）
- 関係当事者，労使代表者からの意見聴取
- 関係労使を代表する者からの意見聴取（関係当事者からの申立に基づき，必要があると認めるとき）
- 同一の事業所に雇用される労働者その他の参考人からの意見聴取（必要があると認めるとき）
- 調停案の作成
- 調停案の受諾勧告

▼

解決
当事者双方が調停案を受諾

打切り
①本人の死亡，法人の消滅等があった場合
②当事者間で和解が成立した場合
③調停が取り下げられた場合
④他の関係当事者が調停に非協力的で度重なる説得にも関わらず出席しない場合
⑤対立が著しく強く，歩寄りが困難である場合
⑥調停案を受諾しない場合　　等

コラム

仕事と育児を両立するために（1）
～多様な働き方に対応した環境整備～

１人の高齢者を支える人数は，2020年には**2.1人，**2065年には約**1.3人**となるとされており（内閣府「令和４年度 高齢社会白書」），男性・女性共に介護を抱える状況になることは必至といえます。また，出生率を考えると育児と仕事を両立できる環境整備も欠かせません。「法改正だから，国が促しているから，従業員への福利厚生だから…」ではなく，**経営戦略として多様な働き方を推進する制度の事例**をご紹介します。

▶ カムバック制度

育児・介護，配偶者の転勤等，やむを得ない理由により退職した従業員を，再度就労できる状態になった際に復職してもらう制度。この制度は，退職した従業員にとっては，慣れ親しんだ環境で働くことができ，スムーズに業務に取りかかることが可能になり，一方，会社側にとっても，**採用と教育にかかるコストの削減，即戦力の採用を行うことができます。**ジョブリターン制度，ウェルカムバック制度など名称はさまざまです。

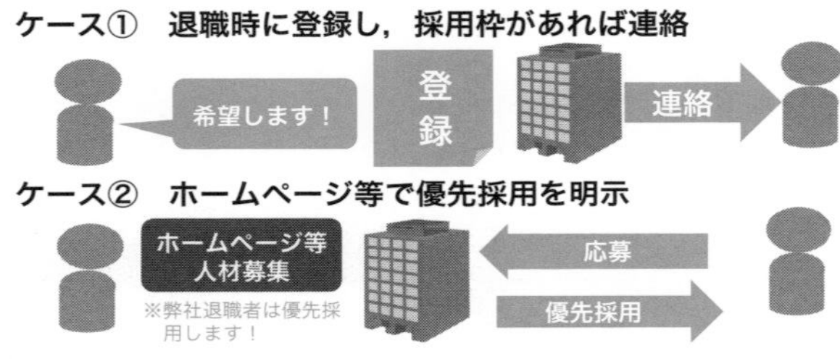

検討事項ポイント

- カムバック制度を利用できる対象者については，あらかじめ明確にしましょう。
  ➡**退職事由の限定，退職後何年までカムバック制度を適用し，再雇用が可能か**等を明確にしましょう。
- 退職手続きの説明時に，カムバック制度に登録する場合の申請方法について説明しましょう。
  ➡引っ越しする場合や，連絡先に変更が生じる場合は，必ず登録情報の変更手続きが必要な旨を伝え，**登録情報の変更方法についても明示しておきましょう。**
- 再雇用後の労働条件を検討・設定しましょう。
  ➡試用期間は設けるか，従前と同じ業務とするか，従前と同じポジションなのか，まったく新たな業務で新たなポジションなのか，給与はどうするのか，検討しましょう。**離職することなく継続して勤務している従業員が不満をもたないような配慮・設計が重要**となります。

第1章 -2

子育て期の諸制度

子育て期の諸制度の枠組みを理解しましょう

子育てを行うにあたって取得する育児休業をはじめ，子の看護休暇，短時間勤務制度というように，子育て期に利用可能な制度がありますが，それぞれ目的，取得対象者，取得時期が多様なため，制度の枠組みを理解することが重要になります。この章では，子育て期において，取得可能な諸制度について整理し，理解しましょう。

1 育児休業制度
（育児にまつわる制度および対象となる子）

１歳までの育児休業は育児・介護休業法で定められた制度で，育児のためにまとまった休業を取得できるものです。制度概要を以下でご説明します。

▶ 育児にまつわる制度の全体像

育児・介護休業法において，１歳未満の子を養育する従業員は，育児休業を取得することができます。育児休業とは，子を養育するための休業を言います。育児休業の期間は，子が１歳に達するまでが原則となりますが，最長で子が２歳に達するまで延長が可能となっています。

そのほかにも，働きながら子を養育することを容易にするため，子の看護休暇・所定外労働，時間外労働，深夜業の制限・短時間勤務などの制度が設けられています。

右頁のとおり，子の年齢に応じて各種制度が利用できるようになっています。

▶ 育児休業の趣旨

少子高齢化対策が重要視されている現代において，子育てを行いやすくするためにさまざまな制度が整備されています。育児休業もその１つであり，女性に限らず男性もこの制度の対象になっています。

育児と仕事の両立を推進し，従業員が退職せずに済むようにするためには，男性の育児参加も重要です。働きながらも子を育てられる環境づくりのため，育児・介護休業法は重要な役割を果たしています。

! ONE POINT 休業とは？

労働契約関係が存続したまま従業員の労務提供義務が消滅することをいいます。

「休暇」と「休業」とを厳密に区別する基準はありませんが，「休暇」のうち連続して取得することが一般的であるものを「休業」としている用語例（労基法65条の産前産後の休業など）に倣ったものとなります。

なお，民法536条により，休業期間中の事業主の賃金支払義務は消滅することになります。

したがって，休業期間中の従業員に対する賃金の支払いが義務づけられているものではなく，休業中は無給とすることが可能です。

育児にまつわる諸制度

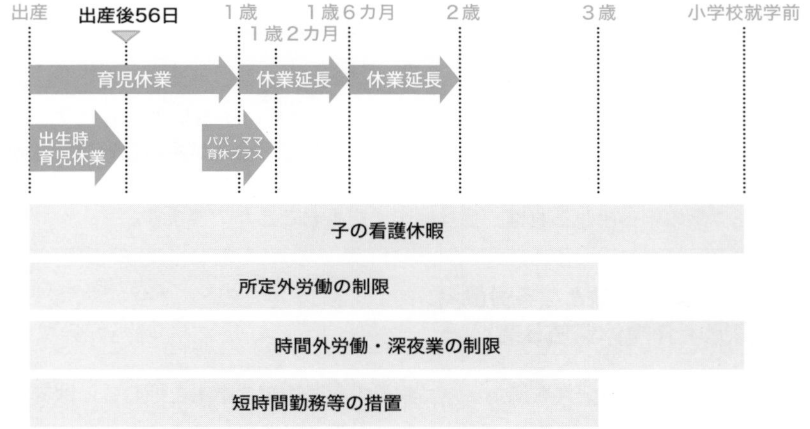

▶ 対象となる子の範囲

育児休業は，原則1歳に満たない子を育てる従業員が取得できます。対象となる子の範囲は，以下のとおりです。

1. 実子
2. 養子
3. **特別養子縁組の監護期間中の子**
4. **養子縁組里親に委託されている子**
5. **養子縁組里親として委託することが適当と認められるにもかかわらず，実親等が反対したことにより養育里親として委託された子**

ONE POINT 特別養子縁組とは？

養子となる子の実親（生みの親）との法的な親子関係を解消し，実の子と同じ親子関係を結ぶ制度です。

子と育ての親は家庭裁判所の審判によって戸籍上も実の親子となることができます。

裁判所が特別養子縁組を成立させるには，育ての親となる者が養子となる子を6カ月以上，監護した状況を考慮して，決定することになります。

ONE POINT 子が「1歳に達する日」とは？

「1歳に達する日」とは，原則，1歳となった日を指しますが，具体的には1歳の誕生日の前日のことをいいます。

民法の規定上，誕生日の前日をもって満年齢に達したとみなされるためです。

よって，4月1日生まれの子の「1歳に達する日」は翌年3月31日のことを指すことになります。

育児
1歳まで

2 育児休業の対象者（育児休業が取得できる従業員の範囲）

育児休業では，制度を利用するかどうかは従業員の選択に委ねられています。育児休業の対象となる従業員から申出があれば，会社は拒むことはできませんが，法律で適用除外とされる者や，労使協定により適用除外される者からの育児休業の申し出があれば，会社は申出を拒むことができます。

▶ 育児休業の対象となる労働者（育児・介護休業法５条）

2022年4月改正

① 基本的に，会社は要件を満たした従業員の育児休業の申出を拒むことはできません。ただし，育児・介護休業法５条では以下の従業員は育児休業の適用除外とされ，この法律上で適用除外とされた従業員からの申出は拒むことができます。

なお，2022年４月の法改正に伴い，法律上適用除外とされていた，有期契約労働者の「引き続き雇用された期間が１年以上」の要件が廃止されています。

適用除外

① 日々雇用されるもの
② 有期契約労働者で，子が１歳６カ月に達する日までに雇用契約が終了することが明らかな者
※２歳までの延長の場合は「１歳６カ月」を**「２歳」**に読み替え

② ①の法律上の適用除外に加えて，労使協定を締結することを条件に以下の従業員の休業取得を会社は拒むことができます。2022年４月の法改正に伴い，有期雇用で入社１年未満の従業員は，無期雇用と同様，「入社１年未満」の要件により適用除外とするかは，労使の協議に委ねられることとなります。

なお，「１年未満」か否かの判断時点は，育児休業申出の時点で判断します。

労使協定による除外

① 入社１年未満の従業員
② 申出から１年以内（１歳６カ月までの育児休業をする者は６カ月以内）に雇用契約が終了することが明らかな従業員
※２歳までの延長の場合は「１歳６カ月」を**「２歳」**に読み替え
③ 週の所定労働日数が２日以下の従業員

▶ 有期契約労働者の適用除外者の例

法律で適用が除外されている，「有期契約労働者で，子が１歳６カ月に達する日までに雇用契約が終了することが明らかな者」とは，下記のケースがあります。

労働契約の更新回数の上限が明示されており、その上限まで契約が更新された場合の労働契約の期間の末日が、子が1歳6カ月になる日の前日までにあるとき

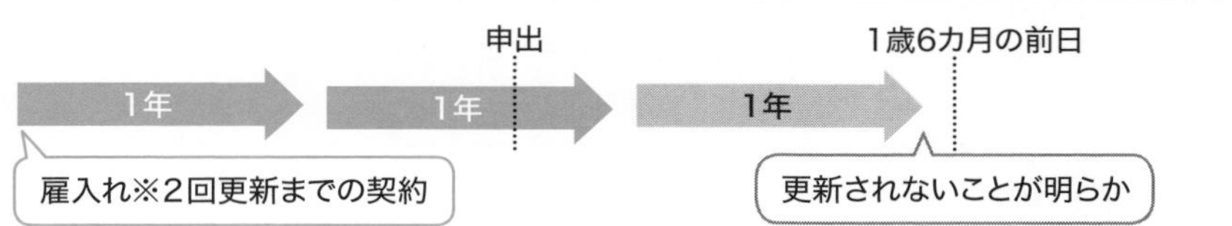

労働契約の更新をしない旨が明示されており、申出時点で締結している労働契約の期間の末日が、子が1歳6カ月になる日の前日までにあるとき

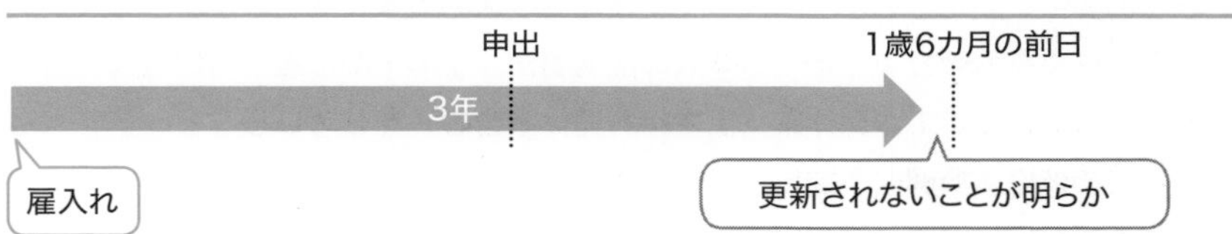

▶ 入社１年未満の従業員の育児休業取得について

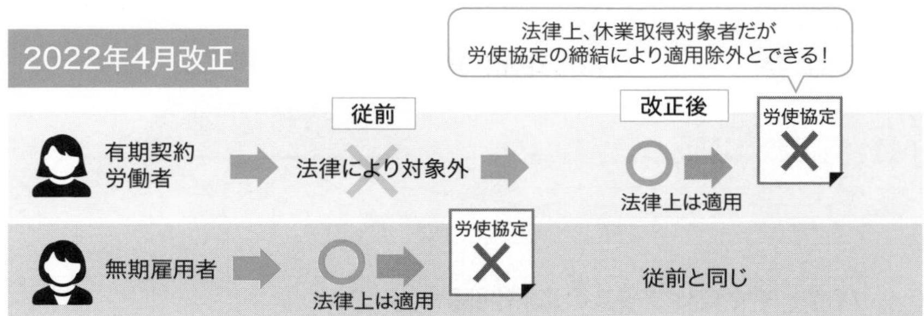

法律では、労使協定を締結した場合に育児休業の対象から除外できる者の範囲の最大限度を示しています。したがって、より狭い範囲の者を除外することは可能ですが、例えば、「男性はすべて育児休業の対象から除外する」など、より広い範囲の者について、除外することはできませんので、ご注意ください！

育児

3 パパ・ママ育休プラス
（子が１歳２カ月までの育児休業）

育児休業は原則，子が１歳に達するまでとされています。パパ・ママ育休プラスとは，父親と母親が育児休業を取得する場合，原則１年間である育児休業期間を２カ月延長し，子が１歳２カ月になるまで取得できるというものです。母親の職場復帰のサポートとして父親が育児休業を取得するといった活用方法があります。

▶ パパ・ママ育休プラスの要件（育児・介護休業法９条の６）

以下の要件を満たす場合，パパ・ママ育休プラスの対象となります。

① 育児休業を取得しようとする**本人の配偶者が，子の１歳に達する日（誕生日の前日）以前において育児休業（出生時育児休業含む）をしている**こと

② **本人の育児休業開始予定日が，子の１歳の誕生日以前**であること

③ **本人の育児休業開始予定日が，配偶者がしている育児休業（出生時育児休業含む）の初日以降**であること

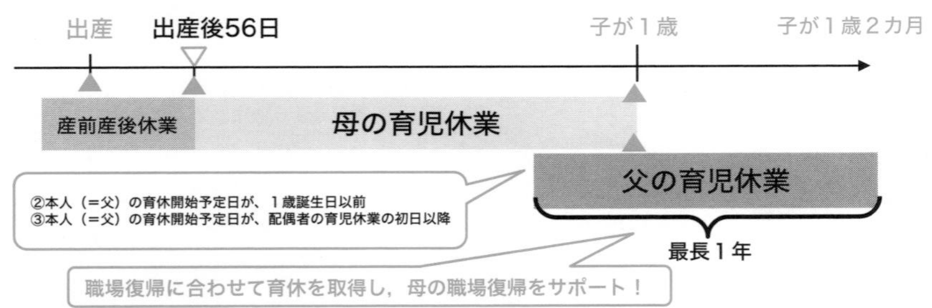

▶ パパ・ママ育休プラスの取得期間

① 夫婦の育児休業期間：夫婦で合わせて１歳２カ月まで育児休業を取得することができます。ただし，夫婦１人ずつが取得できる育児休業の上限は１年です。

② 母親の育児休業期間：母親は，出生日以後の産前・産後休業期間を含めて１年の取得が可能です。

③ 同時取得：夫婦で同時期に育児休業を取得することも可能です。

▶ パパ・ママ育休プラスの具体例

パパ・ママ育休プラスの取得が可能となるパターンについて，詳しく見ていきましょう。

【出生日：10月10日の場合】

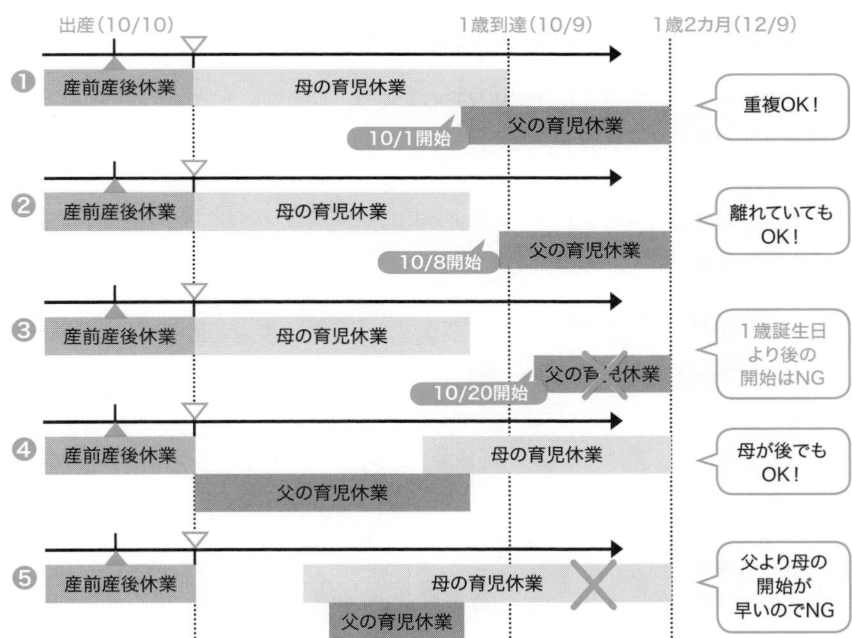

❶ 母の職場復帰をサポートしながら、子が1歳2カ月まで父が育児休業を取得できます。

❷ 子が1歳に達する前に母が職場復帰をする場合を想定しています。このように母と父の育休期間が離れていてもパパ・ママ育休プラスの対象となります。

❸ パパ・ママ育休プラスが取得できるのは、子が1歳になる誕生日の前日までに開始する必要があるため、1歳の誕生日より後に取得することはできません。

❹ 産前・産後休業後に、母がすぐに職場復帰をして、父がはじめに育休に入り、その後、子が1歳になるまでに母が育休を取る場合、パパ・ママ育休プラスの対象となります。

❺ 産前・産後休業後に、期間を空けて母が育休に入っていますが、母が父より先に育休に入っています。この場合、先に育休を取る人（ここでは母）は対象とはならず、母は原則どおり1歳までの育休の取得となります。

育児

4　1歳以降の育児休業（子が１歳６カ月・２歳までの延長）

育児休業は原則として子が１歳に達するまで取得可能ですが，一定の場合には，子が１歳６カ月または２歳に達するまで育児休業の延長が可能です。

▶ 育児休業の延長（育児・介護休業法５条）

首都圏を中心に待機児童が一定数存在しており，保育所に入所できないことにより離職せざるを得ない状況に備えるため，緊急的なセーフティネットとして育児休業を最長２歳まで延長できることとなりました。

ただし，従業員自身のキャリアに与える影響に配慮し，併せて早期復職支援を行うことも必要とされています。

▶ １歳６カ月までの延長

子が１歳に達する時点において下記のいずれにも該当する場合，子が１歳に達する日の翌日から子が１歳６カ月に達する日までの期間について，育児休業をすることができます。

①　育児休業にかかる子が１歳に達する日において，従業員本人または配偶者が育児休業をしている場合
②　保育所に入所できない等，１歳を超えても休業が特に必要と認められる場合
③　１歳６カ月までの育児休業をしたことがない場合

▶ ２歳までの延長

子が１歳６カ月に達する時点において下記のいずれにも該当する場合，子が１歳６カ月に達する日の翌日から子が２歳に達する日までの期間について，育児休業を

ONE POINT　「子が１歳から１歳６カ月に達するまで」とは？

１歳の誕生日から，誕生日の属する月の６カ月後の月の誕生日の応当日の前日までです。
例えば，2016年４月１日が生年月日の子は2017年４月１日から2017年９月30日までとなります。

することができます。

① 育児休業にかかる子が1歳6カ月に達する日において，従業員本人または配偶者が育児休業をしている場合
② 保育所に入所できない等，1歳6カ月を超えても休業が特に必要と認められる場合
③ 2歳までの育児休業をしたことがない場合

▶ 育児休業の開始日の柔軟化（育児・介護休業法5条）

2022年10月改正

1歳到達後の育児休業開始日について，法改正前は1歳から1歳6カ月までの育児休業については「1歳に達した日の翌日」，1歳6カ月から2歳までの育児休業は「1歳6カ月に達した日の翌日」に限定されていました。2022年10月の法改正により，配偶者が育児休業をしている場合は「配偶者の育児休業終了予定日の翌日以前の日」を開始予定日とすることができるようになりました。

▶ 開始日柔軟化による取得イメージ

下図のように，法改正前は開始日が限定されていましたが，法改正に伴い，配偶者と交代して育児休業が取得できるようになりました。

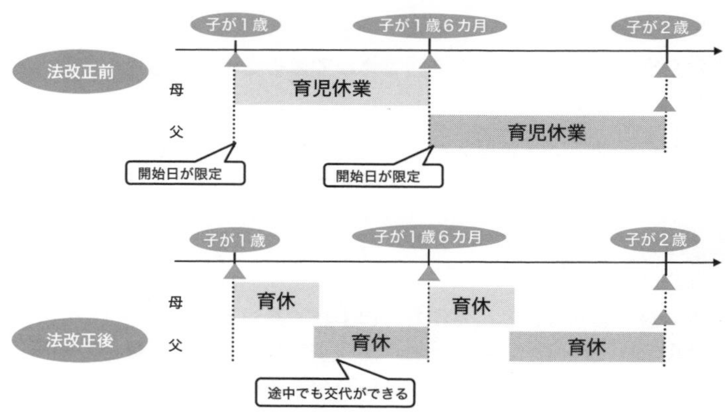

ONE POINT 「保育所に入所できない等，休業が特に必要と認められる場合」とは？

市町村に対して保育の申込みを行っていて，再度の育児休業を延長した場合の最初の日において，保育所の入所がなされない旨，通知を受けていることをいいます。

育児

5 育児休業の申出
（申出方法や内容，期限や取得回数）

育児休業は，従業員が会社に申し出ることを要件としており，**一定の時期に一定の方法によって**行わなければなりません。詳細について，以下で見ていきましょう。

▶ 育児休業の申出と回数（育児・介護休業法5条）

① 育児休業は育児のためのさまざまな制度の１つですが，会社が設けた制度のうち，どの制度を利用するか否かは，従業員自身の選択に任されています。

② 会社にとっては，制度に則った問題のない申出であれば，育児中の従業員は能率が悪いなどといって却下することは，基本的にはできません。

③ 申出の回数は，特別の事情がない限り１人の子につき，１歳までの育児休業は２回，１歳６カ月および２歳までの育児休業は各１回です。

▶ 育児休業の申出方法

育児休業の申出は，次の事項を記載した育児休業申請書を会社に提出し，申し出ることとなっています。ただし，会社が適当と認める場合には，**FAXや電子メール等（情報を出力することにより書面を作成できるものに限る）**によることも可能です。

しかしながら管理上は，育児休業申請書による申請が望ましいでしょう。

＜申出の際，必ず明らかにしなければならない事項＞
① 申出年月日
② 従業員の氏名
③ 申出にかかる子の氏名，生年月日および従業員との続柄等（子が出生していない場合は，出産予定者の氏名，出産予定日および従業員との続柄）
④ 休業を開始しようとする日および休業を終了しようとする日

ONE POINT 履歴管理が可能な仕組みづくりが重要

育児休業の分割取得が可能になったことにより，人事担当者が行う管理が，煩雑になることが考えられます。システム構築等により，履歴を残せる仕組みづくりが重要となります。

▶ 育児休業申出書の提出

従業員

会社

【育児休業申出書】

【育児休業取扱通知書】

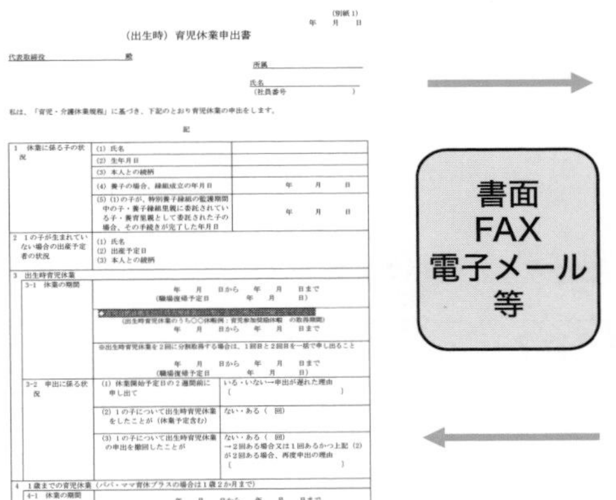

（別紙１）

年　月　日

（出生時）育児休業申出書

代表取締役　　　　　殿

所属

氏名

（社員番号　　　　）

私は、「育児・介護休業規程」に基づき、下記のとおり育児休業の申出をします。

記

1　休業に係る子の状況	(1) 氏名	
	(2) 生年月日	
	(3) 本人との続柄	
	(4) 養子の場合、縁組成立の年月日	年　月　日
	(5) (1)の子が、特別養子縁組の監護期間中の子・養子縁組里親に委託されている子・養育里親として委託された子の場合、その手続きが完了した年月日	年　月　日
2　1の子が生まれていない場合の出産予定者の状況	(1) 氏名 (2) 出産予定日 (3) 本人との続柄	
3　出生時育児休業		
3-1　休業の期間	年　月　日から　年　月　日まで （職場復帰予定日　年　月　日）	
	（出生時育児休業のうち○○休暇例：育児参加奨励休暇　の取得期間） 年　月　日から　年　月　日まで	
	※出生時育児休業を２回に分割取得する場合は、１回目と２回目を一括で申し出ること 年　月　日から　年　月　日まで （職場復帰予定日　年　月　日）	
3-2　申出に係る状況	(1) 休業開始予定日の２週間前に申し出て	いる・いない→申出が遅れた理由 〔　　　〕
	(2) １の子について出生時育児休業をしたことが（休業予定含む）	ない・ある（　回）
	(3) １の子について出生時育児休業の申出を撤回したことが	ない・ある（　回） →２回ある場合又は１回あるかつ上記 (2) が２回ある場合、再度申出の理由 〔　　　〕
4　１歳までの育児休業（パパ・ママ育休プラスの場合は１歳２か月まで）		
4-1　休業の期間	年　月　日から　年　月　日まで （職場復帰予定日　年　月　日）	

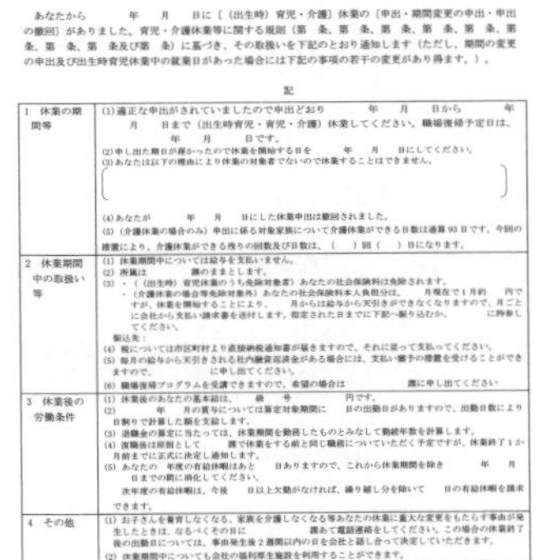

〔（出生時）育児・介護〕休業取扱通知書

殿

年　月　日

会社名

あなたから　年　月　日に〔（出生時）育児・介護〕休業の〔申出・期間変更の申出・申出の撤回〕がありました。育児・介護休業等に関する規則（第　条、第　条、第　条、第　条、第　条、第　条、第　条、第　条及び第　条）に基づき、その取扱いを下記のとおり通知します（ただし、期間の変更の申出及び出生時育児休業中の就業日があった場合には下記の事項の若干の変更があり得ます。）。

記

1　休業の期間等	(1)適正な申出がされていましたので申出どおり　年　月　日から　年　月　日まで（出生時育児・育児・介護）休業してください。職場復帰予定日は、　年　月　日です。 (2)申し出た期日が遅かったので休業を開始する日を　年　月　日にしてください。 (3)あなたは以下の理由により休業の対象者でないので休業することはできません。 〔　　　〕 (4)あなたが　年　月　日にした休業申出は撤回されました。 (5)（介護休業の場合のみ）申出に係る対象家族について介護休業ができる日数は通算 93 日です。今回の措置により、介護休業ができる残りの回数及び日数は、（　）回（　）日になります。
2　休業期間中の取扱い等	(1) 休業期間中については給与を支払いません。 (2) 所属は　　課のままとします。 (3) ・（（出生時）育児休業のうち免除対象者）あなたの社会保険料は免除されます。 ・（介護休業の場合等免除対象外）あなたの社会保険料本人負担分は、　月現在で１月約　円ですが、休業を開始することにより、　月からは給与から天引きができなくなりますので、月ごとに会社から支払い請求書を送付します。指定された日までに下記へ振り込むか、　　に持参してください。 振込先： (4) 税については市区町村より直接納税通知書が届きますので、それに従って支払ってください。 (5) 毎月の給与から天引きされる社内融資返済金がある場合には、支払い猶予の措置を受けることができますので、　　に申し出てください。 (6) 職場復帰プログラムを受講できますので、希望の場合は　　　課に申し出てください
3　休業後の労働条件	(1) 休業後のあなたの基本給は、　級　号　　円です。 (2) 　年　月の賞与については算定対象期間に　日の出勤日がありますので、出勤日数により日割りで計算した額を支給します。 (3) 退職金の算定に当たっては、休業期間を勤務したものとみなして勤続年数を計算します。 (4) 復職後は原則として　　課で休業をする前と同じ職務についていただく予定ですが、休業終了１か月前までに正式に決定し通知します。 (5) あなたの　年度の有給休暇はあと　日ありますので、これから休業期間を除き　年　月　日までの間に消化してください。 次年度の有給休暇は、今後　日以上欠勤がなければ、繰り越し分を除いて　日の有給休暇を請求できます。
4　その他	(1) お子さんを養育しなくなる、家族を介護しなくなる等あなたの休業に重大な変更をもたらす事由が発生したときは、なるべくその日に　　　課あて電話連絡をしてください。この場合の休業終了後の出勤日については、事由発生後２週間以内の日を会社と話し合って決定していただきます。 (2) 休業期間中についても会社の福利厚生施設を利用することができます。

（注）上記のうち、１(1)から(4)までの事項は事業主の義務となっている部分、それ以外の事項は努力義務となっている部分です。

▶ 育児休業の申出に対する会社からの通知

従業員から育児休業の申出があった場合，会社は**速やかに（おおむね２週間以内）**，次の事項を記載した育児休業取扱通知書により，従業員に通知しなければならないとされています。なお，この通知も書面によるほか，従業員が希望する場合には，FAXまたは電子メール等（情報を出力することにより書面を作成できるものに限る）によることも可能です。

<通知事項>
① 育児休業申出を受けた旨
② 育児休業開始予定日（会社が育児休業開始予定日を指定をする場合は，会社の指定する日）および育児休業終了予定日
③ 申出にかかる子の氏名，生年月日および従業員との続柄等（子が出生していない場合は，出産予定者の氏名，出産予定日および従業員との続柄）
④ 育児休業申出を拒む場合には，その旨およびその理由

▶ 育児休業の申出期限（育児・介護休業法6条）

●１歳までの育児休業

希望どおりの日から休業するためには，原則として育児休業を開始しようとする日の１カ月前までに申し出ることが必要です。

●１歳以降の育児休業

１歳（または１歳６カ月）到達日以前に申し出る場合，希望どおりの日から休業するためには，育児休業を開始しようとする日の２週間前までに申し出ることが必要です。

●申出期限より遅れた場合

会社は一定の範囲で休業開始日を指定することができます。

▶ 育児休業の申出が遅れた場合は？

<育児休業開始予定日から１カ月前を切っての申請の場合>

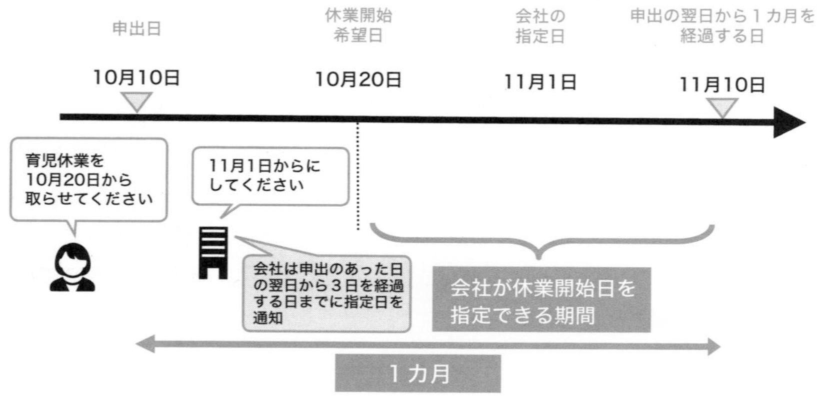

申出日と開始希望日の間が１カ月を切る場合，会社は休業を開始しようとする日以後，申出の日の翌日から起算して１カ月を経過する日までの間で休業を開始する日を指定することができます。

上記の例のように10月10日の申出時点では，育児休業の開始を希望する10月20日まで１カ月を切っています。この場合，育児休業の開始を希望する10月20日より，申請の翌日から１カ月後の11月10日までの間で，会社は育児休業の開始日を指定することができます。

こんなときどうする?

▶企業の義務

Q1 従業員からの育児休業の申出を拒否した場合，何か罰則はありますか？

A　この場合に適用される法令は育児・介護休業法であり，それ自体には罰則規定はありませんが，申出を拒否することは明確な法令違反であり，各都道府県労働局雇用環境・均等部（室）が調査に入り，厳しい行政指導が行われます。

Q2 育児休業制度について就業規則等に定める必要はありますか？

A　育児休業や介護休業は労基法上の「休暇」に該当し，就業規則の絶対的記載事項です。また，育介指針でも，あらかじめ就業規則に定めておくべきとされています。休業中や復職後の賃金等待遇についても記載しておく必要があります。トラブルを防止し，安心して休業の申出ができるためにも，規定の整備が必要です。

なお，規定がなくても，法の要件を満たす労働者から申出があれば，休業を認めなければなりません。

Q3 職業家庭両立推進者は必ず定める必要がありますか？

A　育児・介護休業法に基づき講ずべき各種措置を制度化し，円滑に実施するため，育児・介護休業法29条では，事業主に対し，企業全体の雇用管理方針の中で仕事と家庭との両立を図るための取組みを企画し，実施するという業務を担当する「職業家庭両立推進者」を選任するように努めなければならない（努力義務）と規定されています（平28.8.2職発0802第２号，雇児発0802第３号）。

これを踏まえ，企業全体の人事労務管理について責任を有する者の選任が推奨されています。例えば，本社人事労務担当部課長以上の者など，業務を自己の判断に基づき責任をもって行える地位にある者が望ましいとされています。

ONE POINT　職業家庭両立推進者とは

社員の職業生活と家庭生活の両立が図られるため，例えば以下の役割を担う者をいいます。
・育児・介護休業等に関する就業規則等の作成・周知，勤務時間の短縮等の措置の企画立案等を行う。
・仕事と家庭の両立や男性の育児等への参画について，広報活動といった必要な業務を行う。

育児

6 育児休業取得に伴い回収する証明書一覧

会社は，従業員から育児休業の取得の申出などがあった場合，申出を行う子の出生等を証明するため，従業員に対して必要な書類の提出を求めることができます。会社が求める証明書の一例は，下記の表に示すとおりとなります。

＜育児休業取得に伴う証明書一覧＞

証明すべき事項	証明書の例
① 妊娠の事実	医師が交付する当該事実についての診断書
② 出生の事実	官公署が発行する出生届受理証明書
③ 出産予定日の事実	医師が交付する当該事実についての診断書
④ 養子縁組の事実	官公署が発行する養子縁組受理証明書
⑤ 特別養子縁組の監護期間中にあること	事件が係属している家庭裁判所（家庭裁判所の審判に対して即時抗告の申立てがあった場合には，抗告事件が係属している高等裁判所）が発行する事件係属証明書
⑥ 養子縁組里親に委託されていること	委託措置決定通知書
⑦ 養子縁組里親として委託することが適当と認められるにもかかわらず，養育里親として委託されていること	児童相談所長が発行する証明書
⑧ 死産の事実	医師または助産師が交付する死産証明書または死胎検案書
⑨ 子の死亡の事実	医師が交付する死亡証明書または死体検案書
⑩ 配偶者の死亡の事実	医師が交付する死亡証明書または死体検案書
⑪ 介護の対象家族の死亡の事実	医師が交付する死亡証明書または死体検案書
⑫ 養子である場合の離縁の事実	官公署が発行する養子離縁届受理証明書

証明すべき事項	証明書の例
⑬　配偶者が子を養育することが困難であること	身体障害者手帳の写し等のほか，育介則5条5号，6条2号ロおよび19条2号の場合には1月間を超えて，育介則10条3号の場合には1週間を超えて入院または安静を必要とする旨の医師の診断書
⑭　配偶者が子と同居しなくなった事実	住民票記載事項の証明書または出張命令書の写し
⑮　保育所で保育されない事実	市町村が発行する教育・保育給付を受ける資格を有すると認められない旨の通知書または保育所等の利用ができない旨の通知書
⑯　配偶者等が6週間（双子以上は14週間）以内に出産する予定であるかまたは産後8週間を経過していない事実	医師が交付する当該事実についての診断書，官公署が発行する出生届受理証明書
⑰　育児休業開始予定日とされた日に配偶者がしている育児休業にかかる育児休業期間の初日以後である事実	配偶者がした育児休業申出の書面の写しまたは配偶者の育児休業申出に対する事業主の通知の写し

育児

7 育児休業の再取得の申出
(「特別な事情」がある場合の再取得)

１歳までの育児休業は原則として２回まで分割して取得可能ですが，育児休業を終了して復帰した後，特別な事情が発生した場合は，再度育児休業を申請することが可能となります。

2022年10月改正

▶ 再度取得可能な特別な事情（育児・介護休業法５条，育介則５条）

育児休業を終了して復帰したあと，再度育児休業を申請することが可能となる，特別な事情は次のとおりです。

●１歳までの育児休業で，２回休業した後に再度の申出ができる場合

① 産前・産後休業，出生時育児休業（産後パパ育休）または新たな育児休業の開始により育児休業期間が終了した場合で，その対象となった子が死亡したときまたは他人の養子になった等により従業員と同居しなくなったとき。
② 介護休業の開始により育児休業期間が終了した場合で，介護休業の対象家族が死亡したときまたは離婚等により対象家族と従業員との親族関係が消滅したとき。
③ 配偶者が死亡したとき。
④ 配偶者が負傷，疾病または障害により子の養育が困難な状態となったとき。
⑤ 婚姻の解消その他の事情により配偶者が子と同居しないこととなったとき。
⑥ 申出にかかる子が負傷，疾病または障害により，２週間以上の世話を必要とする状態になったとき。
⑦ 保育所等の申込みを行っているが，当面その実施が行われないとき。

ONE POINT　特別の事情に当てはまらないときの再取得

１歳到達日後の育児休業の再取得について，「特別の事情」に該当しなくても認めることは，法を上回る措置であるため問題はありません。
ただし，法に定める育児休業には該当しないため，雇用保険の育児休業給付の受給対象にはなりません。

2022年10月改正

▶ 再度取得可能な特別の事情（子が１歳６カ月または２歳までの育児休業）

子が１歳６カ月または２歳までの育児休業はそれぞれ１回の取得が可能です。１回の育児休業を終了して復帰した後，再度育児休業を申請することが可能となる，特別な事情は次のとおりです。

●１歳６カ月または２歳までの育児休業で，１回休業した後に再度の申出ができる場合

① 産前・産後休業，出生時育児休業（産後パパ育休）または新たな育児休業の開始により育児休業期間が終了した場合で，その対象となった子が死亡したときまたは他人の養子になった等により従業員と同居しなくなったとき。
② 介護休業の開始により育児休業期間が終了した場合で，介護休業の対象家族が死亡したときまたは離婚等により対象家族と従業員との親族関係が消滅したとき。

なお，期間を定めて雇用される従業員が育児休業をする場合，現在締結されている労働契約期間の末日まで休業した後，労働契約の更新に伴って更新後の労働契約期間の初日を育児休業開始予定日とする申出をする場合は，再度の申出をすることができます。

１歳までの期間内に３回目以降の育児休業の申出ができる「特別の事情」と、１歳到達日後の再度の申出ができる「特別の事情」は異なるため、注意が必要です。

育児

8 育児休業期間の変更 (開始日の繰上げ，終了日の繰下げ)

開始日の繰上げ変更は，一定の場合にかぎり，育児休業１回につき１回にかぎりすることができ，終了日の繰下げ変更は事由を問わず，育児休業１回につき１回に限りすることができ，育児休業期間を延長することができます。

▶ 育児休業開始日の繰上げ変更（育児・介護休業法７条）

① １歳までの育児休業

一定の場合に限り，**育児休業１回につき１回にかぎり休業を開始する日を繰上げ変更する**ことができます。

なお，休業を開始する日を繰上げ変更することができるのは，当初育児休業を開始しようとした日の**前日までに**，出産予定日よりも早く子が出生した場合および配偶者の死亡，病気，負傷等**特別の事情がある場合**です。

② 希望どおりの日に繰上げ変更するには

変更後休業を開始しようとする日の１週間前までに変更の申出をします。

申出がこれより遅れた場合，会社は，従業員が変更後休業を開始しようとする日以後変更の申出の日の翌日から起算して１週間を経過する日（変更の申出の日の属する週の翌週の応当日）までの間で休業を開始する日を指定できます。

▶ 育児休業終了日の繰下げ変更（育児・介護休業法７条）

① 一定の時期までに申し出ることにより，**事由を問わず，１歳までの育児休業１回につき１回にかぎり休業を終了する日を繰下げ**変更し，育児休業の期間を延長することができます。

② １歳から１歳６カ月までの休業について１回，１歳６カ月から２歳までの休業について１回繰下げ変更をすることができます。

<繰下げ変更する場合の申出期限>

●１歳までの場合：当初育児休業を終了しようとしていた日の**１カ月前まで**

●１歳６カ月（または２歳）までの場合：当初育児休業を終了しようとしていた日の**２週間前まで**

▶ 育児休業開始日の繰上げ変更

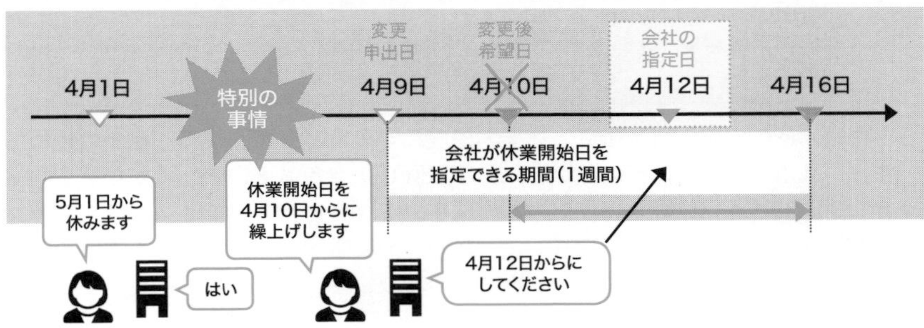

▶ 育児休業終了日の繰下げ変更

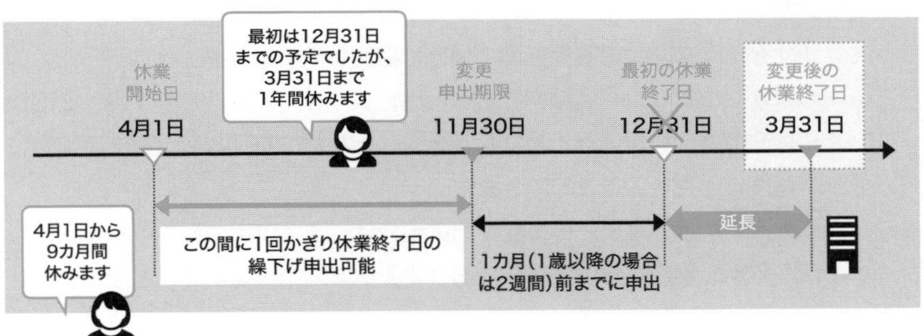

▶ 育児休業の変更の可否

区分		可否
開始予定日	繰上げ	1回かぎり可(一定事由の場合)
	繰下げ	法規定なし(※)
終了予定日	繰上げ	法規定なし(※)
	繰下げ	1回かぎり可(事由を問わず)

(※)育児休業を開始する日の繰下げ変更や育児休業を終了する日の繰上げ変更に関しては,法律の規定はありません。
ただし,会社が任意にこれらを設定することは差し支えありません。

ONE POINT 会社が休業開始日を指定する場合

育児休業を開始する日の繰上げ変更の申出に対し,会社が休業開始日を指定する場合は,原則,変更の申出があった日の翌日から起算して3日を経過する日までに,指定する日を従業員に通知しなければなりません。

なお,変更の申出があった日と変更後休業を開始しようとする日との間が短いことにより上記の指定では間に合わないときは,変更後休業を開始しようとする日までに指定しなければなりません。

育児

9 育児休業期間の終了・撤回
（育児休業の撤回ルール）

育児休業の申出をした後に，休業開始前にその申出を撤回することができます。１歳までの育児休業において，１度撤回した場合はその申出にかかる１回分について「育児休業をしたものとみなす」こととされています。１歳までの育児休業は２回まで取得ができることから，一度撤回した後，残り１回については育児休業の申出が可能となります。

2022年10月改正

▶ 育児休業申出の撤回等（育児・介護休業法８条）

① 育児休業の開始の前日までであれば，従業員は育児休業の申出を撤回することができますが，１歳までの育児休業の場合は撤回した申出の休業は取得したものとみなします。つまり，一度撤回したら育児休業できる回数は残り１回，２回撤回したら休業できないということになります。ただし，特別な事情がある場合にかぎり，再度申出をすることができます。

② １歳６カ月または２歳までの育児休業の場合は，その申出の対象となった子については，特別の事情がないかぎり，再び育児休業の申出をすることができません。つまり，一度撤回した場合，特別の事情がないかぎり，再度の育児休業の申出はできません。

《育児休業の申請》
《育児休業の撤回》
撤回
１歳までの育児休業の撤回は１回休業したものとみなします。しかし，下記の「特別な事情」が発生した場合は，そのかぎりではありません。

▶ 上限を超えて再度の申出ができる「特別な事情」

子が１歳までの育児休業の申出を２回撤回した後の３回目の申出，子が１歳６カ月または２歳までの育児休業を１回撤回した後の２回目の申出は，特別な事情がある場合にかぎり，可能となります。その「特別な事情」とは，以下のとおりです。

● 「特別な事情」があると認められるケース
① 配偶者の死亡
② 配偶者が負傷，疾病等により子の養育が困難な状態となったこと
③ 離婚等により配偶者が子と同居しないこととなったこと
④ 子が負傷，疾病または障害により，２週間以上の世話を必要とする状態になったとき
⑤ 保育所等の申込みを行っているが，当面その実施が行われないとき

▶ 申出の撤回の例

1歳までの育児休業について，1回の申出で2回分の分割取得を行った後，その2回分とも撤回した場合は，形式上は1回の撤回でも，法律上は2回分の撤回となるため再度の申出できませんので，注意が必要です。

▶ 育児休業の終了（育児・介護休業法9条）

育児休業の期間は，従業員の意思にかかわらず，次の場合に終了します。

① 子を養育しないこととなった場合

② 子が1歳に達した場合（1歳6カ月までおよび2歳までの育児休業の場合は，子が当該年齢に達した場合）

③ 育児休業をしている従業員について産前・産後休業，出生時育児休業，介護休業または新たな育児休業が始まった場合

※出生時育児休業に関しては，2022年10月1日適用

▶ 育児休業の申出がなかったものとして取り扱われる場合

育児休業の**開始前に**子を養育しないこととなった場合には，**育児休業の申出はされなかった**ことになります。

「子を養育しないこととなった場合」とは？

① 子の死亡
② 子が養子の場合の離縁や養子縁組の取消し
③ 子が他人の養子となったこと等による同居の解消
④ 特別養子縁組の不成立等の場合
⑤ 従業員の負傷，疾病等により子が1歳に達するまでの間（1歳6カ月までおよび2歳までの育児休業の場合は，子が当該年齢に達するまでの間）子を養育できない状態となったこと
⑥ パパ・ママ育休プラスの特例により1歳到達日の翌日以降育児休業をする場合で，従業員の配偶者が育児休業をしていないこと

こんなときどうする？

▶育児休業の終了・撤回

Q1　現在，第１子の育児休業取得中ですが，これから配偶者が第２子の出産を控えており，生まれた後は第２子の出生時育児休業を取得したいと考えています。現在の育児休業はどのようになりますか？

A　**育児休業の期間は，労働者の意思にかかわらず次の場合に終了します。**

①　子を養育しないこととなった場合

②　子が１歳に達した場合（１歳６カ月までおよび２歳までの育児休業の場合は，子が当該年齢に達した場合）

③　育児休業をしている従業員について産前・産後休業，出生時育児休業（産後パパ育休），介護休業または新たな育児休業が始まった場合

設問のケースは，上記③の新たな出生時育児休業（産後パパ育休）が始まった場合に該当します。したがって，第１子の育児休業と第２子の出生時育児休業（産後パパ育休）は重ねて取得することはできないため，第１子の育児休業は終了します。

Q2　子が１歳に達するまでの育児休業を撤回しました。その後，１歳から１歳６カ月までの育児休業を申し出ることはできますか？

A　子が１歳に達するまでの育児休業の申出を撤回した場合であっても，子が１歳に達する日において育児休業をしている配偶者と交代する場合には，１歳から１歳６カ月までおよび１歳６カ月から２歳までの育児休業の申出は可能です。

また，子が１歳６カ月に達するまでの育児休業の申出を撤回した場合も，配偶者と交代する場合には，１歳６カ月から２歳までの育児休業の申出は可能です。

Q3　育児休業の撤回は，特別な理由が必要でしょうか？

A　育児休業の撤回は，休業開始予定日の前日までであれば理由を問わず撤回できます。育児休業を撤回すると決めたら早めに手続きをしましょう。

なお，子が１歳に達するまでの育児休業は２回撤回した後の再度の申出，子が１歳から１歳６カ月まで，および１歳６カ月から２歳までの育児休業は，１回撤回した後の再度の申出は特別な事情があるときのみに限られます。

コラム

仕事と育児を両立するために（2）

～多様な働き方に対応した環境整備～

▶ 中抜け制度

中抜け時間とは，**労働時間の途中で病院に行ったり，家事をしたり等，一定程度従業員が業務から離れる時間のこと**を指します。留意点については，中抜け時間について，**使用者が業務の指示をしないこととし，従業員が労働から離れ，自由に利用できることが保障されている**必要があります。中抜け時間の対応としては，**賃金控除，終業時刻の繰下げ，時間単位年休の活用**があげられます。

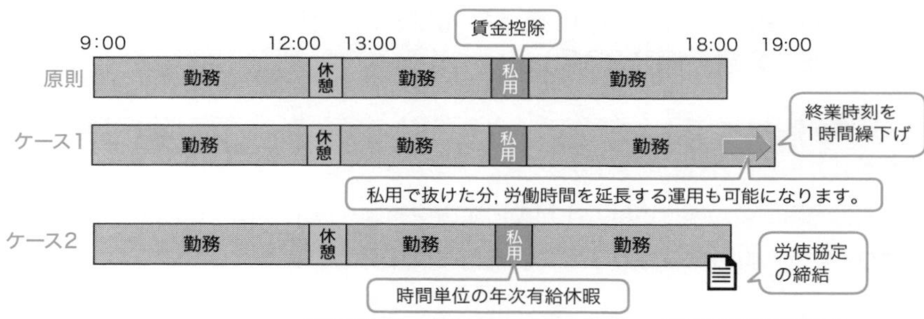

時間単位の年次有給休暇を与える場合は，労使協定の締結が必要。

検討事項ポイント

- 中抜け制度を利用できる対象者については，あらかじめ明確にしましょう。
  ➡**制度の目的に照らし**，誰を対象とするのかを決めておく必要があります（**例：全社員，育児・介護対象者，工場など生産ライン等を除く一部の従業員のみ**）。
- 中抜けできる時間の限度を決めておく必要があります。
  ➡**1時間，2時間までと限度を決めておく**。「6時間中抜け」などとなると，その後の就労で深夜の時間帯になることもあり得るため，あらかじめ設定しておきましょう。
- 申告・管理方法などを決めましょう。
  ➡労働時間について，少なくとも始業・終業時刻の把握が必要となりますが，**中抜けの時間については，どのような申告とするか，管理はどうするか**，勤怠システムの仕様と併せて確認が必要です。

そもそも所定労働時間中においては，**従業員は職務専念義務を負っています**。よって，**中抜けを認める目的はどこにあるのかを明確にする**必要があります。また，原則の賃金控除を制度として導入する場合，時間単位年休のほか，時間単位特別有給休暇（例：看護休暇や介護休暇を有給としている場合を含む）の取得も生じることを踏まえると，労務管理・給与計算が煩雑になる可能性がある点，留意が必要です。徹底した成果管理の下，ちょっとした中抜け等は連絡を求めず，本人の裁量に任せる企業例もありますが，自社における**中抜け制度の目的**や**企業カルチャー**を考慮のうえ，検討することが一番です。

育児

育児短時間勤務制度
（子が３歳まで利用可能な制度）

育児・介護休業法では，子が３歳まで利用可能な制度として，会社は所定労働時間の短縮等の措置を講ずることとされています。ここでは，その詳細についてご紹介します。

▶ 所定労働時間の短縮等措置（育児短時間勤務制度）（育児・介護休業法23条）

従業員が就業しつつ子を養育することを容易にするために，所定労働時間の短縮措置を導入しなければなりません。

所定労働時間の短縮措置は，１日の所定労働時間を原則として６時間とする措置を含むものとしなければなりません。措置の具体例は，以下のとおりです。

（例１）２時間を超えない範囲内で，30分単位で勤務時間を短縮する。
（例２）所定労働時間を午前10時から午後５時，休憩時間は就業規則のとおりとする。
（例３）所定労働時間を６時間とすることができる。

「原則として６時間」とは，所定労働時間の短縮措置は，１日の所定労働時間を６時間とすることを原則としつつ，通常の所定労働時間が７時間45分である会社において短縮後の所定労働時間を５時間45分とする場合などを勘案し，短縮後の所定労働時間について，１日５時間45分から６時間までを許容する趣旨です。

なお，１日の所定労働時間を６時間とする措置を設けたうえで，**そのほか，例えば１日の所定労働時間を７時間とする措置や，隔日勤務等の所定労働日数を短縮する措置など所定労働時間を短縮する措置を併せて設けることも可能です。**

ONE POINT 短縮措置の手続きについての定め方は？

短時間勤務の手続きについては，会社が定めることが可能です。ただし，過重な負担を求めることにならないよう配慮しましょう。

例えば，１カ月前までに申し出なければならない，とすることは問題ないと考えられます。

一方で，適用期間を１カ月単位とすることは，他の制度が申し出た期間について適用されることを踏まえれば，適当でないと解されます。

▶ 対象となる従業員

育児短時間勤務制度は，３歳に満たない子を養育する従業員が対象です。ただし，育児・介護休業法23条において以下の従業員は，育児短時間勤務制度の適用が除外されます。

適用除外

① 日々雇用される者
② １日の所定労働時間が６時間以下の者 (※)
※１カ月，または１年単位の変形労働時間制適用者においては，平均６時間ではなくすべての労働日が６時間であること
③ 短時間勤務制度が適用される期間に，現に育児休業（出生時育児休業含む）をしていないこと

加えて，労使協定を締結することにより，以下の対象者を適用除外とすることができます。

労使協定による適用除外

①入社から１年未満の従業員
②週の所定労働日数が２日以下の従業員
③業務の性質または業務の実施体制に照らし短時間勤務制度が困難である者

→

例示：
●従業員数が著しく少ない事業所の業務
●流れ作業、交替制勤務による製造業務で、短時間勤務社員を勤務体制に組み込むことが難しい業務
●その他業務の性質や実施体制からみて短時間勤務が難しい従業員

▶ 労使協定による除外③に該当する従業員の代替措置

上記で説明した「**③業務の性質または業務の実施体制に照らし短時間勤務制度が困難である者**」に関しては，代替措置を講じなければなりません。

以下の代替措置のうち、いずれか１つ以上、従業員が利用できる制度の事項を定め、周知することが必要です。

<必要な代替措置>

- 育休の取得
- 時差出勤制度
- フレックスタイム制度
- 子の保育施設の設置運営その他これに準ずる便宜の供与

(※従業員に代わりベビーシッターを手配し，その費用を負担する等のことなどをいいます)

▶ 管理監督者の短時間勤務

管理職のうち，労基法41条２号に定める管理監督者（労働条件の決定その他労務管理について経営者と一体的な立場にある者を指します）については，労基法上，「労働時間，休暇及び休日に関する規定」の適用除外とされており，時間管理を要しない立場にあります。

したがって，短時間勤務の措置を講じることは必須ではありません。ただし，所定労働時間の短縮措置に準じた制度を導入することは可能であり，管理監督者の仕事と子育ての両立を図る観点からは，むしろ望ましいとされています。

! ONE POINT フレックスタイム制の従業員は短時間勤務制度の対象になる？

フレックスタイム制の従業員も短時間勤務制度の対象になります。

この場合，清算期間における総労働時間は，「清算期間における労働日×６時間」または「所定労働日」および「労働日１日あたり６時間」等と設定することになります。なお，この場合は労使協定の変更が必要となります。

! ONE POINT 短時間勤務制度の対象者による育児時間を与えなくても構わないか？

育児時間は，労基法上，労働者の権利として認められたものであるため，短時間勤務制度の適用を受けたことをもって育児時間を請求できないものとすることはできません。

こんなときどうする?

▶短時間勤務制度

Q1 裁量労働制が適用されている従業員も，短時間勤務は可能ですか？

A 短時間勤務の適用は可能です。

この場合，以下の２つの方法が考えられます。

①　従業員を裁量労働制の対象から外し，通常の労働者の労働時間管理を行うこととしたうえで，所定労働時間の短縮措置の対象とする。

②　従業員を裁量労働制の対象としつつ，所定労働時間の短縮措置の対象とする。

なお，②の場合は必要に応じ，みなし労働時間を短縮すると共に業務内容・量の削減などを行い，実際に短時間勤務ができることを確保することが必要です。

また，みなし労働時間を変更する場合は，労使協定または労使委員会決議を変更する点に注意が必要です。

Q2 短時間勤務制度は１日の所定労働時間が６時間以下の場合は対象外とされていますが，変形労働時間制で勤務する従業員は，変形期間を平均した１日あたりの労働時間が６時間以下であれば，対象外として構いませんか？

A 短時間勤務制度の対象外とされている「１日の所定労働時間が６時間以下」の者とは，すべての労働日の所定労働時間が６時間以下であることをいい，対象期間を平均した場合の１日の所定労働時間をいうものではありません。

よって，このケースでは短時間勤務制度の対象となります。

育児

所定外，時間外，深夜業の制限
（制度の概要と請求方法）

子を養育する従業員が請求した場合は，所定外労働の制限，時間外労働および深夜業の制限の措置を取ることが求められています。それぞれの制度で定める内容や対象者について見ていきましょう。

▶ 育児を行う労働者の所定外労働の制限（育児・介護休業法16条の8第1項）

所定外労働の制限とは，３歳に満たない子を養育する従業員から請求があった場合，**会社は事業の正常な運営を妨げる場合を除き，所定労働時間を超えて労働させてはならない**，とする制度です。

また，請求は，１回につき，１カ月以上１年以内の期間について，開始日および終了日を明らかにして，制限開始予定日の１カ月前までにする必要があり，何回もすることができます。

請求方法や，制度の適用除外者については右頁をご確認ください。

▶ 育児を行う労働者の時間外労働の制限（育児・介護休業法17条1項）

時間外労働の制限とは，**小学校就学前までの子を養育する従業員が，請求した場合は，事業の正常な運営を妨げる場合を除き，１カ月について24時間，１年について150時間を超える時間外労働をさせてはいけない**，とする制度です。

請求は，１回につき，１カ月以上１年以内の期間について，開始日および終了日を明らかにして，制限開始予定日の１カ月前までにする必要があり，何回もすることができます。

請求方法や，制度の適用除外者については右頁をご確認ください。

▶ 育児を行う労働者の深夜業の制限（育児・介護休業法19条1項）

深夜業の制限とは，**小学校就学前までの子を養育する労働者が，請求した場合は，事業の正常な運営を妨げる場合を除き，午後10時から午前５時までの間において**

労働させてはならない，とする制度です。

請求は，１回につき，１カ月以上６カ月以内の期間について，開始日および終了日を明らかにして，開始日の１カ月前までにする必要があり，何回もすることができます。

請求方法や，制度の適用除外者については下表をご確認ください。

▶ 各種制限の請求方法・適用除外者一覧表

	子の適用年齢	どんな制度？	請求方法は？	適用除外者は？
所定外労働の制限	３歳未満	所定労働時間を超える労働を制限する制度	●１回につき，「１カ月以上１年以内の期間」 ●開始の１カ月前までに申請 ●何回でも請求可能	●日々雇用される者 ①入社１年未満の者 ②週所定労働日数が２日以下の者 （①②：労使協定）
時間外労働の制限	小学校就学前まで	法定外労働を１カ月24時間，１年150時間までに抑える制度	●１回につき，「１カ月以上１年以内の期間」 ●開始の１カ月前までに申請 ●何回でも請求可能	●日々雇用される者 ●入社１年未満の者 ●週所定労働日数が２日以下の者 労使協定不要
深夜業の制限	小学校就学前まで	深夜労働（22時～翌５時）を制限する制度	●１回につき，「１カ月以上６カ月以内の期間」 ●開始の１カ月前までに申請 ●何回でも請求可能	●日々雇用される者 ●入社１年未満の者 ●週所定労働日数が２日以下の者 ●所定労働時間の全部が深夜にある者 ●子の保育ができる同居家族がいる者 労使協定不要

こんなときどうする？

▶所定外，時間外，深夜業の制限

Q1 裁量労働制が適用されている従業員も，所定外労働の制限の対象となりますか？

A　所定外労働の制限の対象となります。

この場合，以下の２つの方法が考えられます。

①　従業員を裁量労働制の対象から外し，通常の労働者の労働時間管理を行うこととしたうえで，所定外労働の制限の対象とする。

②　従業員を裁量労働制の対象としたまま，所定外労働の制限の対象とする。

なお，②の場合は必要に応じ，みなし労働時間を短縮すると共に業務内容・量の削減などを行い，従業員が所定外労働を免除されることを実際に確保することが必要です。また，みなし労働時間を変更する場合は，労使協定または労使委員会決議を変更する点に注意が必要です。

Q2 所定外労働の制限が適用される期間であっても，従業員の意見により残業をさせても構いませんか？

A　所定外労働の制限が適用される期間であっても，従業員が一時的に子の養育をする必要がなくなった期間等について，従業員の真の意見に基づいて残業を行わせることは差し支えありません。ただし，頻繁に残業を行わせることは望ましくないと考えられます。

Q3 １カ月単位・１年単位の変形労働時間制が適用される従業員は，所定外労働の制限の対象となりますか？

A　所定外労働の制限の対象となります。

実際の対応としては，従業員を１カ月単位・１年単位の変形労働時間制の対象から外し，通常の労働者の労働時間管理を行うこととしたうえで，所定労働時間の制限の対象とすることが考えられます。

コラム

仕事と育児を両立するために（3）

〜多様な働き方に対応した環境整備〜

▶ 短時間正社員制度

所定労働時間働けない理由がある従業員一人ひとりのワークライフバランス，**定年再雇用後**のモチベーションの向上や維持，育児や介護等の事情による**離職の回避**等を目的とし，**優秀な人材の確保・定着の実現，従業員の活躍の場**の提供を目指し，多様な働き方の一環として導入する制度。

短時間社員になれる期間を限定しないと採用後，一生短時間社員ということもあり得るので**決め事はしっかりと想定する**，当該制度の対象とならない従業員とのバランスを考慮するなど，設計には留意が必要です。

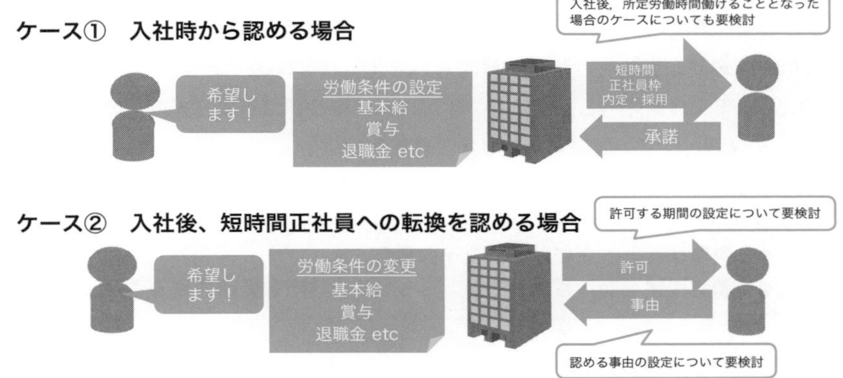

検討事項ポイント

- 短時間正社員制度を利用できる対象者については，あらかじめ明確にしましょう。
  ➡短時間社員の制度を認めると同時に，頑張っている従業員に報いることも必要です。希望すれば誰でも短時間正社員とするのか，**目的に照らして慎重な検討が必要**です。
- 短時間正社員制度の利用基準，異動や時間外労働，出張の扱いを検討しましょう。
  ➡子どもが「○年生の３月に到達した」「○年経過」など**基準を明確にしておく必要**があります。また，**異動，時間外労働，出張は会社命令ではなく，同意があれば発令することにするのか**を検討しましょう。
- 短時間正社員制度の申込方法を決めましょう。
  申込後，面談，承認を経て，何カ月後から短時間に変更できるのか，フローを決めましょう（例：年２回，１月と７月申請など）。

育児

子の看護休暇制度
（制度の概要と手続き）

小学校就学の始期に達するまでの子を養育する従業員は，会社に申し出ることにより１年度において５労働日（２人の場合は10日）休暇を取得することができるとされています。申出方法などについて，以下で確認していきましょう。

▶ 子の看護休暇制度（育児・介護休業法16条の2）

子の看護休暇とは，負傷し，または疾病にかかった子の世話または疾病の予防を図るために必要な世話を行う従業員に対し与えられる休暇であり，労基法39条の規定による年次有給休暇とは別に，１年度において５日（子が２人以上の場合は，10日）を限度として，取得することができます。

この休暇は，１日単位または時間単位で取得することができます。

- 負傷または疾病にかかった子の看病
- 予防接種を受けさせること
- 健康診断を受けさせること

申出により

- １年度（特に定めがなければ4/1～3/31）で５日
  ※年度途中で子が生まれた場合はその時点で５日付与
- 子が２人以上いれば同一の子の看護であっても年10日利用可能

ONE POINT「1年間」の年度とは？

会社が特に定めをしない場合には，毎年４月１日から３月31日となります。

ONE POINT 子どもが風邪を引いたということで，子の看護休暇の申出があったが，証明書を求めることは可能？

子の看護休暇の申出方法は，書面による必要はなく，口頭でも足ります。

従業員に対して，証明できる資料の提出を求めることができますが，

・保育所を欠席したことが明らかになる連絡帳等の写し
・購入した薬の領収書

が考えられるとし，あまり過大な負担を求めるようなことがないよう配慮すべきだとされています。

▶ 子の看護休暇制度取得日の賃金

子の看護休暇を取得している日の賃金の扱いについては，育児・介護休業法上，特に定めはなく，賃金の支払いを義務づけるものではありません。つまり，有給・無給のどちらでも構わないこととなります。

▶ 子の看護休暇制度の適用除外

子の看護休暇は，原則として小学校就学の始期に達するまでの子を養育するすべての従業員（日々雇用される者を除く）が対象となります。

なお，労使協定を締結した場合，以下の従業員については子の看護休暇制度の申出を拒むことができます。

労使協定により除外できる者

労使協定

① 雇用期間が６カ月未満の従業員
② １週間の所定労働日数が２日以下の従業員
③ 時間単位で子の看護休暇を取得することが困難と認められる業務に従事する従業員の１日未満単位の取得

▶ 子の看護休暇の申出

子の看護休暇の申出の期限は，特にありません。

子の看護休暇の制度が，子が負傷し，または疾病にかかり，親の世話を必要とするその日に親である従業員に休暇の権利を保障するという趣旨であるので，当日に電話により看護休暇の申出をした場合であっても，会社は拒むことができないとされています。

▶ 子の看護休暇取得時の申出事項

子の看護休暇の申出を行う際は，次の事項を明らかにして申し出ることとなっています。子の看護休暇の利用については緊急を要することが多いことから，当日の電話等による口頭の申出でも可能です。

① 従業員の氏名
② 申出にかかる子の氏名および生年月日
③ 看護休暇を取得する年月日（1日未満の単位で取得する場合には，看護休暇の開始および終了の年月日時）
④ 申出にかかる子が負傷し，もしくは疾病にかかっている事実，または疾病の予防を図るために必要な世話を行う旨

▶ 子の看護休暇の時間単位取得

子の看護休暇は1日単位に限らず時間単位でも付与することが義務づけられています（育介則34条）。

＜1日分の時間数について＞

① 時間単位で取得する子の看護休暇1日分の時間数は，1日の所定労働時間数とし，1時間に満たない端数がある場合は，端数を切り上げます。例えば，1日の所定労働時間数が7時間半の場合，8時間の休暇で1日分となります。

② 日によって所定労働時間数が異なる場合の1日の所定労働時間数の定め方は，1年間における1日の平均所定労働時間数（1年間における総所定労働時間数が決まっていない場合には，所定労働時間数が決まっている期間における1日平均所定労働時間数とする）とします。

＜中抜けについて＞

法令で定められている時間単位の取得は，始業の時刻から連続し，または終業の時刻まで連続するものです。就業時間の途中から休暇を取得し，終業時刻の途中に戻る中抜けを認めることまでは求められていません。

ONE POINT 子の看護休暇はいつ付与すべき？

子の看護休暇は1年度において5日（子が2人以上の場合は，10日）付与することになります。
実務的には，年次有給休暇の付与の基準日に合わせて付与する会社が多いです。

ONE POINT 休暇の付与日数は，どの時点で判断する？

子の看護休暇の付与日数は，申出時点の子の人数で判断します。

▶ 時間単位取得が困難な従業員への対応

労使協定を締結することにより，**「時間単位で子の看護休暇を取得することが困難と認められる業務に従事する従業員」**の時間単位での取得を適用除外とすることができます。

ただし，これらの従業員は１日単位で子の看護休暇を取得することは可能です。

労使協定による適用除外

「業務の性質または業務の実施体制に照らして，時間単位で子の看護休暇を取得することが困難と認められる業務に従事する従業員」は１日単位でのみ取得可

労使協定

具体的にはどのような業務か？

- 国際路線の客室乗務員等で，時間単位で休暇を取得させることが困難な業務
- 長時間移動を要する業務で，時間単位の子の看護休暇を取得した後の勤務時間または取得する前の勤務時間では処理することが困難な業務
- 流れ作業や交替制勤務による業務で，時間単位で子の看護休暇を取得する者を勤務体制に組み込むことが困難な業務

こんなときどうする？

▶子の看護休暇

Q1 子の看護休暇について，子どもが年度の途中で生まれたり，亡くなったりした場合の付与日数については，どうすればよいですか？

A　子の看護休暇の付与日数は，申出時点の子の人数で判断します。

例えば，子どもが年度の途中で生まれ，小学校就学前までの子が２人となった場合，年度の途中であっても，その年度におけるそれまでの付与日数と合計して年10日までの休暇を認めることになります。

なお，子どもが途中で亡くなったことを理由に，子の看護休暇の付与日数が減少した結果，同一の年度においてすでに取得した子の看護休暇の日が付与日数を上回る場合であっても，すでに取得した子の看護休暇は有効であり，その上回る日数について，遡及して不就業と取り扱うことや，翌年度分に付与される子の看護休暇の日数から差し引くことはできません。

Q2 対象となる子の人数が２人の場合に，１人の看護のために10日の休暇を利用することも可能ですか？

A　対象となる子が２人以上の場合，１人の子の看護のために年10日の看護休暇を利用することも可能です。

Q3 子の看護休暇を時間単位で取得する場合，休憩時間に差し掛かってしまうことがあります。そのときはどのような取扱いになりますか？

A　例えば，勤務時間が８：30～17：00（休憩12：00～13：00）の会社では，始業時刻から連続した４時間の子の看護休暇を取得すると休憩時間に差し掛かることになります。

労務提供義務のない休憩時間に子の看護休暇を請求する余地はないため，休憩時間を除く，実際に労働に従事することとなる時間帯でみて，始業時刻から連続し，または終業時刻まで連続する時間単位で子の看護休暇を取得できることになります。

よって，上記の例の場合，８：30～12：00，13：00～13：30を合計した４時間の子の看護休暇を取得することになります。

仕事と育児を両立するために（4）

～多様な働き方に対応した環境整備～

▶ 週3日休制度

ワークライフバランスの促進，育児・介護者への両立支援，残業の縮減等を目的におき，**週における休みを１日増やし，「週休３日」とする制度**。以下の３つのパターンが考えられますが，案①で**変形労働時間制（１カ月単位または１年単位）と組み合わせて導入**することが一般的です。

案①：休日を増やし，週の所定労働時間（週40時間）は変えず，給与水準も変えない。
案②：休日を増やし，週の所定労働時間を減らし（週32時間），給与水準も減らす。
案③：休日を増やし，週の所定労働時間を減らす（週32時間）が，給与水準は変えない。

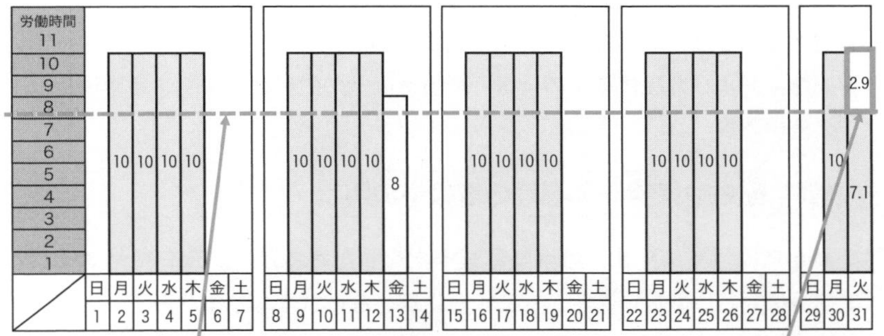

検討事項ポイント

- 週３日休制度を利用できる対象者については，あらかじめ明確にしましょう。
  ➡**制度の目的に照らし**，誰を対象とするのかを決めておく必要があります（**例：従業員，一部条件の従業員のみ，希望する従業員**）。
- 副業・兼業を考える従業員もいるため，副業・兼業を認めるか否かの整備も必要です。
  ➡まとまった休みが増えることから，**週３日休制度は，副業・兼業と相性がよい**といわれています。誰を対象として制度を導入するかにもよりますが，副業・兼業の運用と併せて検討しましょう。
- 平均賃金の計算にあたり，**算定期間中における労働日数が減ることに留意が必要**です。
  ➡平均賃金の計算時に，賃金が日給制・時間給制によって計算される場合は，最低保障額の算定結果に留意しましょう。

その他措置

会社が知っておくべき制度
（育児休業を適切に運用するために）

育児・介護休業法では，これまで説明してきた内容以外にも，適切に運用がなされるよう，会社が配慮する措置や紛争解決の制度が設けられています。その詳細について，確認していきましょう。

▶ 必要な配慮や措置：休業等のルールの周知

会社は次の事項について，あらかじめ定め，これを周知するための措置を講ずるよう努めることとされています。

① 育児休業および介護休業中の待遇に関する事項
② 育児休業および介護休業後の賃金，配置その他の労働条件に関する事項
③ その他の事項

▶ 必要な配慮や措置：休業等の取扱いの明示

従業員が育児休業申出または介護休業申出をした場合は，文書を交付することで，従業員に対し，取扱いを明示するように努めなければなりません。

▶ 育児等の退職者への再雇用特別措置（育児・介護休業法27条）

① 妊娠，出産，育児，介護を理由として退職した従業員に対し，必要に応じ，「再雇用特別措置」など，その他これに準ずる措置を実施するよう努力しなければならないとしています。
② 「再雇用特別措置」とは，退職の際に，将来就業が可能になったときに退職前の会社に再び雇用されることを希望する旨の申出をしていた者について，会社が従業員の募集または採用にあたって特別の配慮をする措置のことをいいます。

ONE POINT 育児中の従業員を転勤させてよいか？

従業員の転勤の際，従業員の育児や介護の状況に配慮し，従業員が育児や介護を行うことが困難にならないよう配慮するものとされています。

例えば，以下のようなことを実施することが考えられます。

① 従業員の子の養育または介護の状況を把握すること
② 従業員の本人の意向を斟酌すること
③ 就業場所の変更を行う場合は，子の養育または介護の代替手段の有無の確認を行うこと

▶ 職業家庭両立推進者の選任（育児・介護休業法29条）

事業主は，「職業家庭両立推進者」を選任する努力義務が課されています。職業家庭両立推進者は，育児休業等の制度の有効な実施がなされるよう，活動を行うこととされています。

▶ 紛争解決制度（育児・介護休業法52条の2）

会社は，育児・介護休業法に定める事項に関し，従業員から苦情の申出を受けたときは，労使により構成される苦情処理機関に委ねる，人事担当者が相談に乗る，職業家庭両立推進者を活用する等，その自主的な解決を図るように努めなければなりません。

▶ 都道府県労働局長による紛争解決の援助（育児・介護休業法52条の4）

都道府県労働局長は，育児・介護休業法に定める事項に関し，紛争の当事者である従業員，事業主の双方または一方からその解決について援助を求められた場合，助言，指導または勧告を行うことができます。

事業主は，従業員が援助を求めたことを理由として，解雇その他不利益な取扱いを行うことが禁止されています。

▶ 調停制度（育児・介護休業法52条の5，52条の6）

育児・介護休業法に定める事項に関し，紛争の当事者である従業員，事業主の双方または一方から調停の申請があった場合において，紛争の解決のために必要があるときには，「両立支援調停会議」の調停が行えることとなりました。

「両立支援調停会議」とは，学識経験者などの専門家で構成される第三者機関のことで，必要に応じて調停案を作成し，当事者に受諾勧告を行うことができます。

▶ 報告の徴収，助言，指導および勧告（育児・介護休業法56条，58条）

厚生労働大臣は，この法律の施行に関し必要がある時は，事業主に対して，報告を求め，または助言，指導もしくは勧告を行うことができます。助言，指導，勧告は，罰則を伴うものではありませんが，事業主はこれらに従って必要な措置を講ずることが求められます。

こんなときどうする？

▶育児休業諸制度

Q1 育児休業中の健康診断は行う義務があるのでしょうか？

A 育児休業中は不要ですが，復帰後に速やかに実施することが必要です。

育児休業等の健康診断の取扱い（平4.3.13基発115号）

① 定期健康診断を実施すべき時期に，労働者が育児休業，療養等により休業中の場合には，**定期健康診断を実施しなくても差し支えない**ものであること。
② 休業中のため定期健康診断を実施しなかった場合には，休業終了後，**速やかに定期健康診断を実施しなければならない**ものであること。

復帰時期により，会社の定期健康診断の時期とずれるため，個別対応方法を取り決めておきましょう。

Q2 男性従業員から，月末～月初の間で，休暇と合わせて１日のみ育児休業の申出がありました。１日のみの育児休業でも認める必要があるのでしょうか？

A 日数の条件はないため，従業員からの申出があれば，１日でも育児休業を認める必要があります。

しかし，仕事と育児の両立，育児への参加という育児休業の趣旨から考えると，より長く取得してもらう働きかけをすることが望ましいです。

Q3 延長の要件である，「保育所に入所できない等，１歳（または１歳６カ月）を超えても休業が特に必要と認められる場合」とは，どのような事由を指しますか？

A 「子どもを保育園に入れたいのに，なかなか保育所に入ることができない」というような事由を指し，具体的には次のいずれかに該当する場合をいいます。

① 保育所の申込みを行っているが，１歳（または１歳６カ月）に達する日後の期間について，入所できない場合
② 子の養育を行っている配偶者であって１歳（または１歳６カ月）に達する日後の期間について子の養育を行う予定であった者が死亡，負傷・疾病等，離婚等により子を養育することができなくなった場合

Q4 育児休業中に会社の業務を一部行いたいのですが，育休中でも働けますか？

A 子を養育するための休業ですので，就労は一時的なものに限られます。また，育児休業中は雇用保険から育児休業給付金が支給されますが，在籍企業から賃金を得た場合，金額・勤務時間によっては育児休業給付金が調整される場合があります。

恒常的・定期的就労は不可

育児休業中の就労

労使の話し合いにより、一時的・臨時的に就労することは可能。
※従業員が会社の求めに応じ、合意することが必要。

出生時育児休業中の就労

労使協定を締結している場合にかぎり、労使の個別合意により育児休業中の就業が可能。

例えば

×【臨時的就労にならない場合】
当初より、あらかじめ決められた１日４時間で月20日勤務したり、毎週特定の曜日・時間に勤務する場合

○【臨時的就労になる場合】
限られた少数の従業員にしか情報共有されていない事項に関わるトラブルが発生し、経緯を知っている休業者に一時的なトラブル対応を依頼し、合意した場合

Q5 保育園の空きがなく，２歳までの育児休業期間を終了してしまった従業員がいます。会社としては退職してほしくありませんが，他に方法はありますか？

A 方法としては，法定の２歳までの育児休業を超えた延長，在宅勤務制度の導入，保育施設の提供などが考えられます。やむなく退職に至った場合でも，育児終了後に会社に再就職できる「カムバック制度」を利用するケースもあります。

どのような働き方をするか，育児休業に対する会社の考え方を踏まえ，なるべく多くの選択肢を提示できるよう環境整備を行うこともよいのではないでしょうか。

コラム

くるみん認定改正

～認定基準の強化～

2022年4月
改正

▶ くるみん認定，プラチナくるみん認定の認定基準の改正

くるみん認定とは，次世代育成支援対策推進法（以下，次世代法）に基づき，一定の要件を満たした企業が，子育てサポート企業として受けることができる認定制度です。

2022年4月より，くるみん認定，プラチナくるみん認定の基準が改正され，また新たな認定基準として「トライくるみん」，不妊治療と仕事を両立しやすい職場環境整備に取り組む企業の認定制度「プラス」が創設されました。

POINT ❶ くるみん認定の認定基準とマークの改正

くるみん認定の基準について，男性の育休取得率が引上げとなり，また男女の育休取得率の情報を厚労省のウェブサイトで公表するといった要件が加わりました。また認定基準の改正に伴い，くるみんマークも新しくなりました。

❶男性の育児休業等の取得に関する基準の改正

- 男性の育児休業取得率
  ～2022年3月：**7%以上**　⇒　2022年4月～：**10%以上**
- 男性の育児休業等・育児目的休暇取得率
  ～2022年3月：**15%以上**　⇒　2022年4月～：**20%以上**

❷認定基準に，男女の育児休業等取得率等を厚労省のウェブサイト「両立支援のひろば」）で公表すること，が新たに加わります。

2021年認定 くるみん 子育てサポートしています

2022年認定 くるみん 子育てサポートしています

2024年3月31日までは経過措置として，これまでの基準で申請が可能

POINT ❷ プラチナくるみんの特例認定基準の改正

プラチナくるみんとは，くるみん認定を受けている企業のうち，より高い水準の取組みを行った企業が受けることのできる特例認定です。

プラチナくるみん認定基準も，2022年4月より，認定基準が一部改正されました。

なお，プラチナくるみんマークの変更はありません。

❶男性の育児休業等の取得に関する基準の改正

- 男性の育児休業取得率

〜2022年3月：**13%以上** ⇒ 2022年4月〜：**30%以上**

- 男性の育児休業等・育児目的休暇取得率

〜2022年3月：**30%以上** ⇒ 2022年4月〜：**50%以上**

❷女性の継続就業に関する基準の改正

- 出産した女性従業員および出産予定だったが退職した女性従業員のうち，子の１歳時点在職者割合

〜2022年3月：**55%以上** ⇒ 2022年4月〜：**70%以上**

POINT ❸ 新たな認定制度「トライくるみん」が創設

今回新たに創設された「トライくるみん」とは，2022年3月までのくるみん認定基準を満たす企業が受けることのできる認定です。トライくるみん認定を受けていれば，くるみん認定を受けていなくても直接プラチナくるみん認定の申請ができるというメリットがあります。

POINT ❹ 不妊治療と仕事の両立に関する認定基準「プラス」が創設

今回新たに創設された「プラス」とは，くるみん，プラチナくるみん，トライくるみんの一類型として，不妊治療と仕事を両立しやすい職場環境整備に取り組む企業が受けることのできる認定です。「プラス」は，文字どおり各くるみん認定にプラスして受けることのできる認定であり，各くるみん認定の基準を満たし，かつ以下の４つの要件をすべて満たす企業が受けることのできる認定です。

（１）次の①および②の制度を設けていること。

❶不妊治療のための休暇制度

❷不妊治療のために利用することができる，半日単位・時間単位の年次有給休暇，所定外労働の制限，時差出勤，フレックスタイム制，短時間勤務，テレワークのうちいずれかの制度

（２）不妊治療と仕事との両立に関する方針を示し，講じている措置の内容と共に社内に周知していること。

（３）不妊治療と仕事との両立に関する研修その他の不妊治療と仕事との両立に関する従業員の理解を促進するための取組みを実施していること。

（４）不妊治療を受ける従業員からの不妊治療と仕事との両立に関する相談に応じる担当者を選任し，社内に周知していること。

コラム

※2022年以降くるみんマーク一覧

第2章

介護休業にかかる諸制度

介護休業制度の建付けを理解しましょう

- 介護休業は，「自分が介護を行う期間」だけではなく，「仕事と介護を両立させるための体制を整えるための期間」としても位置づけられています。
- 介護休業期間を介護保険サービスを受けるための準備期間としても活用し，家族の介護をしながら仕事を継続できる体制を整えていきましょう。

全体像

介護に関する諸制度
(全体を把握しよう)

家族の介護が必要になったら利用できる制度の一覧です。
妊娠・子育て期に利用できる制度ほど，種類は多くありませんが，対象となる期間や日数について制限があり，複雑です。
次頁以降，１つひとつの制度について詳しく見ていきましょう！

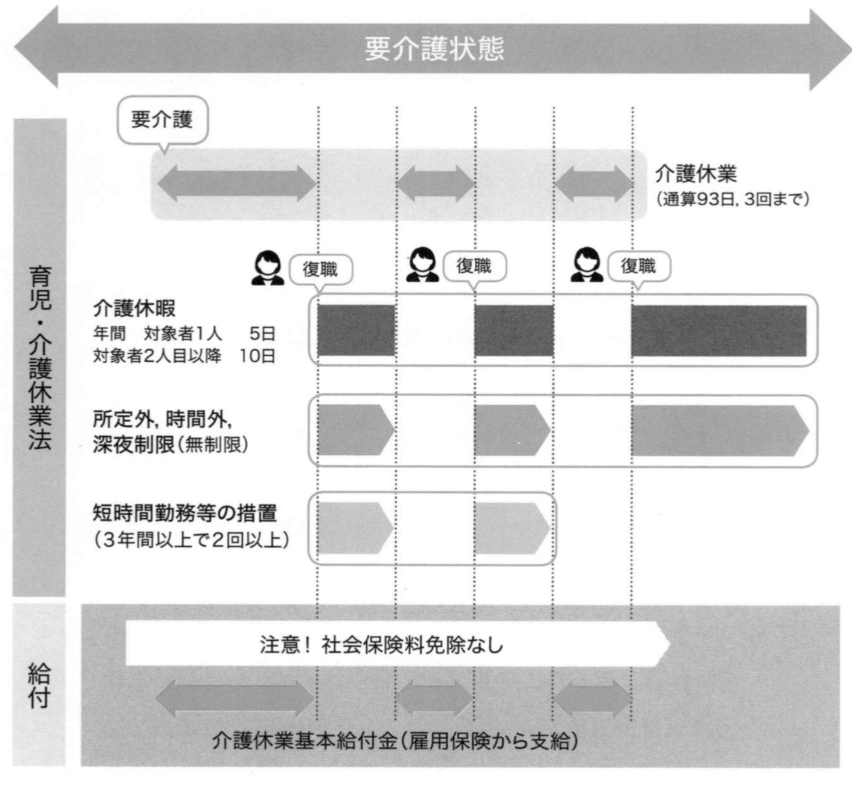

介護に関する諸制度は, 原則として育児に関する諸制度に基づいています。
介護の諸制度を利用する・しないは, 従業員の選択に委ねられています。

対象家族

1 介護休業制度
（介護にまつわる制度および対象家族）

育児・介護休業法の定めにより，従業員は申し出ることにより，要介護状態にある対象家族１人につき通算93日，合計３回まで介護休業をすることができます。介護休業も，育児休業と同様に制度を利用するかどうかは従業員の選択に委ねられています。対象となる従業員から申出があれば，会社は拒むことはできません。

▶ 介護休業とは（育児・介護休業法２条）

「介護休業」とは，負傷，疾病または，身体上もしくは精神上の障害により，２週間以上の期間にわたり常時介護を必要とする状態にある対象家族を介護するための休業です。

一定の要件を満たす従業員は，対象家族１人につき，「通算93日，合計３回まで」介護休業を取得することができます。

介護休業で休業している期間，従業員はその間の労働を免除されますので，育児休業期間中と同様に，会社は賃金を支払う必要がなくなります。

なお，育児休業と同様に，一定の要件を満たす従業員から，介護休業の申出がなされた場合，会社はこれを拒むことができません。

また，一定の要件を満たす申出については，その取得時季の変更はできません。

▶ 介護休業を取得できない従業員

次の従業員は，介護休業の対象から除外されています（適用除外）。

有期契約労働者については，育児休業の適用除外（62頁）と同様で，「１歳６カ月」を「93日＋６カ月」に読み替えます。労使協定による適用除外の考え方も，育児休業（62頁）と同様で，「１年」を「93日」に読み替えます。

① 日々雇用される者
② 有期契約労働者で，休業開始予定日から起算して93日経過日から６カ月経過する日までに雇用契約が終了することが明らかな者

また，労使協定の締結により，次の従業員を対象から除外することができます。

イ：入社１年未満の者
ロ：申出から93日以内に雇用契約が終了することが明らかな者
ハ：週の所定労働日数が２日以下の者

▶ 介護休業の対象となる家族

介護休業の対象家族の範囲は，次のとおりです。

①配偶者（事実婚状態を含む）
②父母，子，配偶者の父母
③祖父母，兄弟姉妹，孫

同居要件はなく，別居している場合でも介護休業を取得できます。

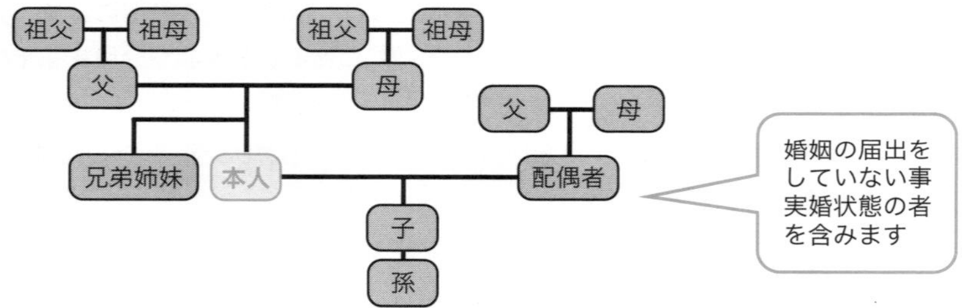

▶ 介護休業を取得することができる期間

介護休業の休業期間は，対象家族１人につき「通算93日」が上限となっています。以前は，対象家族１人につき，連続したひとまとまりの期間の休業とされていましたが，2017年１月以降，「３回まで」分割取得が可能となっています。

介護休業は，「93日」と短い期間であるものの，対象家族の範囲が広いことが特徴です。対象家族が２人，３人といる従業員は，それぞれの対象家族１人につき，「通算93日，分割３回まで」取得することができます。

取得例

93日 → １回で93日でも取得可

31日　31日　31日 → 分割で93日でも取得可

要介護状態

2 常時介護を必要とする状態の判断基準（要介護状態とは？）

介護休業の対象家族は，「負傷，疾病または身体上もしくは精神上の障害により，２週間以上の期間にわたり常時介護を必要とする状態」とされます。

具体的には，次の基準に該当する場合，介護休業の対象となる「常時介護を必要とする状態」と判断されます。

（１）介護保険制度の**要介護状態区分において要介護２以上**であること。

（２）下の状態①～⑫のうち，**２が２つ以上または３が１つ以上該当し，かつ，その状態が継続すると認められること。**

介護保険制度の「要介護認定」を受けていなくても，介護休業の対象になります。

項目状態	1	2	3
①座位保持（10分間１人で座っていることができる）	自分で可	支えてもらえればできる	できない
②歩行（立ち止まらず，座り込まずに５ｍ程度歩くことができる）	つかまらないでできる	何かにつかまればできる	できない
③移乗（ベッドと車いす，車いすと便座の間を移るなどの乗り移りの動作）	自分で可	一部介助，見守り等が必要	全面的介助が必要
④水分・食事摂取	自分で可	一部介助，見守り等が必要	全面的介助が必要
⑤排泄	自分で可	一部介助，見守り等が必要	全面的介助が必要
⑥衣類の着脱	自分で可	一部介助，見守り等が必要	全面的介助が必要
⑦意思の伝達	できる	ときどきできない	できない
⑧外出すると戻れない	ない	ときどきある	ほとんど毎回ある
⑨物を壊したり衣類を破くことがある	ない	ときどきある	ほとんど毎日ある
⑩周囲の者が何らかの対応をとらなければならないほどの物忘れがある	ない	ときどきある	ほとんど毎日ある
⑪薬の内服	自分で可	一部介助，見守り等が必要	全面的介助が必要
⑫日常の意思決定	できる	本人に関する重要な意思決定はできない	ほとんどできない

申出方法

3 介護休業の申出
(申出方法や内容，期限)

介護休業は，遅くても開始希望日の２週間前までに申し出なければいけません。２週間前までに申出できなかった場合は，会社は休業開始希望日と，申出のあった日から２週間を経過する日との間で，開始日を指定することができます。

介護休業の期間は対象家族１人につき通算93日ですが，３回に分けて取得することができます。

▶ 介護休業の申出方法（育児・介護休業法11条，育介則23条）

介護休業の申出は，原則として開始しようとする日の２週間前までに，下記の事項を記載した介護休業申請書を会社に提出し，申し出ることとなっています。

会社が適当と認める場合には，FAXまたは電子メール等による申出も可能となっていますが，管理上，介護休業申請書による申請が望ましいでしょう。

＜申出の際，必ず明らかにしなければならない事項＞
① 申出の年月日　　② 従業員の氏名
③ 申出にかかる対象家族の氏名および従業員との続柄
④ 申出にかかる対象家族が要介護状態にあること
⑤ 休業を開始しようとする日および休業を終了しようとする日
⑥ 申出にかかる対象家族についてのこれまでの介護休業日数

▶ 介護休業申請書の提出

▶ 介護休業の申出に対する会社からの通知

従業員から介護休業の申出があった場合，会社は**速やかに（おおむね１週間以内）**，下記の事項を記載した介護休業取扱通知書を通知しなければならないとされます。また，休業中の賃金の取扱いや社会保険料の納付方法なども明確にしておくとよいでしょう。

＜通知事項＞
① 介護休業申出を受けた旨
② 介護休業開始予定日（育児・介護休業法12条３項の規定により指定をする場合にあっては，当該事業主の指定する日）および介護休業終了予定日
③ 介護休業申出を拒む場合には，その旨およびその理由

▶ 介護休業の申出が遅れた場合は？

＜介護休業開始予定日から２週間前を切っての申請の場合＞

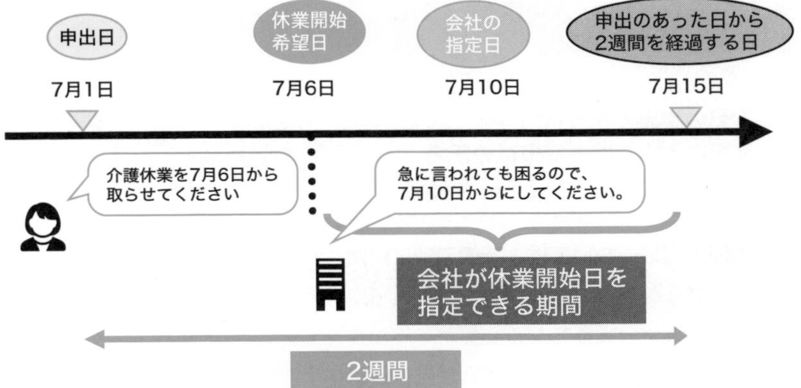

急に介護が必要となる等，原則の２週間前までの申出が難しいこともあります。

「２週間を切っているから」という理由で，介護休業の申出を却下することはできませんが，この場合，会社は「休業を開始しようとする日と申出から２週間経過日までの間」で休業開始日を指定することが可能となります。

ONE POINT 対象家族が要介護状態にあることの証明はどのようなものがありますか？

医師の診断書を提出させることが一般的です。
しかし，「医師の証明」を義務づけることはできず，従業員が提出できるものとする必要があります。
就業規則において，すべての介護休業の申出に医師の診断書の添付を義務づけるなどは望ましくなく，書類が提出されないことをもって休業させない，という取扱いはできません。

第2章 介護休業にかかる諸制度

終了日
繰下げ

4 介護休業期間の変更
（終了日の繰下げ）

介護休業中に，休業期間の延長を希望する場合，原則２週間前までに変更の申出をすることで，終了日を繰り下げることができます。

介護休業において，法律上，開始日の繰上げ・繰下げ，終了日の繰上げの制度はありません。

▶ 介護休業終了日の繰下げ変更（育児・介護休業法13条）

従業員は，当初介護休業を終了しようとしていた日の**２週間前までに申し出ることにより，原則１回にかぎり，**介護休業の終了日を繰下げ（延長）することができます。

繰下げの申出の際は，次の事項を記載した書面により申し出ることとなっています。

イ　変更の申出の年月日
ロ　変更の申出をする従業員の氏名
ハ　変更後休業を終了しようとする日

事由は
問いません！

①休業期間の短縮については，法律で特に規定されていません。

これは，会社が当初の休業期間を踏まえて，代わりの人材を派遣会社から受け入れていたり，人材の調整をする必要があるからです。

短縮の申出があった場合は，双方が話し合い，早期職場復帰のより良い方法を検討していくことが必要です。

②介護休業においては，育児休業とは違い，特別な事情による開始日の繰上げ変更制度がありません。

しかしながら，柔軟な休業の取得を促すために，会社が開始日の繰上げ・繰下げ，終了日の繰上げを認めることは差し支えないとされます。

これらのケースについて，従業員が希望した場合に休業期間を変更できるのか，またその手続き等について，あらかじめ就業規則等に明記しておくことが望ましいでしょう。

▶ 介護休業終了日の繰下げ変更

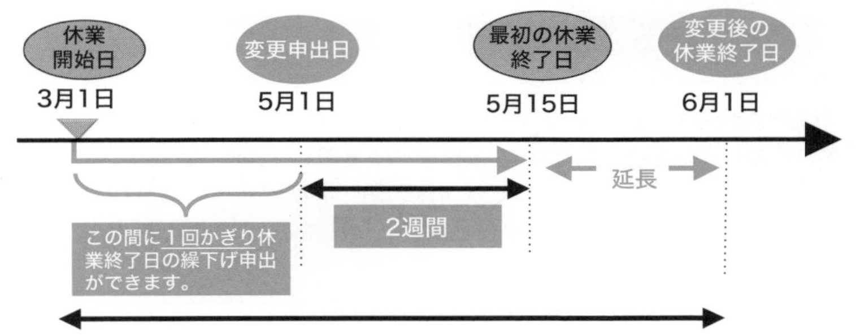

▶ 介護休業の変更の可否

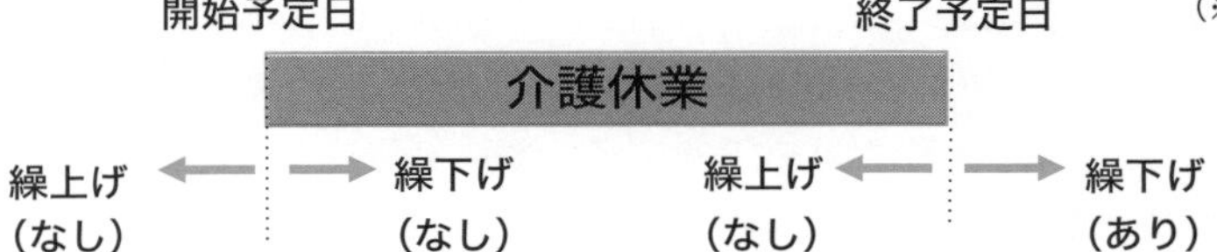

	繰上げ	繰下げ
開始予定日	法規定なし※	法規定なし※
終了予定日	法規定なし※	・事由を問わず1回のみ可 ・2週間前の申請

(※)介護休業を開始する日の繰下げ変更や介護休業を終了する日の繰上げ変更に関しては，法律の規定はありません。
ただし，会社が任意にこれらを設定することは差し支えありません。

ONE POINT 介護休業終了日の繰下げ変更は，必ず認めなければならないでしょうか？

育児・介護休業法では最低基準として，介護休業１回につき，１回の変更を限度としています。

よって，事由は問わず１回の繰下げ変更の申出は，通算93日以内の上限に達するまでの期間であれば，会社は申出を拒否することができません。

終了・撤回

5 介護休業期間の終了・撤回
（介護休業の撤回のルール）

介護休業取得の申出をした後，対象家族を介護しないこととなった場合，従業員の意思にかかわらず，介護休業は終了します。
介護休業取得の申出をした後でも，休業期間の前日までに申し出ることにより，撤回も可能です。ただし，２回連続撤回した場合，３回目の申出について，会社は拒むことができます。

▶ 介護休業の終了（育児・介護休業法15条）

介護休業の期間は，従業員の意思にかかわらず次の場合に終了します。

① 従業員が介護休業の申出にかかる**対象家族を介護しないこととなった場合**

② 介護休業をしている従業員について産前・産後休業，育児休業，出生時育児休業または新たな介護休業が始まった場合

※出生時育児休業に関しては，2022年10月１日適用。

▶ 介護休業の申出がなかったものとして取り扱われる場合

介護休業の開始前に対象家族を介護しないこととなった場合には，**介護休業の申出はされなかったことになります。**

「対象家族を介護しないこととなった場合」とは？

① 対象家族の死亡
② 離婚，婚姻の取消，離縁等による対象家族との親族関係の消滅
③ 従業員が負傷，疾病等により対象家族を介護できない状態になったこと

ONE POINT 介護休業期間中に，対象家族が死亡したら？

介護休業期間中に対象家族が死亡した場合，死亡日で介護休業は終了します。
また，介護期間中に受給できる介護休業給付金についても，死亡日まで支給されます。

▶ 介護休業の撤回（育児・介護休業法14条）

従業員が，休業開始日の前日にまでに申出をすることにより，その理由を問わず**介護休業の申出を撤回することができます。**

しかし，同一の対象家族について２回連続で撤回した場合，３回目の申出を会社は拒むことができます。育児休業の撤回と異なり，これに例外はありません。

※１回目の申出の撤回後，２回目の申出を行いこれを取得すれば，３回目の申出を拒むことはできません。

▶ 申出と撤回の例

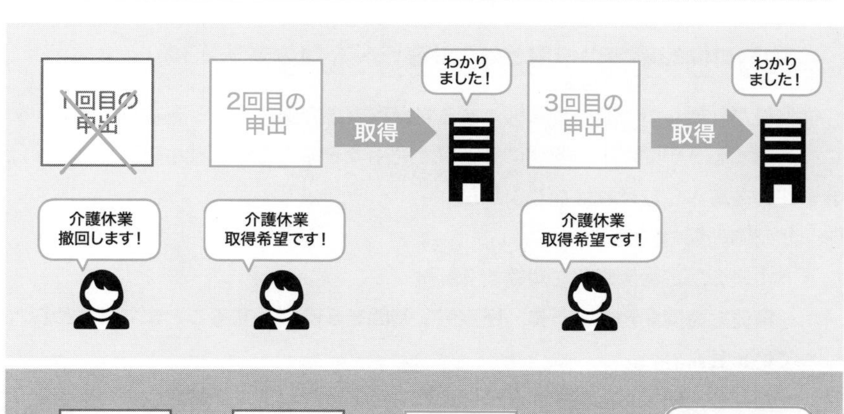

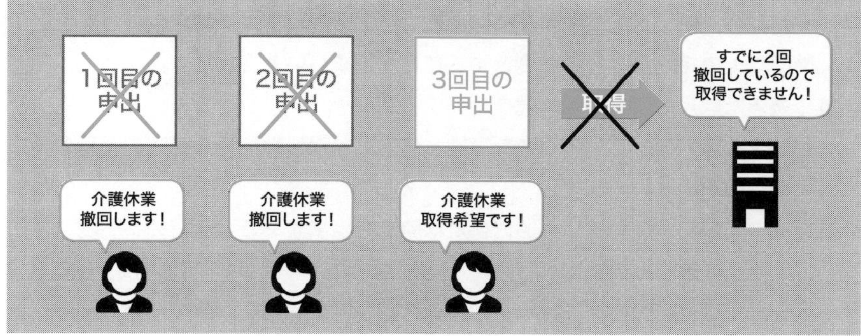

時短
措置

介護中に利用可能な制度
（勤務時間短縮等の措置）

事業主は，要介護状態にある対象家族を介護する従業員について，連続する「３年間以上の期間において２回以上」利用可能な所定労働時間の短縮等の措置を講じなければならない，とされています。

具体的には，①短時間勤務の制度，②フレックスタイム制度，③時差出勤制度，④介護サービスの費用の助成制度のいずれか１つを導入しなければなりません。

▶ 勤務時間短縮等の措置とは？（育児・介護休業法23条）

従業員が就業しつつ要介護状態にある対象家族を介護することを容易にするために，連続する３年間以上の期間に２回以上利用できる次のいずれかの措置（④を除きます）を導入しなければなりません。

①　短時間勤務の制度

a　１日の所定労働時間を短縮する制度

育児短時間勤務のように，所定労働時間を６時間とすることまでは求められていません。

ただし，所定労働時間が８時間の場合は２時間以上，７時間以上の場合は１時間以上の短縮ができる制度とすることが望ましいとされます。

b　週または月の所定労働時間を短縮する制度

c　週または月の所定労働日数を短縮する制度（隔日勤務や，特定の曜日のみの勤務等の制度をいいます）

d　従業員が個々に勤務しない日または時間を請求することを認める制度

②　フレックスタイムの制度

③　始業または終業の時刻を繰り上げまたは繰り下げる制度（時差出勤の制度）

④　従業員が利用する介護サービスの費用の助成その他これに準ずる制度

介護は育児と異なり，「短時間勤務制度」の導入は義務ではありません。①～④のいずれかの制度を１つ以上導入すればよいこととなります。

▶ 勤務時間短縮等の措置を講じる期間

勤務時間短縮等の措置は,「３年間以上の期間において２回以上」利用できます。「通算93日, 合計３回まで」取得できる介護休業と組み合わせて取得することが想定されます。

以下のようなパターンが考えられます。

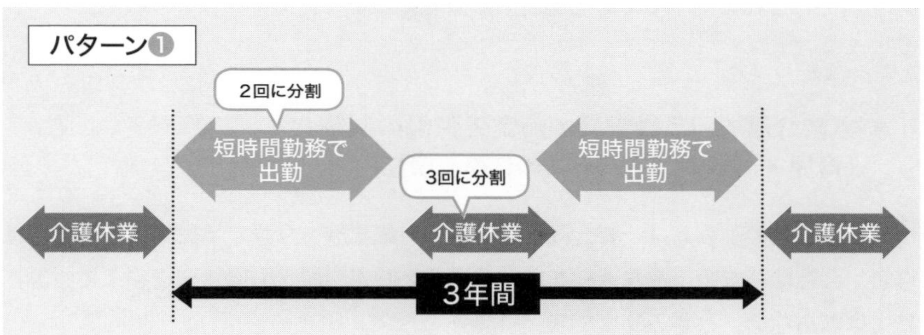

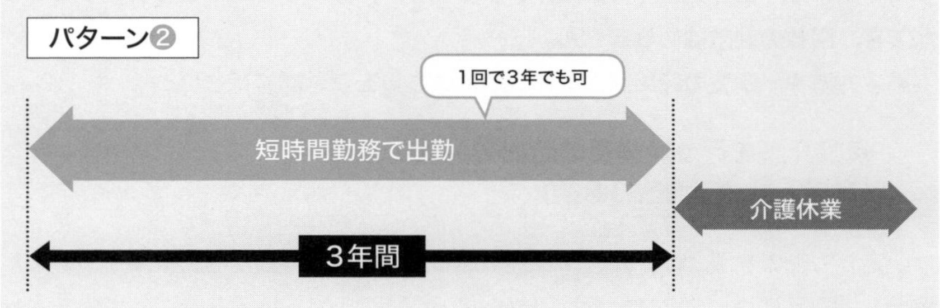

▶ 対象となる従業員

勤務時間短縮等の措置は, 要介護状態にある対象家族を介護するすべての従業員（日々雇用される者を除く）が対象となります。ただし, 労使協定の締結により, 次に該当する者の申出を拒むことができるとされます。

①　入社から１年未満の者　②　週の所定労働日数が２日以下の者

ONE POINT「連続する３年間以上の期間に２回以上利用できる」とは？

連続する３年間以上の期間は, 従業員が短時間勤務制度等の利用を開始する日として申し出た日から起算します。例えば, 2022年２月20日に, ３月20日から短時間勤務を利用したい旨を申し出た場合には, 2022年３月20日から起算して３年である2025年３月19日以降まで利用できる制度である必要があります。

時間の制限

所定外，時間外，深夜業の制限（制度の概要と請求方法）

要介護状態にある対象家族を介護する従業員が請求した場合は，所定外労働の制限，時間外労働および深夜業の制限の措置をとることが求められています。それぞれの制度で定める内容や対象者について見ていきましょう。

▶ 家族介護を行う従業員の所定外労働の制限（育児・介護休業法16条の9第1項）

所定外労働の制限とは，要介護状態にある対象家族を介護する従業員が請求した場合，会社は事業の正常な運営を妨げる場合を除き，所定労働時間を超えて労働させてはならない，とする制度です。

この請求は，要介護状態の家族がいるかぎり，介護終了のときまで請求することができ，回数の制限はありません。

請求方法や，制度の適用除外者については右頁をご確認ください。

▶ 家族介護を行う従業員の時間外労働の制限（育児・介護休業法18条）

所定外労働の制限とは，要介護状態にある対象家族を介護する従業員が請求した場合，１カ月について24時間，１年について150時間を超える時間外労働をさせてはならない，とする制度です。

この請求は，**要介護状態の家族がいるかぎり，介護終了のときまで請求することができ，回数の制限はありません。**

請求方法や，制度の適用除外者については右頁をご確認ください。

ONE POINT フレックスタイム制や変形労働時間制適用の従業員も，時間外労働の制限の申出をすることができますか？

時間外労働の制限の対象となるのは，法定労働時間（１週間につき40時間，１日につき８時間。なお，一部特例あり）を超える時間外労働であり，変形労働時間制やフレックスタイム制の場合も対象となります。

なお，フレックスタイム制の場合には，清算期間における法定労働時間の総枠を超えた時間について時間外労働としてカウントされます。

▶ 家族介護を行う従業員の深夜業の制限（育児・介護休業法20条）

深夜業の制限とは，要介護状態にある対象家族を介護する従業員が請求した場合，深夜時間帯（22：00～翌５：00）に働かせてはならない，とする制度です。

この請求は，**要介護状態の家族がいるかぎり，介護終了のときまで請求することができ，回数の制限はありません。**

請求方法や，制度の適用除外者については下記一覧表をご確認ください。

▶ 各種制限の請求方法・適用除外者一覧表

	どんな制度？	請求方法は？	適用除外者は？
所定外労働の制限	所定労働時間を超える労働を制限する制度	●１回につき，「１カ月以上１年以内の期間」 ●開始の１カ月前までに申請 ●何回でも請求可能	●日々雇用される者 ①入社１年未満の者 ②週所定労働日数が２日以下の者 } 労使協定
時間外労働の制限	法定外労働を**１カ月24時間，１年150時間までに**抑える制度	●１回につき，「１カ月以上１年以内の期間」 ●開始の１カ月前までに申請 ●何回でも請求可能	●日々雇用される者 ●入社１年未満の者 ●週所定労働日数が２日以下の者 労使協定不要
深夜業の制限	深夜労働（22時～翌５時）を制限する制度	●１回につき，「１カ月以上６カ月以内の期間」 ●開始の１カ月前までに申請 ●何回でも請求可能	●日々雇用される者 ●入社１年未満の者 ●週所定労働日数が２日以下の者 ●所定労働時間の全部が深夜にある者 ●介護ができる同居家族がいる者 労使協定不要

●管理監督者は，時間外労働の制限の対象外となります（深夜業の制限は制限対象）。
●有期契約社員（育児休業等は一部適用除外）でもこれらの措置を受けることができます。
　対象となる従業員が請求どおり，所定外・時間外労働を抑えられるよう，業務量の調整等の措置を講じる必要があります。

介護
休暇

介護休暇制度
（制度の概要と手続き）

要介護状態にある対象家族の介護その他の省令で定める世話を行う従業員は，要介護状態の対象家族が**１人の場合には１年度において５労働日（２人の場合は10日）**の休暇を取得することができるとされます。申出方法等について，以下で確認していきましょう。

▶ 介護休暇制度（育児・介護休業法16条の5）

介護休暇とは，要介護状態にある対象家族の介護や世話を行う従業員に対し与えられる休暇であり，労基法39条の規定による年次有給休暇とは別に**１年度において５労働日（２人の場合は10日）**を限度として取得することができます。

休暇取得の「対象家族」は，「介護休業の対象家族」と同じです。**いつもは元気な両親が風邪で寝込んだときなど，要介護状態でない家族の看病などは対象となりません。**

この休暇は，１日単位または時間単位で取得することができます。

- 通院の付き添い
- ケアマネージャーとその打合せ等

申出により

- １年度（特に定めがなければ，４月１日～３月31日）で５日
- 対象家族２人以上で10日

ONE POINT 年度の途中に要介護状態となった場合は？

要介護状態になったタイミングで５日（２人の場合は10日）与える必要があります。

例えば，４月１日～３月31日を１年度としている場合において，10月１日に要介護状態になった旨の申出があった場合，10月１日に５日付与します。

10月１日に付与した５日の使用期限は，翌３月31日までとなります。ただし，使用期限までに使用できなかった残日数について翌年度への繰越しは認めなくても構いません。

▶ 介護休暇制度利用による賃金

介護休暇を取得している日の賃金の扱いについては，育児・介護休業法上，特に定めはなく，賃金の支払いを義務づけるものではありません。つまり，有給・無給のどちらでも構わないこととなります。

▶ 介護休暇の適用除外

介護休暇は，要介護状態にある対象家族を介護するすべての従業員（日々雇用される者を除く）が対象となります。一方，労使協定の締結により，次に該当する者の申出を拒むことができるとされます。

労使協定により除外できる者

① 雇用期間が６カ月未満の者
② １週間の所定労働日数が２日以下の者
③ 業務の性質・実施体制に照らして時間単位での取得が困難な者
⇒③について，１日単位の申出は拒むことができません。

▶ 介護休暇の申出

介護休暇を取得しようとする際は，下記の事項を明らかにして申し出ることとなっています。介護休暇の申出の方法は書面の提出に限定されていないことから，口頭での申出も可能です。

申請期限について，例えば就業規則上で「原則前日までに所属長に申し出る」といったルールを設けることはできますが，当日の電話等の申出でも取得を認め，書面の提出等を求める場合は事後となっても差し支えないこととすることが必要です。

① 従業員の氏名
② 対象家族の氏名および従業員との続柄
③ 介護休暇を取得する年月日（１日未満の単位で取得する場合には，介護休暇の開始および終了の年月日時）
④ 対象家族が要介護状態にある事実

ONE POINT 介護休暇として認められる目的とは？

対象家族の介護，対象家族の通勤道の付添い，対象家族が介護サービスの提供を受けるために必要な手続きの代行その他の対象家族の必要な世話，です。

▶ 介護休暇の時間単位取得

介護休暇は，１日単位にかぎらず時間単位でも付与することが義務づけられています。

<１日分の時間数について>

① 時間単位で取得する介護休暇１日分の時間数は，１日の所定労働時間数とし，１時間に満たない端数がある場合は，端数を切り上げます。例えば，１日の所定労働時間数が７時間半の場合，８時間の休暇で１日分となります。

② 日によって所定労働時間数が異なる場合の１日の所定労働時間数の定め方は，１年間における１日の平均所定労働時間数（１年間における総所定労働時間数が決まっていない場合には，所定労働時間数が決まっている期間における１日平均所定労働時間数とする）とします。

<中抜けについて>

法令で定められている時間単位の取得は，始業の時刻から連続し，または終業の時刻まで連続するものです。就業時間の途中から休暇を取得し，終業時刻の途中に戻る中抜けを認めることまでは求められていません。

▶ 時間単位取得が困難な従業員への対応

労使協定を締結することにより，**「時間単位で介護休暇を取得することが困難と認められる業務に従事する従業員」**の時間単位での取得を適用除外とすることができます。

ただし，これらの従業員は１日単位で介護休暇を取得することは可能です。

労使協定による適用除外

「業務の性質または業務の実施体制に照らして，時間単位で介護休暇を取得することが困難と認められる業務に従事する従業員」は１日単位でのみ取得可

労使協定

具体的にはどのような業務か？
- 国際路線の客室乗務員等で，時間単位で休暇を取得させることが困難な業務
- 長時間移動を要する業務で，時間単位の介護休暇を取得した後の勤務時間または取得する前の勤務時間では処理することが困難な業務
- 流れ作業や交替制勤務による業務で，時間単位で介護休暇を取得する者を勤務体制に組み込むことが困難な業務

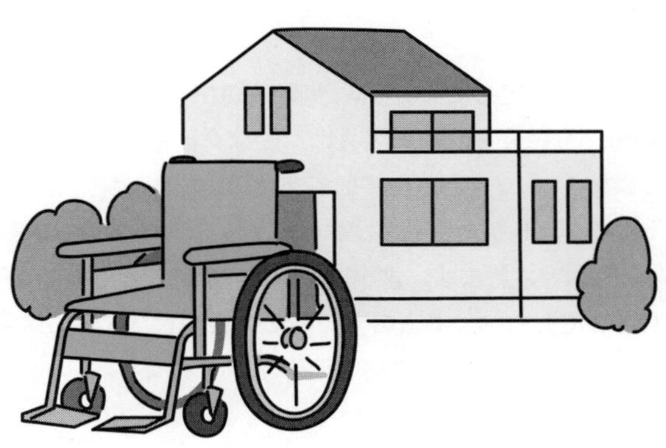

こんなときどうする?

▶入院者の介護／1日の所定労働時間が異なる場合／短時間勤務者の場合／転勤／2人同時の介護／介護休業中の休日／介護休暇の変更権

Q1 入院している家族の介護休業を取得したいと申出がありました。入院しているのであれば，従業員が介護する必要はないと思うのですが，休業させなければなりませんか？

A 介護とは，歩行，排泄，食事，入浴等の日常生活に必要な便宜を供与することをいいます。他の者の手伝いを受けている場合であっても，従業員本人が便宜を供与しているのであれば，社会通念上，「対象家族を介護する」に該当します。

よって，対象家族が入院している場合でも，従業員本人が歩行，排泄，食事，入浴等の日常生活に必要な便宜を供与する必要があるか否かを見て判断すべきです。

Q2 介護休暇の1日の時間数について，1日の所定労働時間が日によって異なる従業員の場合，何時間が「1日」となりますか？

A 1年における1日の平均所定労働時間を「1日」とします。

例えば，月～水は「6時間」木・金は「4時間」というスケジュールで勤務する従業員の場合，週の平均所定労働時間は「5.2時間」となります。

1時間未満の端数が生じた場合，1時間に繰り上げる必要があるため，当該従業員の介護休暇について「1日＝6時間」となります。

Q3 短時間勤務制度において，所定労働時間を5時間とする場合，休憩なしで連続勤務を認めてもよいでしょうか？

A 労基法34条の定めによると，「労働時間が6時間を超え，8時間以下の場合は少なくとも45分，8時間を超える場合は，少なくとも1時間の休憩を労働時間の途中に与えなければならない」，とされています。所定労働時間を5時間とする場合，法律上休憩を与える必要はありません。しかしながら，突発的な残業等により，6時間を超えてしまうことも想定されます。よって，所定労働時間が6時間以下の場合も，原則は休憩時間を取得してもらい，本人の希望やその日の状況に応じて休憩をなしとする場合には，許可制とする，といった対応が望ましいでしょう。

ONE POINT 過去に別の会社で介護休業を取得した場合，回数や日数は通算される?

同一の対象家族について，他の事業主の下で介護休業をしたことがある場合でも，その日数は現在の勤務先での介護休業取得日数には算入されません。

Q4 従業員に転勤を命じたところ「親の介護があるので，他の人に代えてもらえないか」と言われました。介護をする従業員には異動を命じられないのでしょうか？

A 従業員との労働契約において「勤務地限定」といった取決めがなく，就業規則において配置転換があることの定めがあれば，原則的に従業員は配置転換の命令に従わなければなりません。

ただし，過去の裁判例によると，①必要性の乏しい命令，②不当な動機による命令，③従業員の不利益性が著しい命令などは，使用者による「人事権の濫用」として配置転換の命令が無効とされた例もあります。

対象の従業員の家族構成や介護の程度等によっては（本人以外，対象家族を介護できる人がいない状況など），③従業員の不利益性が著しいと判断される可能性もあります。

また，育児・介護休業法26条においては，使用者は従業員を転勤させる際，育児・介護の状況に配慮するよう定めています。

ONE POINT 介護中の従業員の転勤命令が無効とされた裁判例とは？

①ネスレ日本事件（大阪高裁2006年４月14日判決）
老齢で徘徊癖のある要介護者の母と非定型精神病にり患する妻を介護する従業員に命じられた転勤を無効とした例。

②NTT東日本事件（札幌地裁2006年９月29日判決）
身体障害者等級１級，要介護３の父，母も足の障害をもっている従業員に命じられた配転命令を無効とした例。

Q5 祖母の介護のための介護休業を取得中です。先日父が倒れ，父の介護も必要になりました。２人同時に介護をする場合は，介護休業の日数はどうなるでしょうか？

A 介護休業の期間は，「対象家族１人につき，通算93日，３回まで分割可能」とされ，同時期に２人の対象家族がいる場合は，それぞれ「93日」取得することができます。会社は，従業員の介護休業がどの対象家族に対する介護のためかを確認し，それぞれ管理しておく必要があります。

**Q6 母の介護のために介護休業を取得していますが，先日自分が事故に遭い，介護ができなくなってしまいました。
介護休業日数は残っていますが，介護休業を取得したまま休むことはできるのでしょうか？**

A 対象家族を介護しないこととなった場合，従業員の意思にかかわらず介護休業は終了します。

よって，介護をする本人が事故に遭い，介護できない状態になった時点において，介護休業は終了します。

なお，介護休業給付金も，介護休業が終了した日までの給付となります。

本人が療養する期間については，自身が社会保険に加入しているのであれば，傷病手当金を申請することができます。

ONE POINT 対象家族を介護しないこととなった場合とは？

①対象家族の死亡
②離婚，婚姻の解消，離縁等による対象家族との親族関係の消滅
③従業員が負傷，疾病等により対象家族を介護できない状態となったこと

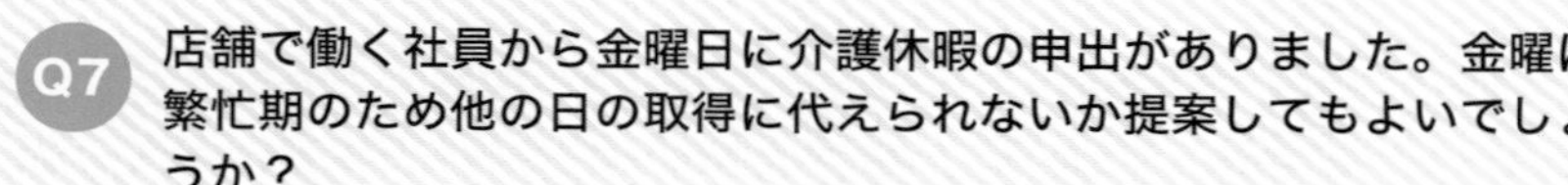

Q7 店舗で働く社員から金曜日に介護休暇の申出がありました。金曜は繁忙期のため他の日の取得に代えられないか提案してもよいでしょうか？

A 介護休暇には変更権はありませんので，規定の期間に申出があれば，取得を認めなければなりません。

介護休暇の取得は育児・介護休業法に定められた従業員の権利ですので，事業主には，従業員に年次有給休暇とは別に取得させる必要があります。また，年次有給休暇には，事業の正常な運営を妨げる場合に事業主が日程を変更させることができる「時季変更権」がありますが，介護休暇には時季変更権はありません。

第3章

育児・介護休業にかかる給付金・社会保険等の手続き

基本を押さえ，法改正に留意しましょう

- 妊娠・出産・育児休業期間中の給付手続きは細やかな定めがあり，手続きも煩雑になるため，基本を押さえる必要があります。また頻繁に行われる法改正に留意しながら適切な手続きを行いましょう。
- 妊娠・出産等の申出をした従業員が安心して休業を取得できるように，あらかじめ丁寧に説明のうえ，抜け漏れなく手続きを行いましょう。
- 従業員のライフイベントは，必ずしも本人の意図する時期に発生するともかぎらず，少子高齢化社会を鑑みても，今後，介護休業の取得が増えるでしょう。
- 介護休業期間中は，給付金が活用できます。制度を理解し，社会保険を上手に活用できることを従業員に説明することで，雇用の維持の実現が期待できます。

給付と手続き

出産・育児に関する給付と手続き
（健康保険，厚生年金保険，雇用保険）

本人が産休・育休に入る前に手続き内容を整理していきます。妊娠前〜復職までには，各種公的保険から，さまざまな給付金が支給され，育児休業期間中は，社会保険料免除が免除されます。

出産・育児に関連する手続き

時期	手続きの内容	提出先
産前産後休業	□出産費用…**出産育児一時金**※（健保） □産前産後休業中の社会保険料免除（健保・厚年）…**産前産後休業等取得者申出書** □休んだとき…出産手当金（健保） □出生した子を扶養家族にする…**被扶養者異動届**（健保）	□健康保険組合(※は病院含む) □年金事務所および健康保険組合
出生時育児休業・育児休業	□育児休業中の社会保険料免除（健保・厚年）…**育児休業等取得者申出書** □育児休業給付金（雇用保険）	□年金事務所および健康保険組合 □ハローワーク
職場復帰後	□予定よりも早く育児休業を終了したとき…**育児休業等取得者終了届** □**養育期間報酬月額特例** 育児休業を取得していない人（男性）も対象となります	□年金事務所および健康保険組合 □年金事務所
復帰から４カ月後	□**産前産後休業終了時報酬月額変更届** □**育児休業終了時報酬月額変更届**	□年金事務所および健康保険組合 □年金事務所および健康保険組合

2022年10月施行

▶ 出産・育児にまつわる各種給付金・保険料免除の全体像

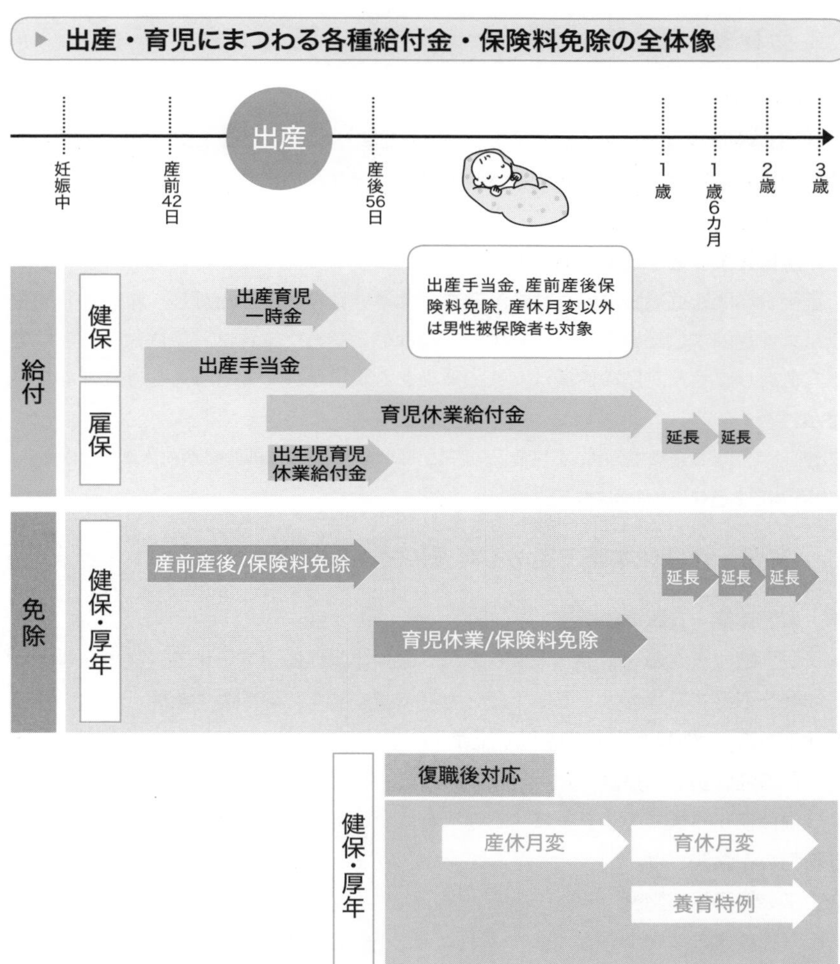

▶ 労基法：産前産後休業

① 産前休業は申出による

産前６週間（双子以上の妊娠の場合は14週間）以内に出産予定の**女性が休業を請求した場合**には，その者を就業させてはいけません。出産当日は産前６週間に含まれます。

② 産後休業は必ず取らせる

産後８週間を経過しない女性を就業させてはいけません。ただし，産後６週間を経た女性が請求した場合には，医師が支障ないと認めた業務に就業させることは差し支えありません。産後休業は女性従業員から請求がなくても与えなければなりません。

※出産予定日より遅れて出産した場合，予定日から出産当日までの期間は産前休業となります。出産当日も産前に含まれます。

▶ 育児・介護休業法で定める育児に関する法律の概要

① 育児休業・介護休業制度

子が１歳（一定の場合は，１歳６カ月，最長２歳）に達するまで（父母ともに育児休業を取得する場合は，子が１歳２カ月に達するまでの間の１年間「パパ・ママ育休プラス」）の育児休業の権利を保障。

② 短時間勤務等の措置

３歳に達するまでの子を養育する労働者について，短時間勤務の措置（１日原則６時間）を義務づけ。

③ 子の看護休暇制度

小学校就学前までの子が１人であれば年５日，２人以上であれば年10日を限度として看護休暇付与を義務づけ。

④ 時間外労働の制限

小学校就学前までの子を養育し，または介護を行う労働者が請求した場合，１カ月24時間，１年150時間を超える時間外労働を制限。そのほか，所定外労働の免除，転勤についての配慮，深夜業の制限，不利益取扱いの禁止が定められています。

▶「出生時育児休業の創設

出生時育児休業は，**出産日から８週間以内に最長４週間の休業が取得できる制度**です（2022年10月施行）。例えば，出生時・退院時などサポートが必要なタイミングに応じて取得することができます。出生時育児休業は子どもと一緒に過ごす時間の確保，育児・家事スキルの向上，効率的な働き方を意識するきっかけにもなります。

ONE POINT 妊産婦の労働時間・休日労働の制限

1　妊産婦（※）が請求した場合には，時間外・休日労働をさせてはなりません。
2　妊産婦が請求した場合には，１日８時間，１週40時間を超えて労働させることはできません。
※妊娠中の女性および産後１年を経過しない女性

ONE POINT 育児時間

生後満１年に達しない生児を育てる女性から請求があった場合には，休憩時間のほかに，１日２回それぞれ少なくとも30分の生児を育てるための時間を与えなければなりません。

ONE POINT 男性も育児休業期間中，社会保険料免除，育児休業給付金を受給できます！

産前産後休業期間中の社会保険料免除，手当金や一時金の受給は，出産をする女性のみですが，育児休業期間中の社会保険料免除，育児休業給付金の受給は，男性も同様であり，あらかじめそれらを説明することが，収入減を懸念する男性従業員の不安が解消されるでしょう。

ONE POINT 日本ではどれくらいの男性が育児休業を取得しているか？

厚労省の2021年度「雇用均等基本調査」によると，女性の育児休業取得率は85.1%，それ対し，男性は13.97%と低いレベルにとどまっています。男性の育児休業取得率については，2025年度までに30%という目標が設定されています（「子ども・子育てビジョン」参考指標）。

出産
手当金

1 産前産後休業出産手当金の手続き（健康保険）

健康保険の被保険者が出産のために会社を休み，会社から報酬を受けられない場合は，出産手当金が支給されます。

この休業には所定休日も含まれます。ただし，休業中に給与の支払いがあったときは，給与のほうが出産手当金の給付日額より少ない場合は差額分が支給されます。

出産手当金の手続きステップ

Step1 産前産後休業取得	産前産後休業を取得 ※労基法／原則として産前6週間（双子以上の妊娠の場合は14週間）産後8週間）
Step2 提出書類の作成	▶出産手当金支給申請書…132〜134頁参照 ※医師の証明が必要です
Step3 添付書類の準備	▶出勤簿 ▶賃金台帳 ▶役員などで，出勤簿および賃金台帳がない場合は，役員報酬を支給しないこととする議事録
Step4 提出先	全国健康保険協会の各支部または健康保険組合へ ※産後期間の終了後一括請求または数回に分けて請求します

▶ 出産手当金の支給を受ける条件

被保険者が出産のため仕事を休み，給与を受けられない場合は，出産手当金が支給されます。

なお，**被保険者の資格を失った場合**でも，資格喪失日の前日（退職日等）までに被保険者期間が継続して１年以上あり，**資格喪失日の前日（退職日等）に出産手当金の支給を受けている**か，受けられる状態であれば，被保険者期間中に引き続いて支給を受けることができます。

▶ 支給期間と支給額

❶ 支給期間

出産手当金は出産の日（出産が出産予定日より遅れた場合は出産予定日）以前42日（多胎妊娠の場合は98日）から出産日後56日までの期間で，支給要件を満たした期間について支給されます。なお，**出産日は出産の日以前**の期間に含まれます。また，出産が出産予定日より遅れた場合は，その期間を含めて支給されます。

支給期間（産前42日＋α日（予定日〜出産日）＋産後56日）

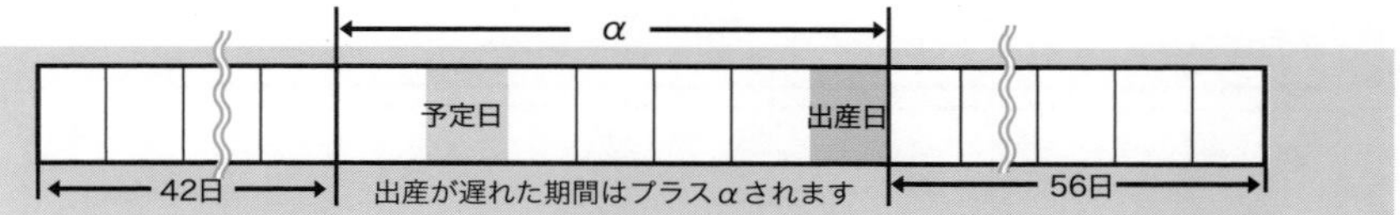

❷ 支給額

出産手当金の支給額は，１日につき**支給開始日以前の継続した12カ月の各月の標準報酬月額を平均した額の30分の１（１円未満四捨五入）の３分の２に相当する額**です。給与の支払いがあって，出産手当金の額より少ない場合は，その差額が支給されます。

支給開始日とは，一番最初に出産手当金が支給された日のことをいい，支給開始日までに被保険者期間が12カ月未満の場合は，出産手当金を受給する前の標準報酬月額の平均額，以下のいずれか低い額を使用します。

A　支給開始日に属する月以前の直近に継続した各月の標準報酬月額の平均額

B　当該年度の前年度9月30日における健康保険の前被保険者の同月標準報酬月額の平均額

出産手当金支給申請書（健康保険）

被保険者が出産のため仕事を休み，報酬がもらえないときには，仕事を休んでいた期間の生活費の一部として休業1日につき，支給開始以前12カ月の標準報酬月額平均額を30日で割った額の３分の２に相当する額です。これを「出産手当金」といいます。

１枚目

見本

健康保険 出産手当金 支給申請書　1 2 3　被保険者記入用　手

記入方法および添付書類等については、「健康保険 出産手当金 支給申請書 記入の手引き」をご確認ください。
申請書は、黒のボールペン等を使用し、楷書で枠内に丁寧にご記入ください。　記入見本 0 1 2 3 4 5 6 7 8 9 アイウ

被保険者情報

	記号	番号	生年月日 年 月 日
被保険者証の（左づめ）			1.昭和 2.平成 3.令和
氏名	（フリガナ）		
住所	〒	都道府県	
電話番号（日中の連絡先）※ハイフン除く	TEL		

本人が記入

振込先指定口座

金融機関名称	銀行 金庫 信組 農協 漁協 その他（　）		本店 支店 代理店 出張所 本店営業部 本所 支所
預金種別	1. 普通 3. 別段 2. 当座 4. 通知	口座番号	左づめでご記入ください。
口座名義	▼カタカナ（姓と名の間は1マス空けてご記入ください。濁点(゛)、半濁点(゜)は1字としてご記入ください。）	口座名義の区分	1. 被保険者 2. 代理人

「2」の場合は必ず記入してください。

被保険者名義の口座以外の場合は受取代理人の記入が必要

受取代理人の欄

	…理人に委任します。 1.平成 2.令和 年 月 日 住所 「被保険者情報」の住所と同じ	
代理人（口座名義人）	〒　TEL（ハイフン除く） 住所 （フリガナ） 氏名	被保険者との関係

2枚目

健康保険 出産手当金 支給申請書

1 2 3 被保険者・医師・助産師記入用

被保険者氏名	

申請内容

1 今回の出産手当金の申請は、出産前の申請ですか、それとも出産後の申請ですか。	□ 1. 出産前の申請 2. 出産後の申請
2 上記で「出産前の申請」の場合は、出産予定日をご記入ください。「出産後の申請」の場合は、出産日と出産予定日をご記入ください。	出産予定日 □ 1.平成 2.令和 年 月 日 出産日 □ 1.平成 2.令和 年 月 日
3 出産のため休んだ期間(申請期間)	□ 1.平成 2.令和 年 月 日 から □ 1.平成 2.令和 年 月 日 まで
4 上記の出産のため休んだ期間(申請期間)の報酬を受けましたか。または今後受けられますか。	□ 1. はい 2. いいえ
5 上記で「はい」と答えた場合、その報酬の額と、その報酬支払の基礎となった(なる)期間をご記入ください。	□ 1.平成 2.令和 年 月 日 から □ 1.平成 2.令和 年 月 日 まで 円

本人が記入

医師・助産師記入欄

出産者氏名			
出産予定年月日	□ 1.平成 2.令和 年 月 日	出産年月日	□ 1.平成 2.令和 年 月 日
出生児の数	□ 1.単胎 2.多胎→(児)	生産または死産の別	□ 1.生産 2.死産→(妊娠 週)
			□ 1.平成 2.令和 年 月 日
医療施設の名称			
医師・助産師の氏名		電話番号 ※ハイフン除く	

医師または助産師に記入・押印してもらう

必要事項および添付書類

出産手当金支給申請書に記入し証明を受けるもの

- 療養担当者(医師等)の意見書
- 事業主の証明

振込希望口座について

- 被保険者ご本人名義の口座をご記入ください。

添付書類

- 出勤簿のコピー
- 賃金台帳のコピー

※協会けんぽは，添付書類不要

3枚目

見本

健康保険 出産手当金 支給申請書

1 2 3　事業主記入用

労務に服さなかった期間を含む賃金計算期間の勤務状況および賃金支払状況等をご記入ください。

事業主が証明するところ

被保険者氏名

勤務状況　【出勤は○】で、【有給休暇は△】で、【公休は公】で、【欠勤は／】でそれぞれ表示してください。　出勤　有給

1.平成 2.令和　年　月

		計	出勤	有給
1.平成 2.令和 年 月	1 2 3 4 5 6 7 8 9 10 11 12 13 14 15 / 16 17 18 19 20 21 22 23 24 25 26 27 28 29 30 31	計	日	日
	1 2 3 4 5 6 7 8 9 10 11 12 13 14 15 / 16 17 18 19 20 21 22 23 24 25 26 27 28 29 30 31	計	日	日
	1 2 3 4 5 6 7 8 9 10 11 12 13 14 15 / 16 17 18 19 20 21 22 23 24 25 26 27 28 29 30 31	計	日	日
	1 2 3 4 5 6 7 8 9 10 11 12 13 14 15 / 16 17 18 19 20 21 22 23 24 25 26 27 28 29 30 31	計	日	日
	1 2 3 4 5 6 7 8 9 10 11 12 13 14 15 / 16 17 18 19 20 21 22 23 24 25 26 27 28 29 30 31	計	日	日

出勤……○
有給……△
公休……公
欠勤……／

上記の期間に対して、賃金を支給しました(します)か?	□はい □いいえ	給与の種類	□月給 □時間給 □日給 □歩合給 □日給月給 □その他	賃金計算	締日	日
					支払日	1.当月 2.翌月　日

上記の期間を含む賃金計算期間の賃金支給状況をご記入ください。

月給……欠勤しても給与から引かれない
日給月給……欠勤等があった場合、給与から引かれる

期間 / 区分	月 日～	月 日～	月 日～
			月 日分
			支給額
基本給			
通勤手当			
手当			
手当			
手当			
手当			
現物給与			
合計			

支給した(する)賃金内訳

出産のために
労務に服さなかった期間を含む
賃金計算期間における
賃金支払状況

賃金計算方法(欠勤控除計算方法等)についてご記入ください。

担当者氏名

上記のとおり相違ないことを証明します。　1.平成 2.令和　年　月　日

事業所所在地

事業所名称

事業主氏名　電話番号 ※ハイフン除く

会社が記入する

様式番号

6 1 1 3

最初の月は日割りになることが多いので，日割り計算の説明を記載
例：基本給20万÷20日×10日出勤＝10万円支給

こんなときどうする?

出産手当金（出産前に退職した場合，出産手当金との関係，失業保険との関係）

Q1 出産前に退職した場合の給付は？

A 要件を満たせば出産手当金，出産育児一時金が支給されます。

<table>
<tr><td rowspan="5">支給要件</td><td rowspan="4">出産手当金を受ける条件を満たしている場合</td><td colspan="2">被保険者資格を喪失した際に支給を受ける条件を満たしている場合は，産後56日まで受給することができます。</td></tr>
<tr><td rowspan="3">（受給の条件）</td><td>1　退職日までに引き続き被保険者期間が1年以上あること（任意継続期間を除く）</td></tr>
<tr><td>2　退職日において出産手当金を受給または未申請でも受給要件を満たしている場合</td></tr>
<tr><td>3　任意継続している場合も，資格取得日の前日まで引き続き被保険者期間が1年以上あること</td></tr>
<tr><td>6ヵ月以内に出産</td><td colspan="2">資格喪失日の前日（退職日）までに，継続した期間が1年以上あれば，出産育児一時金が支給されます</td></tr>
</table>

ONE POINT 注意！

退職日に出勤したときは，継続給付を受ける条件を満たさないために資格喪失後（退職日の翌日）以降の出産手当金は支給されません。

Q2 出産手当金を受給していると被扶養者になれない？

A 健康保険の被扶養者の収入要件は年間130万円とされており，将来に向けてこの金額の収入を得ることがなければ被扶養者として認定されます。退職後に受給した給付日額が3,612円以上になった場合は，年間130万円以上の収入となるため，受給期間中は被扶養者になれないほか，国民年金第3号被保険者にもなれません。

Q3 出産手当金と失業保険を両方受給するには？

A 失業保険の受給期間の延長を行います。

出産などですぐに働けない場合，失業給付金の受給期間を最大４年まで延長することができます。出産手当金受給後，働ける状態になったときに延長を解除して失業給付金を受給すれば，両方もらうことが可能です。

ONE POINT 給与が無給の場合の雇用保険料

雇用保険料は毎月の給与の金額により算出されていますので，無給の場合は雇用保険料を支払う必要はありません。

出産育児一時金

2 出産育児一時金

(家族出産育児一時金(健康保険))

被保険者や被扶養者である家族が出産したときには，出産費の補助として，1児につき42万円が支給されます(産科医療補償制度に加入していない医療機関で分娩される場合は，40.8万円となります)。

これを「出産育児一時金(家族出産育児一時金)」といいます。

出産時の手続き(直接支払制度を利用を利用する場合)

Step1 入院時の手続き

1. 保険証を医療機関に提示
2. 医療機関の窓口などにおいて，申請・受取にかかる代理契約を締結する

かかった費用等によって手続きが異なります
(産科医療補償制度に加入している医療機関で出産した場合)

Step2 出産後の手続き

出産費用が42万円以上であるかどうか	
42万円以上	42万円未満
退院時に「不足分」を医療機関窓口で支払います。	退院時に医療機関窓口での支払いはありません。「出産費用の内訳を記した明細書」を医療機関から受け取ります。その後「差額分」を健保に申請します。

ONE POINT 直接支払制度とは?

2009年10月より，医療機関が被保険者に代わって，出産育児一時金を直接，健保等に請求する制度が導入されました。これにより出産費用が出産育児一時金の範囲内であれば，現金での支払いはなくなり，費用面での負担が軽減されるようになりました(一部直接支払制度に対応していない医療機関もあります)。

出産育児一時金支給申請書（健康保険）

被保険者または被扶養者が出産したときの費用の補助として支給されますが，医療機関等で出産育児一時金の直接支払制度を利用しなかった場合は，申請書を全国健康保険協会の各支部または健康保険組合へ提出します。

1枚目

見本

健康保険 被保険者 家族 出産育児一時金 支給申請書　1 2 ページ　被保険者記入用　一

記入方法および添付書類等については、「健康保険 被保険者 家族 出産育児一時金 支給申請書 記入の手引き」をご確認ください。
申請書は、黒のボールペン等を使用し、楷書で枠内に丁寧にご記入ください。　記入見本 0 1 2 3 4 5 6 7 8 9 ア イ ウ

被保険者情報

被保険者証の（左づめ）	記号 □□□□□□□□　番号 □□□□□□□	生年月日 □ 1.昭和 2.平成 3.令和 □□年□□月□□日
氏名	（フリガナ）	
住所	〒 □□□□□□□　都道府県	
電話番号（日中の連絡先）※ハイフン除く	TEL □□□□□□□□□□□□	

振込先指定口座

金融機関名称	銀行 金庫 信組 農協 漁協 その他（　）	本店 支店 代理店 出張所 本店営業部 本所 支所	
預金種別	□ 1. 普通 3. 別段 2. 当座 4. 通知	口座番号 □□□□□□□	左づめでご記入ください。
口座名義	▼カタカナ（姓と名の間は1マス空けてご記入ください。濁点(")、半濁点(°)は1字としてご記入ください。）	口座名義の区分	□ 1. 被保険者 2. 代理人

被保険者名義の口座以外の場合は
受取代理人の記入が必要

「2」の場合は必ず記入してください。

受取代理人の欄

被保険者	本申請に基づく給付金に関する受領を下記の代理人に委任します。 □ 1.平成 2.令和 □□年□□月□□日 氏名 住所 「被保険者情報」の住所と同じ	
代理人（口座名義人）	〒 □□□□□□□　TEL（ハイフン除く） □□□□□□□□□□□□ 住所 （フリガナ） 氏名	被保険者との関係

「被保険者・医師・市区町村長記入用」は2ページに続きます。>>>

被保険者のマイナンバー記載欄
被保険者証の記号番号がご不明の場合にご記入ください。
記入した場合は、本人確認書類及び貼付台紙の添付が必要となります。
（詳細は「記入の手引き」をご覧ください。）　▶ □□□□□□□□□□□□

(2021. 6)

受付日付印

社会保険労務士の提出代行者名記載欄

様式番号　6 2 1 1 6 8

協会使用欄　1

2 枚目

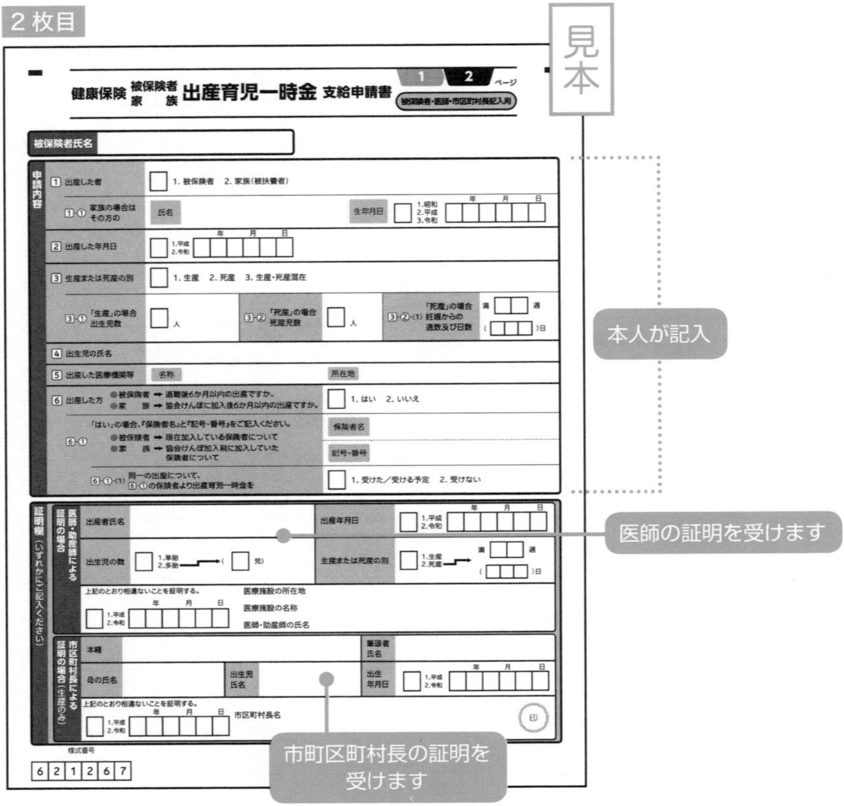

見本

健康保険 被保険者 家族 出産育児一時金 支給申請書　1 2 ページ
被保険者・医師・市区町村長記入用

被保険者氏名

申請内容

1 出産した者　1. 被保険者　2. 家族（被扶養者）
1-① 家族の場合はその方の　氏名　生年月日　1.昭和 2.平成 3.令和　年 月 日
2 出産した年月日　1.平成 2.令和　年 月 日
3 生産または死産の別　1. 生産　2. 死産　3. 生産・死産混在
3-① 「生産」の場合出生児数　人　3-② 「死産」の場合死産児数　人　3-②-(1) 「死産」の場合妊娠からの週数及び日数　満　週　（　）日
4 出生児の氏名
5 出産した医療機関等　名称　所在地
6 出産した方　●被保険者 ➡ 退職後6か月以内の出産ですか。●家　族 ➡ 協会けんぽに加入後6か月以内の出産ですか。　1. はい　2. いいえ
6-① 「はい」の場合、『保険者名』と『記号・番号』をご記入ください。●被保険者 ➡ 現在加入している保険者について ●家　族 ➡ 協会けんぽ加入前に加入していた保険者について　保険者名　記号・番号
6-①-(1) 同一の出産について、6-①の保険者より出産育児一時金を　1. 受けた／受ける予定　2. 受けない

本人が記入

証明欄（いずれかにご記入ください）

医師・助産師による証明の場合
出産者氏名　出産年月日　1.平成 2.令和　年 月 日
出生児の数　1.単胎 2.多胎 →（　児）　生産または死産の別　1.生産 2.死産 → 満　週　（　）日
上記のとおり相違ないことを証明する。1.平成 2.令和　年 月 日
医療施設の所在地
医療施設の名称
医師・助産師の氏名

医師の証明を受けます

市区町村長による証明の場合（生産のみ）
本籍　筆頭者氏名
母の氏名　出生児氏名　出生年月日　1.平成 2.令和　年 月 日
上記のとおり相違ないことを証明する。1.平成 2.令和　年 月 日　市区町村長名　印

市町区町村長の証明を受けます

様式番号
6 2 1 2 6 7

必要事項および添付書類

■医療機関等から交付される直接支払制度を利用していないことを証明する書類のコピー（領収書等にその旨の記載があれば当該領収書等のコピーでも可）
■産科医療補償制度の対象分娩である場合には，「産科医療補償制度」の対象分娩であることが明記された領収書等のコピー

●以下にあてはまる場合に添付するもの（いずれも原本）

申請書に医師・助産師または市区町村長の証明が受けられない場合	出生が確認できる書類（戸籍謄本等） 死産が確認できる書類（死産証明書等）
海外出産にかかる申請で出生した子どもが，被保険者の被扶養者ではないが日本国内に居住している場合	出生が確認できる書類（戸籍謄本等）
海外出産にかかる申請で出生した子どもが，被保険者の被扶養者ではなく，日本国外に居住している場合	・現地の公的機関が発行する戸籍や住民票等の出生の事実を確認できる書類 ・出産を担当した海外の医療機関に対し，協会けんぽ等が照会することに関する同意書

こんなときどうする？

▶流産　▶退職後に被扶養者になった場合
▶出産予定日を過ぎたときの育児休業開始

Q1 妊娠４カ月以上で流産した場合は？

A 妊娠４カ月以上の流産も出産と扱われ，出産育児一時金の対象となります。

健康保険における出産とは，妊娠４カ月以上（85日以上）のものを指します。妊娠４カ月以上（85日以上）で出産をした健康保険の被保険者・被扶養者が受給対象となり，異常分娩や早産・死産・人工妊娠中絶なども対象となります。異常分娩の場合は保険診療の対象となり，金額によっては高額療養費の対象となります。

なお，産科医療補償制度に加入していない医療機関などで出産した場合は，１児につき40.8万円となります。

Q2 退職後，夫の被扶養者になってから出産した場合は？

A 出産育児一時金または家族出産一時金かを選択して請求します。

退職日まで継続して１年以上健康保険に加入していた被保険者が，退職日の翌日から６カ月以内に出産した時は，資格喪失後であっても出産一時金を受けることが可能です。出産育児一時金は被扶養者も対象となるため，退職後に家族の被扶養者になった場合には，資格喪失後の出産育児一時金か家族出産育児一時金のどちらかを選択することになりますので，重複して請求することはできません。いずれか一方を選択して請求することになります。退職後に国民健康保険に加入した場合も，同様となります。

Q3 出産予定日を過ぎたとき，男性の育児休業開始日は？

A 育児休業開始予定日より育児休業を取得できます。

子どもが出産予定日を過ぎて生まれない場合でも，男性は育児休業開始予定日から育児休業を取得することができます。

! ONE POINT　双子以上の出産育児一時金はいくら？

出産育児一時金は子ども１人につき42万円です。

産科医療補償制度に加入している医療機関の場合，双子なら84万円，３つ子なら126万円となります。また，勤め先の健康保険や自治体によっては「付加給付」といって42万円にいくらかプラスされることもあります。

! ONE POINT　帝王切開など高額な保険診療が必要な場合は？

限度額適用認定証を申請します。提示しないと，窓口負担が高額になることもありまので，退院時までに申請し，医療機関に提示してください。

育児
給付金

3 出生時育児休業給付金・育児休業給付金（雇用保険）

満１歳未満の子を養育するための休業をした被保険者に一定の給付金を支給することによって，育児休業を取得しやすくすると共に，その後の円滑な職場復帰を援助・促進し，職業生活の継続を支援する制度です。休業後は職場に復帰する意思があることが前提で，退職が決まっている人は受給できません。

2022年10月改正

出生時育児休業給付金	育児休業給付金
養育する子について、子の出生の日から起算して8週間を経過する日の翌日までの期間内に4週間以内で取得可能です。男性または養子の場合は女性の一般被保険者が支給対象です。 ※配偶者が専業主婦（夫）でも支給されます	1歳（一定の場合は1歳2カ月。さらに一定の場合は1歳６カ月（最長2歳））に満たない子を養育するために育児休業を取得する一般被保険者が支給対象です。

Step1 支給対象者であるか確認

次の（1）～（3）の要件を満たしているかどうか。
（1）育児休業開始日前２年間に，賃金支払基礎日数が11日以上ある月が通算12カ月以上ある人
（2）育児休業開始日から起算して１カ月ごとの期間（支給単位期間）に就業している日が10日以下であること（10日を超える場合には就業時間が80時間以下かつ休業日が１日以上）

はい → Step2
いいえ → 支給の対象となりません

Step2 賃金支給の有無

（3）育児休業開始日から起算して１カ月ごと（支給単位期間）の賃金が，休業開始時の賃金日額×支給日数の80%未満である

はい → Step3
いいえ → 支給の対象となりません

Step3 初回の手続き

- ☑ 雇用保険被保険者休業開始時賃金月額証明書
- ☑ 育児休業給付受給資格確認票・出生時育児休業給付金支給申請書
- ☑ 育児休業給付受給資格確認票・（初回）育児休業給付金支給申請書

Step3 ２回目以降の手続き

- ☑ 育児休業給付金支給申請書
原則2カ月ごとに2カ月分まとめて申請

支給の対象となりません

出生時育児休業
申請期限
出生の日（出生予定日前に子が出生した場合は当該出産予定日）から起算して２カ月を経過する日の属する月の末日まで。

育児休業
初回の申請期限
最初の支給単位期間の初日から起算して４カ月を経過する日の属する日の末日まで。

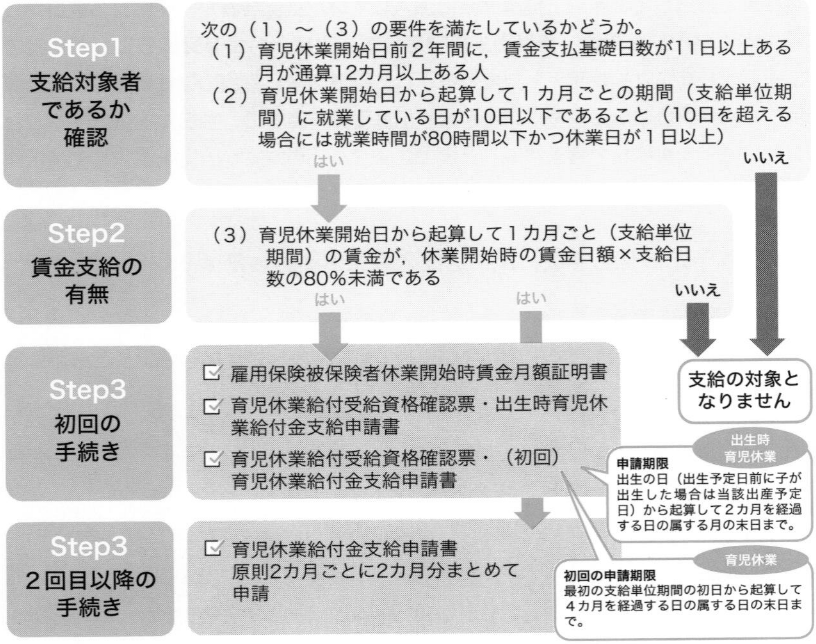

▶ 受給資格

① **1歳未満の子を養育するために,「育児休業」を取得した被保険者であること。**

(イ) ここでいう「育児休業」とは，職場復帰を前提に取得するものをいい，休業取得時に退職が確定（予定）している休業は支給の対象となりません。

(ロ) 育児休業対象者は男女を問いません。

(ハ) 育児をする子は実子・養子を問いません。

(ニ) 期間雇用者も支給対象となります。

※ 職場復帰後，同一の子について再度育児休業を取得した場合は，原則として，育児休業給付の支給対象となりません。

② **育児休業を開始した日の前2年間に，賃金支払基礎日数が11日以上ある完全月（※）が12カ月以上**（原則，育児休業を開始した日の前2年間に，賃金支払基礎日数が11日以上必要。12カ月ない場合は，完全月で賃金の支払の基礎となった時間数が80時間以上の月を1カ月として取扱うこととする）あること。

※ 過去に基本手当の受給資格や高年齢受給資格の決定を受けたことのある人については，基本手当の受給資格決定や高年齢受給資格決定を受けた後のものに限ります。

期間雇用者（期間を定めて雇用される者）は，上記①および②に加え，休業開始時において，次の（イ）（ロ）のいずれにも該当しなければなりません。

(イ) 同一事業主のもとで1年以上雇用が継続していること。

(ロ) 同一事業主のもとで子が1歳6カ月までの間（保育所における保育の実施が行われない等の理由により，子が1歳6カ月後の期間について育児休業を取得する場合は，1歳6カ月後の休業開始時において2歳までの間）に，その労働契約（労働契約が更新される場合にあっては，更新後のもの）が満了することが明らかでないこと。

この受給資格の確認を受けた被保険者であって，育児休業中に支払われた賃金の額が，休業開始時の賃金月額に比べて，80%未満である等，支給要件を満たした場合に，育児休業給付金を受けることができます。

▶ 支給対象となる期間

育児休業を取得した日から起算して1カ月ごとに区切った期間を支給単位期間といい，**子が満1歳（最大2歳）となる日**（誕生日の前日をもって満1歳に達したものと取り扱います）の前日までの期間。つまり，**誕生日の前々日までの期間。**

▶ 受給要件

① 支給単位期間の初日から末日まで継続して被保険者資格を有していること。

② 支給単位期間に，就業していると認められる日数が10日以下であること。

※支給単位期間について，10日を超える場合にあっては，就業していると認められる時間が80時間以下であること（育児休業終了等により，1カ月に満たない支給単位期間については，就業していると認められる日数が10日以下であるとともに，育児休業による全日休業日が1日以上あれば，当該要件を満たします。また，この全日休業日には，日曜日・祝祭日のような事業所の所定労働日以外の日を含みます）。

③ 支給単位期間に支給された賃金額が，休業開始時の賃金月額の80%未満であること。

▶ 支給額

原則として，休業開始時賃金日額の67%（50%）で，一支給単位期間は30日として算定します。

※育児休業の開始から180日までは67%，181日目からは50%となります。

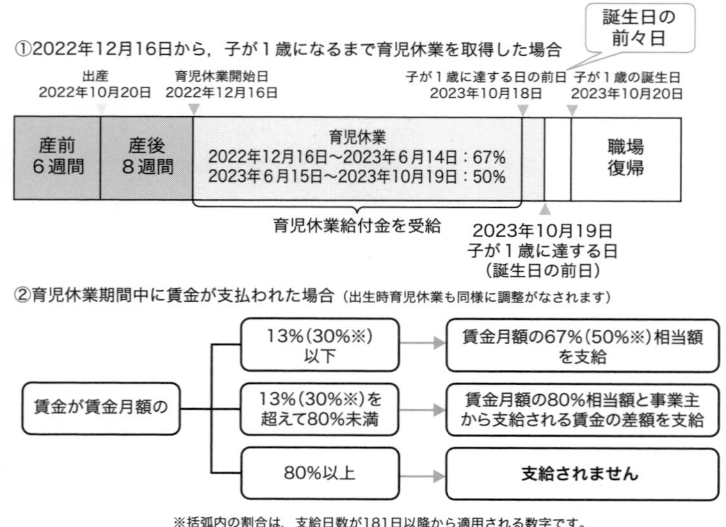

③支給限度額について
1支給対象期間あたり305,319円（67%の場合）
1支給対象期間あたり227,850円（50%の場合）
（2022年8月1日現在）

▶ 支給対象期間の延長

子が１歳に達した日において，保育所の空きがないなどの一定の場合は，１歳６カ月（最長２歳）に達する日の前日までの期間について支給対象となります。**延長の手続きには，入所保留通知書等の特別な事情を証明する添付書類が必要になります。**なお，居住地の市区町村によって，入所申込みの締切日が異なりますので，早めに確認することをお勧めします。

＜延長申請は，以下①または②の申請時に，必要な確認書類を持参します＞

① 延長する期間の直前の支給対象期間の支給申請時

② １歳または１歳６カ月到達日を含む延長後の申請対象期間の申請時

＜延長対象とならない事例＞

1．市区町村に問い合わせをしたところ，途中入所は難しい状況または定員超過のため，次回の入所は困難であると説明を受け，入所申込みを行った場合。

2．無認可保育施設（認証保育所等）への入所申込みの場合（児童福祉法39条に規定する保育所への申込みに限る）。

3．入所希望日が，１歳の誕生日の翌日以降となっている場合。

※市区町村により，毎月１日の入所希望でなければ入所申込みの受付ができないところがあります。例えば，10月20日誕生日の場合，10月１日に入所可能な入所希望でなければ，給付金の延長とならないので，注意が必要です。

▶ パパママ育休プラス

両親が共に育児休業を取得する場合，原則，子が１歳までの休業可能期間が，子が１歳２カ月に達するまで（２カ月分はパパ（ママ）のプラス分）に延長されます。

給付金を受給するには，以下の①～③のすべてに該当する必要があります。

① 育児休業開始日が，当該子が１歳に達する日の翌日以前である場合。

② 育児休業開始日が，当該子にかかる配偶者（事実婚姻関係と同様の事情にある当該者を含む）が取得している育児休業期間の初日以後であること。

③ 配偶者が当該子の１歳に達する日以前に育児休業を取得していること。

ONE POINT 支給単位期間に支給された賃金額

支給単位期間中に支給された賃金とは，「その期間に支払日のあるもの」をいいます。ただし，育児休業期間外を対象としているような賃金や対象期間が不明確な賃金は含めず，原則として育児休業期間中を対象としていることが明確な賃金の額のみとなります。

ONE POINT 休業開始時賃金日額

育児休業を開始する前６カ月間の賃金を180で割った金額。

▶ 休業期間中における就業

育児・介護休業法上の育児休業は，子の養育を行うために，休業期間中の労務提供義務を消滅させる制度であり，休業期間中に就労することは想定されていませんが，労使の話し合いにより，子の養育をする必要がない期間にかぎり，一時的・臨時的にその事業主の下で就労することはできます。

2022年10月施行

	出生時育児休業期間中	育児休業期間中
就業要件	**労使協定を締結している場合にかぎり**，労働者と事業主の合意した範囲内で，事前に調整したうえで休業中に就業することが可能です。 具体的な手続きの流れ ① 労働者が就業してもよい場合は，事業主にその条件を申出 ② 事業主は，労働者が申し出た条件の範囲内で候補日・時間を提示（候補日等がない（就業させることを希望しない）場合はその旨） ③ 労働者が同意 ④ 事業主が通知 なお，就業可能日等には上限があります。 ・休業期間中の所定労働日・所定労働時間の半分 ・休業開始，終了予定日を就業日とする場合は当該日の所定労働時間数未満	**労働者が自ら事業主の求めに応じ，合意することが必要です**（事業主の一方的な指示により就労させることはできません）。 留意点 ・事業主は，育児休業中に就労しなかったことを理由として，**不利益な取扱い（人事考課において不利益な評価をするなど）を行ってはなりません。** ・上司や同僚からのハラスメントが起きないように，雇用管理上必要な措置を講ずる必要があります。
給付要件	**出生時育児休業給付金の対象となるのは，出生時育児休業期間中の就業日数が一定の水準（※）以内である場合です。** <出生時育児休業給付金が受けられるパターン> （下表参照） **（※）出生時育児休業を28日間（最大取得日数）取得する場合は，10日（10日を超える場合は80時間）。これより短い場合は，それに比例した日数または時間数。**	就労が**月10日（10日を超える場合は80時間）以下であれば，育児休業給付金が支給されます。**一方で，恒常的かつ定期的に就労させる場合は，育児休業をしていることにはなりません。

<出生時育児休業給付金が受けられるパターン>

取得日数	上限日数	上限期間
28日 （最大日数）	10日	10日を超える場合は80時間
14日	5日	5日を超える場合は40時間

育児休業給付金　申請書（雇用保険）

1枚目

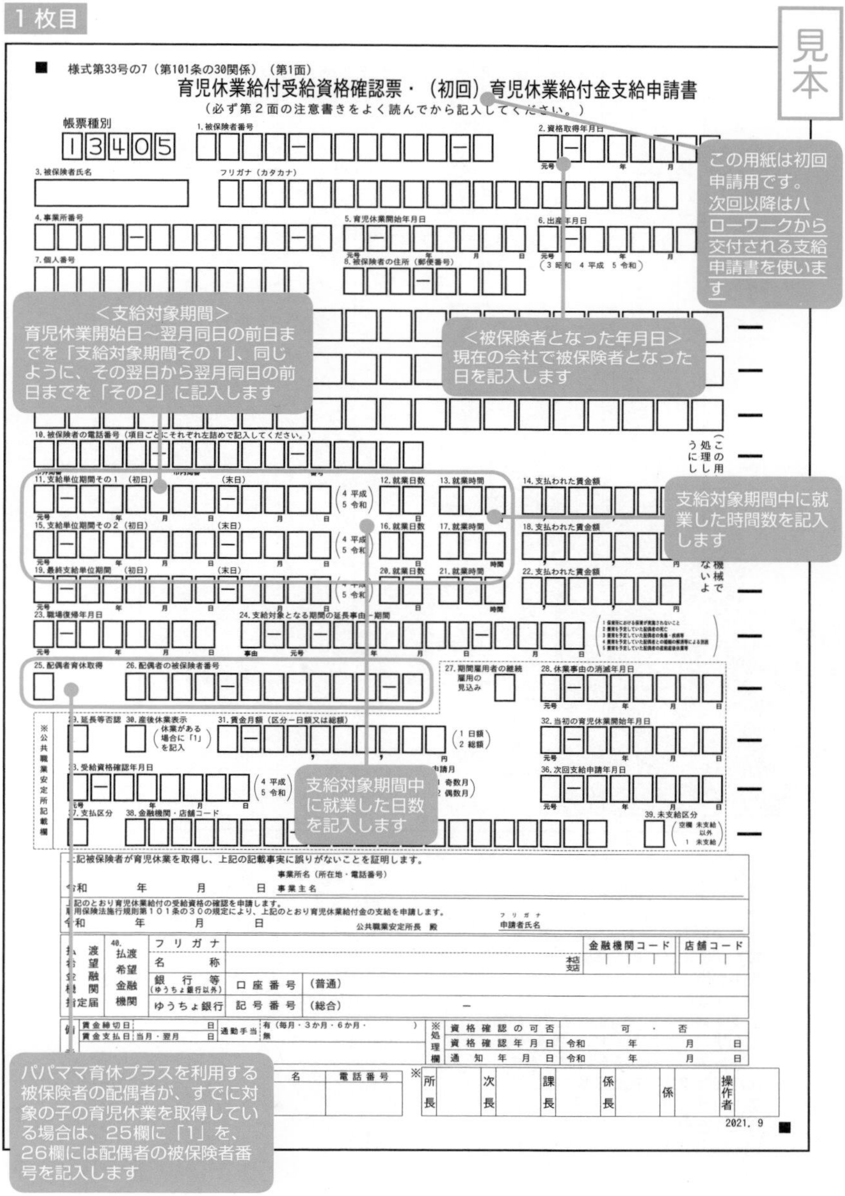

見本

■ 様式第33号の7（第101条の30関係）（第1面）

育児休業給付受給資格確認票・（初回）育児休業給付金支給申請書

（必ず第2面の注意書きをよく読んでから記入してください。）

帳票種別 13405
1.被保険者番号
2.資格取得年月日　元号　年　月　日
3.被保険者氏名　フリガナ（カタカナ）
4.事業所番号
5.育児休業開始年月日　元号　年　月　日
6.出産年月日　元号　年　月　日（3 昭和　4 平成　5 令和）
7.個人番号
8.被保険者の住所（郵便番号）
10.被保険者の電話番号（項目ごとにそれぞれ左詰めで記入してください。）
11.支給単位期間その1（初日）（末日）（4 平成　5 令和）　12.就業日数　13.就業時間　14.支払われた賃金額
15.支給単位期間その2（初日）（末日）（4 平成　5 令和）　16.就業日数　17.就業時間　18.支払われた賃金額
19.最終支給単位期間（初日）（末日）（4 平成　5 令和）　20.就業日数　21.就業時間　22.支払われた賃金額
23.職場復帰年月日
24.支給対象となる期間の延長事由－期間
25.配偶者育休取得　26.配偶者の被保険者番号
27.期間雇用者の継続雇用の見込み　28.休業事由の消滅年月日

※公共職業安定所記載欄
29.延長等否認　30.産後休業表示（休業がある場合に「1」を記入）　31.賃金月額（区分－日額又は総額）（1 日額　2 総額）
32.当初の育児休業開始年月日
33.受給資格確認年月日（4 平成　5 令和）　35.申請月（1 奇数月　2 偶数月）
36.次回支給申請年月日
37.支払区分　38.金融機関・店舗コード　39.未支給区分（空欄 未支給以外　1 未支給）

（この用紙は、このまま機械で処理しますので、汚さないようにしてください。）

上記被保険者が育児休業を取得し、上記の記載事実に誤りがないことを証明します。
令和　年　月　日　事業所名（所在地・電話番号）　事業主名

上記のとおり育児休業給付の受給資格の確認を申請します。
雇用保険法施行規則第101条の30の規定により、上記のとおり育児休業給付金の支給を申請します。
令和　年　月　日　公共職業安定所長 殿　申請者氏名

払渡希望金融機関指定届	40. 払渡希望金融機関	フリガナ		金融機関コード	店舗コード
		名称	本店 支店		
		銀行等（ゆうちょ銀行以外）	口座番号（普通）		
		ゆうちょ銀行	記号番号（総合）－		

備考	賃金締切日　日	通勤手当 有（毎月・3か月・6か月・）無	※処理欄	資格確認の可否	可・否
	賃金支払日 当月・翌月　日			資格確認年月日	令和　年　月　日
				通知年月日	令和　年　月　日

社会保険労務士記載欄　氏名　電話番号

※ 所長　次長　課長　係長　係　操作者

2021. 9

この用紙は初回申請用です。次回以降はハローワークから交付される支給申請書を使います
＜被保険者となった年月日＞
現在の会社で被保険者となった日を記入します
＜支給対象期間＞
育児休業開始日～翌月同日の前日までを「支給対象期間その1」、同じように、その翌日から翌月同日の前日までを「その2」に記入します
支給対象期間中に就業した時間数を記入します
支給対象期間中に就業した日数を記入します
パパママ育休プラスを利用する被保険者の配偶者が、すでに対象の子の育児休業を取得している場合は、25欄に「1」を、26欄には配偶者の被保険者番号を記入します

第3章　育児・介護休業にかかる給付金・社会保険等の手続き

休業開始時賃金月額証明書（雇用保険）

2枚目

見本

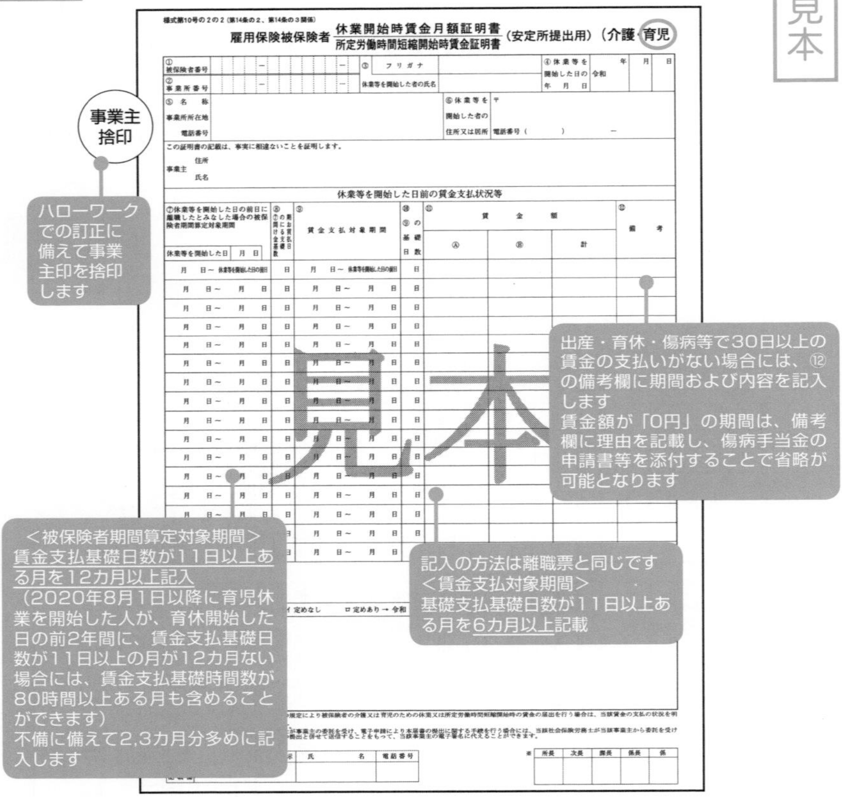

様式第10号の2の2（第14条の2、第14条の3関係）

雇用保険被保険者 休業開始時賃金月額証明書／所定労働時間短縮開始時賃金証明書（安定所提出用）（介護・育児）

①被保険者番号	－ －	③フリガナ		④休業等を開始した日の年月日	令和　年　月　日
②事業所番号	－ －	休業等を開始した者の氏名			
⑤名称 事業所所在地 電話番号		⑥休業等を開始した者の住所又は居所	〒 電話番号（　　）　－		

この証明書の記載は、事実に相違ないことを証明します。

事業主　住所　氏名

休業等を開始した日前の賃金支払状況等

⑦休業等を開始した日の前日に離職したとみなした場合の被保険者期間算定対象期間（休業等を開始した日　月　日）	⑧⑦の期間における賃金支払基礎日数	⑨賃金支払対象期間	⑩⑨の基礎日数	⑪賃金額 Ⓐ	Ⓑ	計	⑫備考
月　日～休業等を開始した日の前日	日	月　日～休業等を開始した日の前日	日				
月　日～　月　日	日	月　日～　月　日	日				
月　日～　月　日	日	月　日～　月　日	日				
月　日～　月　日	日	月　日～　月　日	日				
月　日～　月　日	日	月　日～　月　日	日				
月　日～　月　日	日	月　日～　月　日	日				
月　日～　月　日	日	月　日～　月　日	日				
月　日～　月　日	日	月　日～　月　日	日				
月　日～　月　日	日	月　日～　月　日	日				
月　日～　月　日	日	月　日～　月　日	日				
月　日～　月　日	日	月　日～　月　日	日				
月　日～　月　日	日	月　日～　月　日	日				
月　日～　月　日	日	月　日～　月　日	日				
月　日～　月　日	日	月　日～　月　日	日				
月　日～　月　日	日	月　日～　月　日	日				
月　日～　月　日	日	月　日～　月　日	日				

イ 定めなし　ロ 定めあり → 令和

氏　名　電話番号

※ 所長	次長	課長	係長	係

事業主捺印

ハローワークでの訂正に備えて事業主印を捺印します

出産・育休・傷病等で30日以上の賃金の支払いがない場合には、⑫の備考欄に期間および内容を記入します

賃金額が「0円」の期間は、備考欄に理由を記載し、傷病手当金の申請書等を添付することで省略が可能となります

<被保険者期間算定対象期間>

賃金支払基礎日数が11日以上ある月を12カ月以上記入

（2020年8月1日以降に育児休業を開始した人が、育休開始した日の前2年間に、賃金支払基礎日数が11日以上の月が12カ月ない場合には、賃金支払基礎時間数が80時間以上ある月も含めることができます）

不備に備えて2,3カ月分多めに記入します

記入の方法は離職票と同じです

<賃金支払対象期間>

基礎支払基礎日数が11日以上ある月を6カ月以上記載

必要書類

- 育児休業給付受給資格確認票・（初回）育児休業給付金支給申請書
- 雇用保険被保険者休業開始時賃金月額証明書
- 育児を確認できる書類
  母子健康手帳の出生届出済証明書等
- 出勤簿（タイムカード），賃金台帳
  届出書の記載内容を確認します。
- 雇用保険適用事業所台帳
- 個人番号（マイナンバー）
- 育児休業申出書（男性の場合）
- 振込先確認資料（通帳またはキャッシュカードの写し）
  ※ネット銀行の場合はログイン画面の写し

こんなときどうする?

▶育休中に就労した場合　▶受給中の退職・就職
▶育児休業給付が２歳まで延長されるのは
▶パパ・ママ育休プラスと育児休業　▶受給中の育児休業終了時の手続き

育児休業期間中に就労した場合の具体的な給付例を教えてください。

2022年10月施行

A　その就労が，臨時・一時的であって，就労後も育児休業をすることが明らかであれば，職場復帰とはせず，支給要件を満たせば支給対象となります。

就労した場合，一支給単位期間において，就労している日数が10日（10日を超える場合は，就労している時間が80時間）以下であることが必要です。この就労した日数・時間は，在職中の会社以外で就労した分も含まれます。また，2022年10月より，出生時育児休業中においては，労使協定の締結を前提とし一定の範囲で就労可能となります。

ケース１

賃金日額8,000円（月額24万円）の場合
※給付率67%（育休開始６カ月以内）
　とする
①賃金が支給されていない場合
支給額＝8,000円×30日×67%
　　　＝160,800円
②賃金６万円が支払われた場合
　（40時間分勤務）
支給額
＝（8,000円×30日×80%）－60,000円
＝192,000円－60,000円＝132,000円

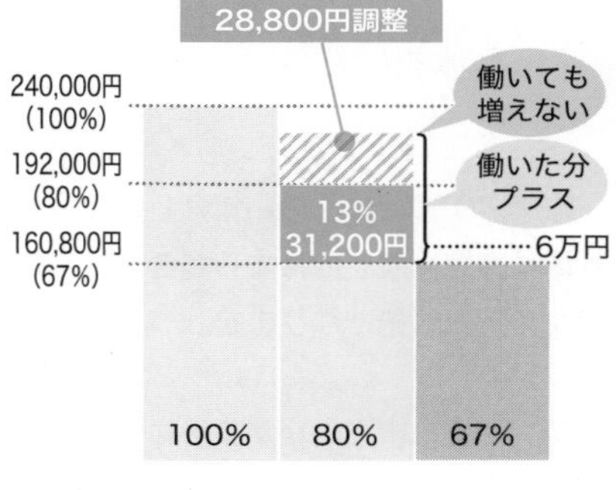

ケース２

賃金日額12,000円（月額36万円）の場合
※給付率67%（育休開始６カ月以内）
　とする
①賃金が支給されていない場合
支給額＝12,000円×30日×67%
　　　＝241,200円
②賃金９万円が支払われた場合
　（40時間分勤務）
支給額
＝（12,000円×30日×80%）－90,000円
＝288,000円－90,000円＝198,000円

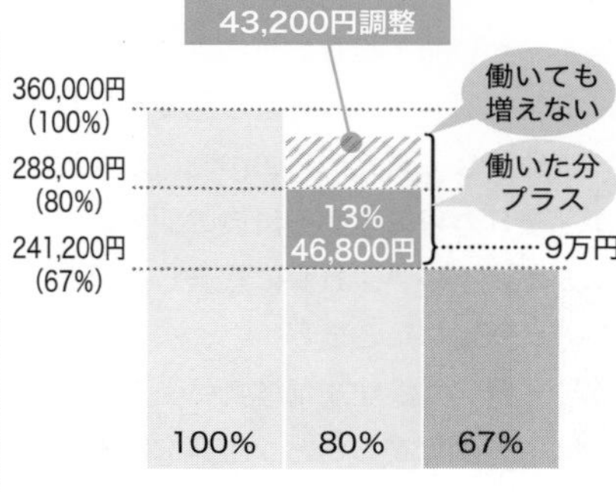

※いずれのケースも20時間程度の就労を見込んだ制度となっています。

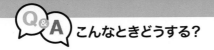

Q2 受給中に被保険者資格を喪失したときは？

A **支給単位期間の途中で離職等（被保険者資格を喪失）した場合**，その月は，支給対象となりません。

① 支給単位期間の末日で離職した場合

その支給単位期間まで支給対象となりますので，離職前の事業主または本人が支給申請をすることができます。

② 離職後１日の空白もなく再就職（被保険者資格を取得）した場合

受給資格は継続されますので，離職・再就職日の属する月も支給対象となります。

③ 離職後１日以上の空白があって被保険者資格を取得した場合

その支給単位期間は支給対象とならず，転職後の事業主を通じて再度受給資格の確認を行います。

Q3 具体的にどのような場合に育児休業給付が２歳まで延長されますか？

A 以下，①または②のいずれかに該当する理由により，子が１歳６カ月に達する日後の期間に育児休業を取得する場合は，その子が２歳に達する日前までの期間，育児休業給付金の支給対象となります。

① 育児休業の申出にかかる子について，保育所（無認可保育施設は除く）等における保育の実施を希望し，申込みを行っているが，その子が１歳６カ月に達する日（※）後期間について，当面その実施が行われない場合
※あらかじめ１歳６カ月に達する日の翌日について保育所等における保育が実施されるように，申込みを行う必要があります。

② 常態として育児休業の申出にかかる子の養育を行っている配偶者であって，その子が１歳６カ月に達する日後の期間について常態としてその子の養育を行う予定であった人が以下のいずれかに該当した場合
（1） 死亡したとき
（2） 負傷，疾病または身体上もしくは精神上の障害により育児休業の申出にかかる子を養育することが困難な状態になったとき
（3） 婚姻の解消その他の事情により配偶者が育児休業の申出にかかる子と同居しないこととなったとき

（4） ６週間（多胎妊娠の場合にあっては，14週間）以内に出産する予定であるかまたは産後８週間を経過しないとき（産前休業を請求できる期間または産前休業期間および産後休業期間）

Q4 「パパ・ママ育休プラス制度」を利用した後に，１歳６カ月までの育児休業は取得できますか？　給付金はどうなりますか？

A 支給対象期間の延長事由に該当した場合は，その子が１歳６カ月に達する日前までの期間が支給対象期間になります。

１歳に達する日（いわゆる「パパ・ママ育休プラス制度」により休業終了予定日が子の１歳に達する日後である場合は，当該休業終了予定日）まで育児休業をしている配偶者と交代することによっても，他の要件を満たせば，１歳６カ月に達する日前までの期間が支給対象期間となります。

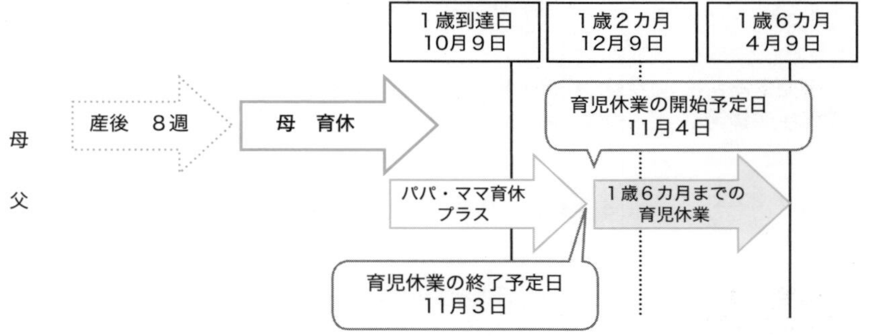

Q5 育児休業給付金を受給しています。職場復帰が決まり，育児休業が終了する場合の手続きを教えてください。

A 育児休業を終了すると共に，育児休業給付の受給資格は失われます。具体的には，復職日の前日まで育児休業給付金が支給されます。

原則として，子が１歳となった日の前日まで支給，１歳６カ月（最長２歳）まで延長している場合は，１歳６カ月（最長２歳）となった日の前日まで，支給されます。
会社はハローワークに復職したことを証明する書類を送付し，育児休業給付終了の手続きを行います。

保険料
免除

社会保険料の免除
（健康保険，厚生年金保険）

被保険者が産前産後休業・出生時育児休業（2022年10月施行）・育児休業等（育児休業または育児休業に準ずる休業）をしている間については，**事業主と被保険者負担分の保険料が，被保険者からの申出に基づき，事業主が年金事務所等に申出することにより免除されます。**

社会保険料の免除の手続内容

区分	手続きの内容
産前産後休業期間中	
健康保険 厚生年金保険	☑ 健康保険・厚生年金保険産前産後休業等取得者申出書 …休業開始後速やかに提出
出生時育児休業・育児休業期間中（2022年10月施行）	
健康保険 厚生年金保険	☑ 健康保険・厚生年金保険育児休業等取得者申出書 …休業開始後速やかに提出

ONE POINT 社会保険料免除について

以前は，育児休業期間中のみ免除対象となっていましたが，2014年４月30日以降に産前産後休業が終了となる人より，産前産後休業期間中（産前42日（多胎妊娠の場合は98日），産後56日のうち，妊娠または出産を理由として労務に従事しなかった期間）の保険料が免除対象となりました。

また，2022年10月１日以降，出生時育児休業の創設により，子の出生後８週間以内，４週間まで（暦日）の休業期間（育児休業とは別に２回まで取得可）においても，要件を満たす場合，保険料が免除となります。

このように，産前産後休業期間，出生時育児休業期間（要件を満たす場合）および育児休業期間は，社会保険料が免除となりますが，免除されていた期間も，休業前の標準報酬月額に対する社会保険料を払ったとみなされ，将来の年金額に反映されます。

あらかじめ妊娠・出産の申出をした従業員に，それらを説明することで，将来の年金額への不安が解消されるでしょう。

▶ 育児休業等期間中の保険料制度の取扱い（2022年10月施行）

育児・介護休業法による満３歳未満の子を養育するための育児休業等（育児休業または育児休業に準ずる休業）期間について，被保険者から申出があった場合に事業主が「育児休業等取得者申出書」を提出することにより，被保険者負担分・事業主負担分共に保険料が免除される制度です。なお，保険料を徴収しない期間は，**育児休業等開始日の属する月から，終了日の翌日が属する月の前月まで**とされています。施行日をまたぐ育児休業も想定されますが，施行日（2022年10月１日）以後に開始した育児休業等について適用となります。

施行日をまたぐ育児休業も想定されますが，施行日（2022年10月１日）以後に開始した育児休業等について適用となります。

	改正前	改正後 （2022年10月以降）
短期間の育児休業等を取得した場合の取扱い	月末時点で育児休業等を取得している場合は短期間であっても免除される一方，月途中で取得して月末の前日に終了した場合は免除されない。	従来の要件に加え，**同月内に14日以上**の育児休業等を取得した場合にも保険料が免除される。
賞与月に育児休業等を取得している場合の取扱い	月末時点で育児休業等を取得している場合は短期間であっても当月の賞与にかかる保険料が免除される。	育児休業等の期間が**１カ月**超の場合にかぎり，賞与にかかる保険料が免除される。

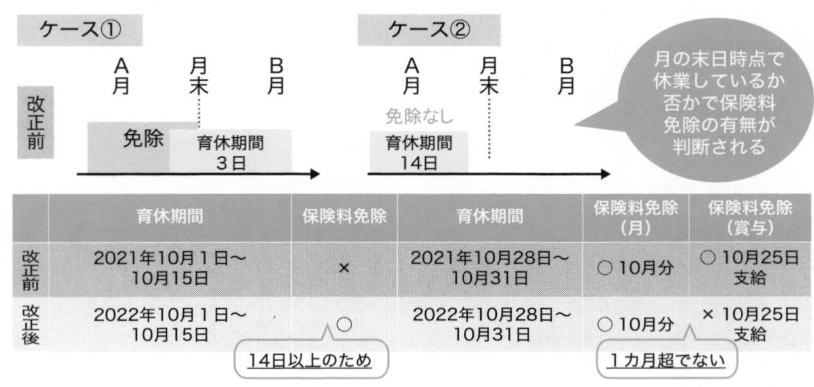

	育休期間	保険料免除	育休期間	保険料免除（月）	保険料免除（賞与）
改正前	2021年10月１日～10月15日	×	2021年10月28日～10月31日	○ 10月分	○ 10月25日支給
改正後	2022年10月１日～10月15日	○	2022年10月28日～10月31日	○ 10月分	× 10月25日支給

産前産後休業期間中

産前産後休業期間（産前６週間（多胎妊娠の場合14週間）から産後８週間）のうち，妊娠または出産を理由として被保険者が労務に従事しなかった期間が免除されます。

申出書は，出産前に提出した場合，出産予定日がずれると変更届が必要となります。併せて，社会保険料の控除修正が必要になるケースも考えられます。よって，出産後の届出であれば，１回の提出で済むためお勧めしています。

出生時育児休業期間中（2022年10月施行）

特に配偶者である男性を念頭に置いた出生時育児休業取得期間は，育児休業と同様に，免除されます。

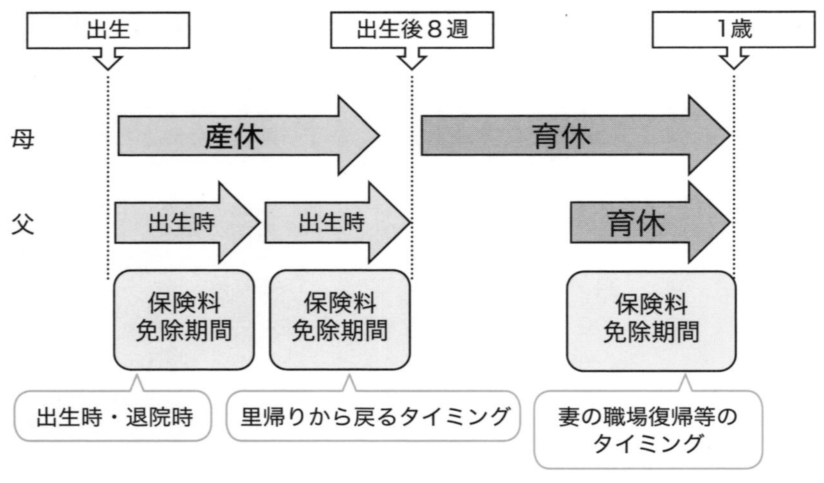

ONE POINT 申出書の提出にあたり，産前産後休業期間中における給与が，有給・無給であるかは問いません。

ONE POINT 出生時育児休業中に就業する場合について

「同月内に通算14日以上の休業があれば月末に休業していなくても，保険料免除の対象とする」という基準に照らすと，休業中の就業日を除いて14日以上の休業が必要とされます。労使協定を締結のうえ，出生時育児休業中の就業の内容を労使で個別合意する際には，就業日数について留意が必要です。

▶ 育児休業期間中

育児休業を開始した日の属する月から終了する日の翌日が属する月の前月までの期間（ただし，子が３歳に達するまで）が免除されます。

【保育所の待機等の特別な事情により，１歳を超えて取得する場合】

産前 ６週間	産後 ８週間	育児 休業	育児休業 延長	育児休業 再延長	育児休業に 準ずる措置
産前産後休業の保険料免除期間		育児休業中の保険料免除期間			
申請		第１回申請	第２回申請	第３回申請	第４回申請
		育児休業の社会保険料免除の申出は，それぞれの育児休業期間中に行う必要があります。			

【特別な事情がなく１歳を超えて取得する場合】

産前 ６週間	産後 ８週間	育児休業（1歳に達するまでの育児休業）	養育する子が１歳（１歳６カ月または２歳）から３歳に達するまでの育児休業に準ずる措置による休業
産前産後休業の保険料免除期間		育児休業中の保険料免除期間	
申請		第１回申請	第２回申請
		育児休業の社会保険料免除の申出は，それぞれの育児休業期間中に行う必要があります。	

ONE POINT

住民税における免除の制度はありません。そのため，本人から保険料の振込みをしてもらう（現金徴収），もしくは普通徴収（個人納付）への切替えを検討してもらう必要があります。

ONE POINT

休業期間中に，賞与の支払いがあった際も，同様の期間（産前産後休業・出生時育児休業・育児休業）中は，社会保険料免除の対象となります。ただし，賞与の支払届は必要になります。

こんなときどうする？

- 育児休業最終月の保険料
- 14日要件
- 時間単位の就業時間の計算
- 育休中の一時的・臨時的な就労
- 賞与保険料の免除基準

Q1 前月以前から取得している育児休業等の場合は？

A　前月以前から取得している育児休業等の最終月の保険料は，その月の末日が育児休業等期間中であるか，その月の月中に当該育児休業等とは連続しない別途の育児休業等（14日以上）を取得している場合にのみ免除となります。

14日の要件による免除の仕組みは，開始日と終了予定日の翌日が同一月に属する育児休業等についてのみ適用し，月末を含む育児休業等（開始日と終了予定日の翌日が異なる月に属する育児休業等）の日数は，14日の要件の適用において考慮されません。

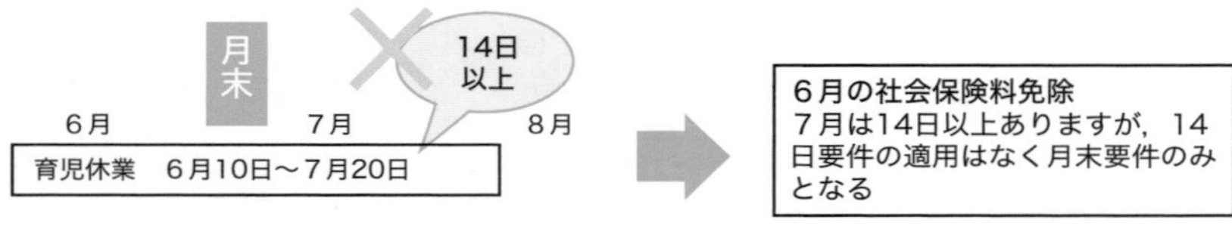

Q2 「育児休業等取得日数」に基づく14日要件の判定とは？

A　①　育児休業等について，その開始日から終了予定日までの日数。ただし，出生時育児休業の労使間で合意したうえで就業した日数を除いた日数とします。

②　同一月内に育児休業等が複数ある場合，合算して算定します。

③　土日等の休日，有給休暇など労務に服さない日が含まれていても，育児休業等取得日数の算定にあたり差し引くことはしません（育児休業等日数に含まれる）。

ONE POINT

◆ 育児休業の申出は，申出にかかる休業（育児休業）をしている間に行わなければなりません。
◆ 男性の場合も同様ですが，男性は，育児休業の取得期間が短いケースが多いため，早めに提出するなど注意が必要です。

Q3 出生時育児休業を日単位ではなく，時間単位で就業した場合の計算は？

A 時間単位の場合にはその時間数を１日の所定労働時間で除した数（１未満の数は切捨て）を「就業日数」として，それぞれ控除するものとします。

育児休業等取得日数の算定にあたって，就業日数が，

・日単位の場合にはその日数を「就業日数」として，

・時間単位の場合にはその時間数を１日の所定労働時間で除した数（１未満の数は切捨て）

を「就業日数」として，それぞれ控除します。

【例：就業日数が時間単位の場合】

同月内14日以上

出産日：2022年10月1日

休業申請期間：2022年10月1日～2022年10月28日　４週間（28日）

就業日数：40時間（40÷７＝5.7814…であることから，５日）

所定労働時間：７時間

育児休業等取得日数：28日－５日＝23日

23日≧14日であるため，10月分の保険料は免除となります。

Q4 育児休業等取得日数の算定にあたり，一時的・臨時的な就労を行った場合は？

A 労使の話し合いにより，子の養育をする必要がない期間に，一時的・臨時的（災害や突発的な事態への対応等をあらかじめ予定していない場合）に，その事業主の下で就労可能とされているとき，こうした一時的・臨時的な就労については，限定的な状況であることから，事後的に育児休業等取得日数の算定から除く必要はありません。

ただし，育児休業等開始当初よりあらかじめ決められた日に勤務するような場合は，一時的・臨時的な就労には該当せず，育児休業等をしていることにはならないことに留意する必要があります。

Q5 賞与保険料の免除対象としている１月は何日を指しますか？

A 賞与保険料の免除対象外とする１月以下の育児休業等期間の算定については，暦によって計算します（例えば，６月16日から７月15日まで育児休業等の場合，育児休業等期間はちょうど１月であるため，賞与保険料の免除の対象外となる）。つまり，暦月１カ月＋１日の休業取得が必要となります。

また，賞与保険料の免除の基準となる「１月超」については，暦日で判定することとされており，土日等の休日であっても育児休業等期間の算定に含まれます。

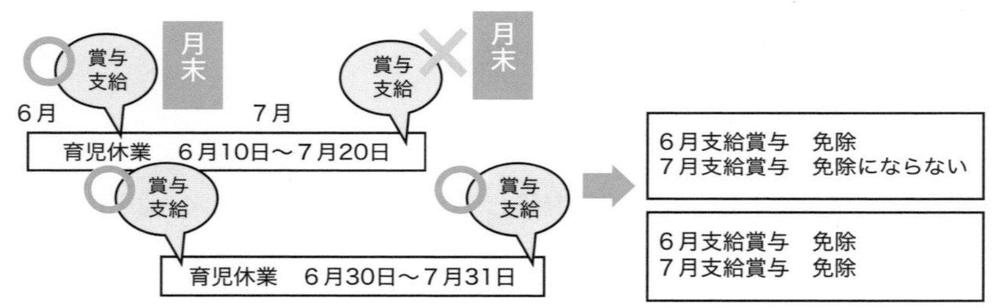

Q6 12月31日からの育児休業はあり得ますか？

A 育児休業開始予定日から終了予定日までの全日が公休日であった場合は，育児休業を取得する余地はない（改正令2.2.10雇均発0210第３号）とされています。

Q7 育児休業を延長する場合の手続きは？

A 延長後の休業期間を記入して，事務センター（事業所の所在地を管轄する年金事務所）へ提出します。社会保険の免除の延長は，雇用保険の育児休業と異なり，延長理由を問わず，子が３歳に達するまでは保険料免除を受けることが可能です。

Q8 育児休業を終了する場合の手続きは？

A 当初の予定より早く育児休業を終了する場合は，「健康保険・厚生年金保険　育児休業等取得者終了届」に，終了日を記入して，事務センター（事業所の所在地を管轄する年金事務所）へ提出します。終了予定年月日どおり育児休業等を終了した場合は，提出する必要はありません。

産前産後休業取得者申出書（健康保険，厚生年金保険）

出産後の産前産後休業期間中の保険料免除を申出します。**出産後の届出であれば，１回の提出で済みます。**

この申出書は，産前42日（多胎妊娠の場合は98日）～産後56日の間に，妊娠または出産（妊娠85日以降の早産・死産・流産・人工妊娠中絶含む）を理由とした産前産後休業を取得した場合に提出するものです。

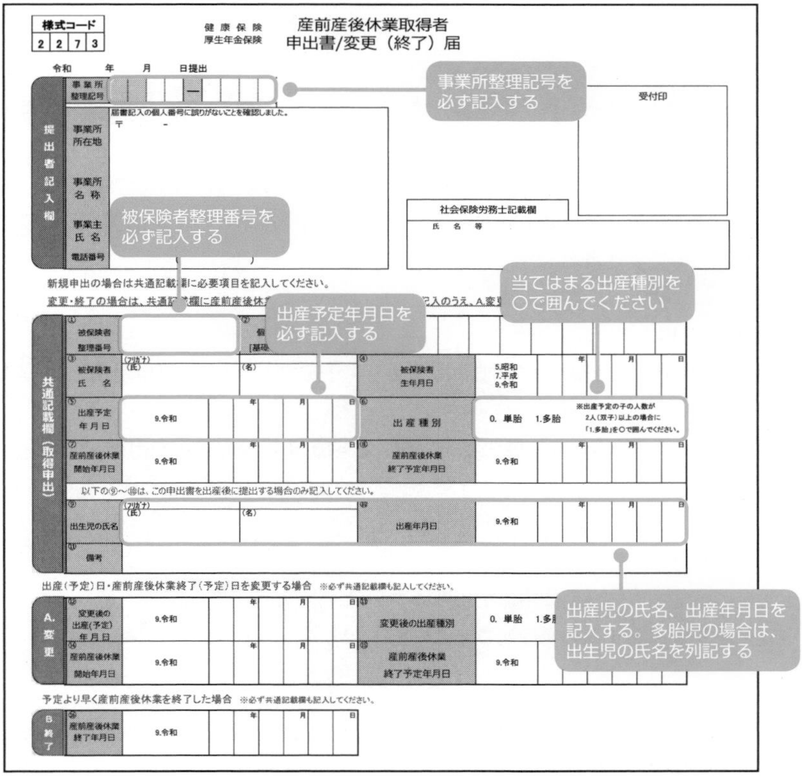

様式コード 2273

健康保険 厚生年金保険 産前産後休業取得者申出書/変更（終了）届

令和　年　月　日提出

提出者記入欄

事業所整理記号

届書記入の個人番号に誤りがないことを確認しました。

事業所所在地 〒

事業所名称

事業主氏名

電話番号

受付印

社会保険労務士記載欄

氏名等

新規申出の場合は共通記載欄に必要項目を記入してください。

共通記載欄（取得申出）

① 被保険者整理番号		②	
③ 被保険者氏名	(ﾌﾘｶﾞﾅ) (氏) (名)	④ 被保険者生年月日	5.昭和 7.平成 9.令和　年　月　日
⑤ 出産予定年月日	9.令和　年　月　日	⑥ 出産種別	0. 単胎 1.多胎 ※出産予定の子の人数が2人（双子）以上の場合に「1.多胎」を○で囲んでください。
⑦ 産前産後休業開始年月日	9.令和　年　月　日	⑧ 産前産後休業終了予定年月日	9.令和　年　月　日

以下の⑨～⑩は、この申出書を出産後に提出する場合のみ記入してください。

⑨ 出生児の氏名	(ﾌﾘｶﾞﾅ) (氏) (名)	⑩ 出産年月日	9.令和　年　月　日
⑪ 備考			

出産（予定）日・産前産後休業終了（予定）日を変更する場合 ※必ず共通記載欄も記入してください。

A. 変更

⑫ 変更後の出産（予定）年月日	9.令和　年　月　日	⑬ 変更後の出産種別	0. 単胎 1.多胎
⑭ 産前産後休業開始年月日	9.令和　年　月　日	⑮ 産前産後休業終了予定年月日	9.令和

予定より早く産前産後休業を終了した場合 ※必ず共通記載欄も記入してください。

B. 終了

⑯ 産前産後休業終了年月日	9.令和　年　月　日

事業所整理記号を必ず記入する

被保険者整理番号を必ず記入する

出産予定年月日を必ず記入する

当てはまる出産種別を○で囲んでください

出産児の氏名、出産年月日を記入する。多胎児の場合は、出生児の氏名を列記する

必要事項および添付書類

添付書類および被保険者の押印は不要です。

こんなときどうする？

▶産前産後休業取得者申出書の提出タイミング

Q1 産前産後休業取得者申出書を提出するタイミングは？

A 産前産後期間中であれば，産前休業期間中（出産前）に提出することも，出産後に提出することもできます。

ただし，産前休業期間中（出産前）に提出した場合で，実際の出産日が出産予定日よりも，早くなったり遅くなったりした場合は，変更届や終了届を提出する必要があります。

【パターン１】

産前休業期間中（出産前）に提出した場合で，予定日よりも，実際の出産日が早まったケース

→状況により，「健康保険・厚生年金保険　産前産後休業取得者申出書変更届」を提出します。このケースは，産前休業が出産予定年月日を基準とした開始年月日より早まる場合があるので要注意。

【パターン２】

産前休業期間中（出産前）に提出した場合で，予定日よりも，実際の出産日が遅くなったケース

→状況により，「健康保険・厚生年金保険　産前産後休業取得者申出書変更届」を提出します。

【パターン３】

出産後の産前産後休業期間中に提出するケース

→変更届等を提出する必要はありません。

ONE POINT 取締役の産前産後休業と育児休業の社会保険料の免除はできるか？

１．産前産後休業は，労基法の規定によらず健康保険・厚生年金保険制度で定める休業となり，労基法の対象とならない取締役も対象となります。

２．育児休業は，育児・介護休業法に基づく休業が対象となるため，育児休業の対象とならない取締役は社会保険料は免除されません。

ONE POINT

第１子育児休業期間と，第２子産前産後休業期間が重複する場合は，産前産後休業が優先されるため，第１子の育児休業期間が終了し，第２子の産前産後休業期間の社会保険料免除が適用されます。

育児休業等取得者申出書（健康保険，厚生年金保険）

この申出書は，「１歳未満の子を養育するための育児休業」「保育所待機等の特別な事情がある場合の１歳から１歳６カ月に達するまでの育児休業」「保育所待機等の特別な事情がある場合の１歳６カ月から２歳に達するまでの育児休業」「１歳から３歳に達するまでの子を養育するための育児休業に準ずる休業」を取得した場合に提出するものです。

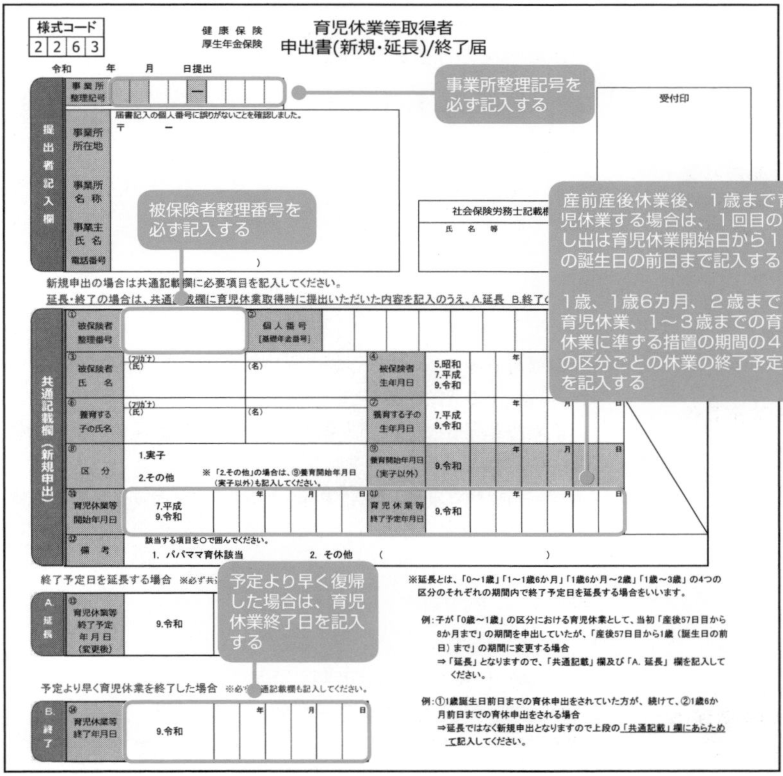

様式コード
2263

健康保険
厚生年金保険
育児休業等取得者
申出書(新規・延長)/終了届

令和　　年　　月　　日提出

提出者記入欄

事業所整理記号	－
事業所所在地	届書記入の個人番号に誤りがないことを確認しました。 〒　　－
事業所名称	
事業主氏名	
電話番号	)

受付印

社会保険労務士記載欄
氏　名　等

事業所整理記号を必ず記入する

新規申出の場合は共通記載欄に必要項目を記入してください。
延長・終了の場合は、共通記載欄に育児休業取得時に提出いただいた内容を記入のうえ、A.延長　B.終了の

被保険者整理番号を必ず記入する

共通記載欄（新規申出）

① 被保険者整理番号		② 個人番号［基礎年金番号］	
③ 被保険者氏名	(ﾌﾘｶﾞﾅ) (氏)　(名)	④ 被保険者生年月日	5.昭和 7.平成 9.令和　年　月　日
⑥ 養育する子の氏名	(ﾌﾘｶﾞﾅ) (氏)　(名)	⑦ 養育する子の生年月日	7.平成 9.令和　年　月　日
⑧ 区分	1.実子 2.その他　※「2.その他」の場合は、⑨養育開始年月日（実子以外）も記入してください。	⑨ 養育開始年月日（実子以外）	9.令和　年　月　日
⑩ 育児休業等開始年月日	7.平成 9.令和　年　月　日	⑪ 育児休業等終了予定年月日	9.令和　年　月　日
⑫ 備考	該当する項目を○で囲んでください。 1. パパママ育休該当　　2. その他　(　　　)		

産前産後休業後、１歳まで育児休業する場合は、１回目の申し出は育児休業開始日から１歳の誕生日の前日まで記入する

1歳、1歳6カ月、２歳までの育児休業、1～3歳までの育児休業に準ずる措置の期間の４つの区分ごとの休業の終了予定日を記入する

終了予定日を延長する場合　※必ず共

A. 延長	
⑬ 育児休業等終了予定年月日（変更後）	9.令和

予定より早く復帰した場合は、育児休業終了日を記入する

予定より早く育児休業を終了した場合　※必ず共通記載欄も記入してください。

B. 終了	
⑭ 育児休業等終了年月日	9.令和　年　月　日

※延長とは、「0～1歳」「1～1歳6か月」「1歳6か月～2歳」「1歳～3歳」の4つの区分のそれぞれの期間内で終了予定日を延長する場合をいいます。

例：子が「0歳～1歳」の区分における育児休業として、当初「産後57日目から8か月まで」の期間を申出していたが、「産後57日目から1歳（誕生日の前日）まで」の期間に変更する場合
⇒「延長」となりますので、「共通記載」欄及び「A. 延長」欄を記入してください。

例：①1歳誕生日前日までの育休申出をされていた方が、続けて、②1歳6か月前日までの育休申出をされる場合
⇒延長ではなく新規申出となりますので上段の「共通記載」欄にあらためて記入してください。

必要事項および添付書類

添付書類および被保険者の押印は不要です。

保険料
改定

産前産後休業・育児休業等終了時報酬月額変更（健康保険，厚生年金保険）

復職後に短時間勤務や残業の削減等により，休業開始前よりも賃金が低下する場合があります。そのような場合には，通常の随時改定に該当しなくても，被保険者からの申出に基づき，事業主が届け出ることにより，標準報酬月額の改定を行うことができます。

☑ 産前産後休業・育児休業等後の社会保険料改定手続きのステップ

Step1
産前産後育児休業終了日

【産前産後休業終了時】産前産後休業にかかる子

【育児休業終了時】３歳未満の子

上記を養育している被保険者が，休業終了後に受け取る報酬に変動があった。

はい

Step2
改定要件

★復帰月以後３カ月分の報酬の平均額と従前の報酬を比べて，１等級以上の変動があるとき。
※支払基礎日数が17日未満の月を除く（固定的賃金の変動がなくてもよい）

★復帰月以後３カ月のうち，少なくとも１カ月における支払基礎日数が17日以上であること。

はい

Step3
提出書類の作成

☑ 産前産後休業終了時報酬月額変更届
☑ 育児休業等終了時報酬月額変更届
※添付書類は不要です。

Step4
提出先

事務センター（事業所の所在地を管轄する年金事務所）および健康保険組合に速やかに提出します。

産前産後休業・育児休業等終了時　報酬月額変更届（健康保険，厚生年金保険）

産前産後休業・育児休業等終了月（ただし，終了した日が月末である場合は，その翌月）以後３カ月間に受けた報酬の平均月額を標準報酬月額等級区分にあてはめ，現在の標準報酬月額と１等級でも差が生じた場合に改定します。

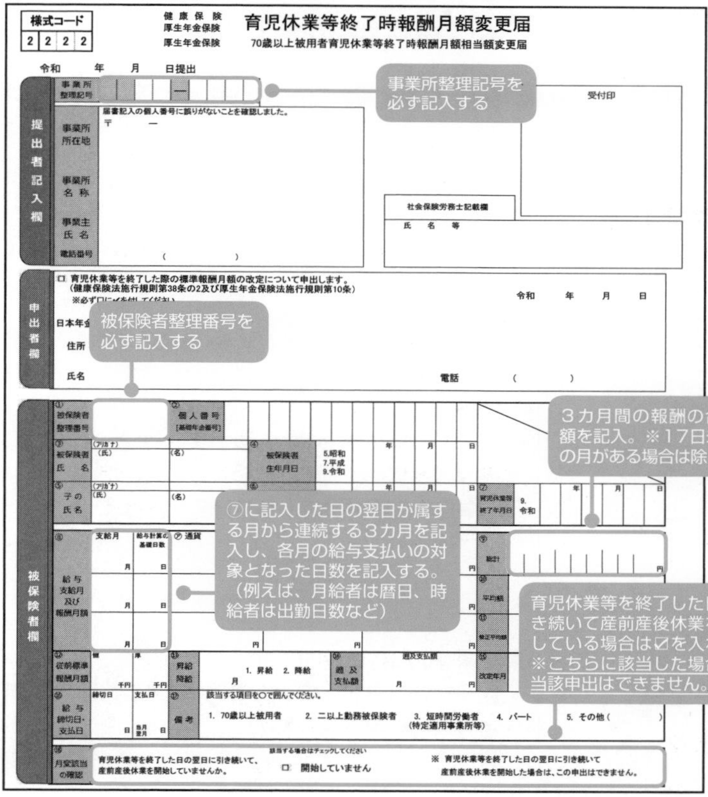

様式コード
2222

健康保険
厚生年金保険　育児休業等終了時報酬月額変更届
厚生年金保険　70歳以上被用者育児休業等終了時報酬月額相当額変更届

令和　年　月　日提出

提出者記入欄
事業所整理記号　—
届書記入の個人番号に誤りがないことを確認しました。
事業所所在地　〒　—
事業所名称
事業主氏名
電話番号　（　　）

受付印

社会保険労務士記載欄
氏名等

申出者欄
□ 育児休業等を終了した際の標準報酬月額の改定について申出します。
（健康保険法施行規則第38条の2及び厚生年金保険法施行規則第10条）
※必ず□に✓を付してください
令和　年　月　日
日本年金
住所
氏名　電話　（　　）

被保険者欄
① 被保険者整理番号　② 個人番号［基礎年金番号］
③ 被保険者氏名（フリガナ）（氏）（名）　④ 被保険者生年月日　5.昭和 7.平成 9.令和　年　月　日
⑤ 子の氏名（フリガナ）（氏）（名）　⑥　年　月　日　⑦ 育児休業等終了年月日　9.令和　年　月　日
⑧ 給与支給月及び報酬月額　支給月　月／給与計算の基礎日数　日／㋐ 通貨　円　⑨ 総計　円　⑩ 平均額　⑪ 修正平均額
⑫ 従前標準報酬月額　健　千円　厚　千円　⑬ 昇給降給　1. 昇給　2. 降給　月　⑭ 遡及支払額　遡及支払額　月　円　⑮ 改定年月
⑯ 給与締切日・支払日　締切日　日　支払日　当月 翌月　日　⑰ 備考　該当する項目を○で囲んでください。
1. 70歳以上被用者　2. 二以上勤務被保険者　3. 短時間労働者（特定適用事業所等）　4. パート　5. その他（　　）
⑱ 月変該当の確認　育児休業等を終了した日の翌日に引き続いて、産前産後休業を開始していませんか。　該当する場合はチェックしてください　□ 開始していません
※ 育児休業等を終了した日の翌日に引き続いて産前産後休業を開始した場合は、この申出はできません。

事業所整理記号を必ず記入する

被保険者整理番号を必ず記入する

３カ月間の報酬の合計額を記入。※17日未満の月がある場合は除く。

⑦に記入した日の翌日が属する月から連続する３カ月を記入し、各月の給与支払いの対象となった日数を記入する。（例えば、月給者は暦日、時給者は出勤日数など）

育児休業等を終了した日に引き続いて産前産後休業を開始している場合は☑を入れる。※こちらに該当した場合は、当該申出はできません。

【例】育児休業終了日：7月15日，月給者，給与支払：末締め，翌月10日払い

支払月	支払基礎日数	給与支払期間	勤務状況	判定
7月	0日	6/1～6/30	全期間，育児休業	×
8月	12日	7/1～7/31	7/15まで育児休業	×
9月	31日	8/1～8/31	全期間，就業	○

給与支払日
8月10日
9月10日
10月10日

※7月8月は，支払基礎日数が17日未満のため，9月のみ⑨総計に含めます。

第3章
育児・介護休業にかかる給付金・社会保険等の手続き

養育
特例

年金額低下を防ぐための養育期間標準報酬月額特例（厚生年金保険）

３歳未満の子を養育する被保険者または被保険者であった者が，養育期間中の各月の標準報酬月額が低下した場合に届け出ることにより，将来の年金額の低下を防ぐことができます。

養育期間標準報酬月額特例に関連する手続きのステップ

Step1 養育開始

1. ３歳未満の子の養育を開始したとき
2. ３歳未満の子を養育する人が資格取得したとき
3. 保険料免除の適用を受ける育児休業等を終了したとき
4. 該当の子以外にかかる特例措置が終了したとき

Step2 要件

1. ３歳未満の子の養育する被保険者（被保険者であった人も含みます）で，養育期間中の標準報酬月額が養育開始月の前月の標準報酬を下回る場合
2. 前月に厚生年金保険の被保険者でなかった場合は，養育期間中の標準報酬月額が，前月以前１年以内に被保険者であった直近の月の標準報酬月額を下回れば対象となります

転職のケース

Step3 提出書類・添付書類

養育期間標準報酬月額特例申出書
該当する子を養育していることを明らかにすることができる書類を添付（戸籍謄本・住民票の原本）

Step4 提出先

事務センター（事業所の所在地を管轄する年金事務所）
＊男性の被保険者も対象となります
＊育児休業を取得していなくても対象となります

▶ 養育期間標準報酬月額特例の仕組み

３歳未満の子を養育しながら働く被保険者が，勤務時間の短縮等による賃金の減少によって標準報酬月額が低下した場合，将来の年金給付が不利にならないように，従前の標準報酬月額をその期間の標準報酬月額とみなして年金額を計算します。

○年金額を算定するとき

従前の標準報酬月額	従前の標準報酬月額みなし措置	年金額は従前の標準報酬月額で算定する
	実際の標準報酬月額	

○保険料額を算定するとき

従前の標準報酬月額		保険料額は実際の標準報酬月額で算定する
	実際の標準報酬月額	

申出より前の期間については，申出日の前月までの２年間についてみなし措置が認められます（遡って適用を受けることができます）。

▶ 対象者

① ３歳未満の子の養育特例は，女性に限らず男性の被保険者も対象となります。共働きの場合，夫婦共に申出をすることができます。なお，育児休業の取得をしていなくても利用できます。

② ３歳未満の子どもがいて新たに就職する場合，その前月に厚生年金保険の被保険者でなかった場合は，その前月以前１年以内に厚生年金保険の被保険者であったことが必要となります。

③ この届出は，標準報酬月額が下がらなくても提出することができます。よって，３歳未満の子どもがいる人等については，今後該当する可能性が出てくることを考え，届出しておくことをお勧めします。

ONE POINT

2017年１月１日より，以下の子についても対象となりました。

1．養親となる者が養子となる者を監護することとされた期間に監護されている当該養子となる者
2．里親である労働者に委託されている児童

養育期間標準報酬月額特例申出書（厚生年金保険）

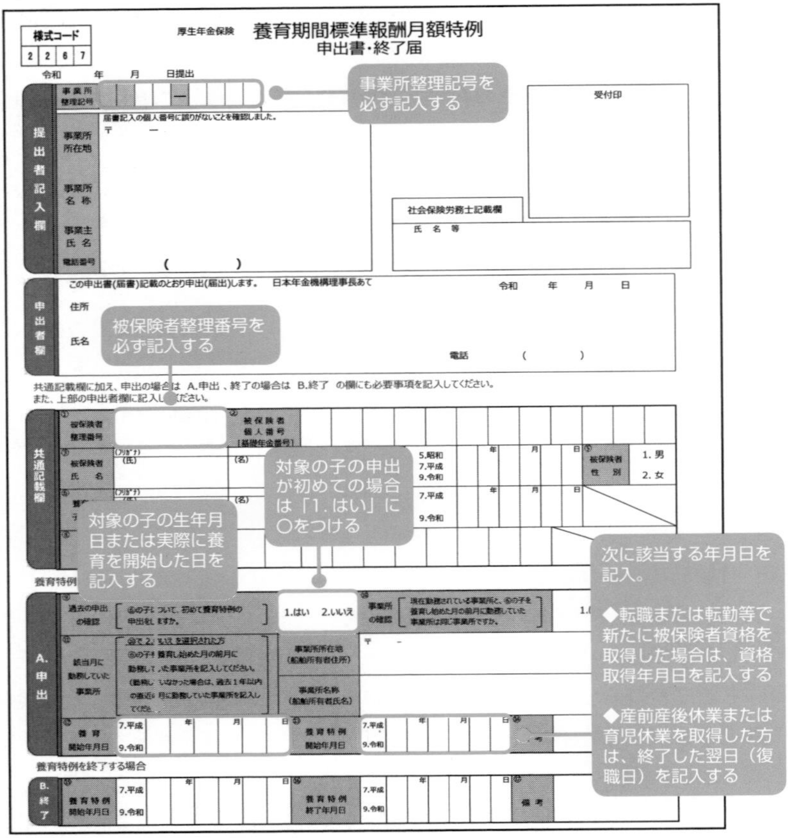

様式コード 2267

厚生年金保険 養育期間標準報酬月額特例 申出書・終了届

令和　年　月　日提出

提出者記入欄

事業所整理記号 ー

事業所整理記号を必ず記入する

届書記入の個人番号に誤りがないことを確認しました。

事業所所在地 〒　ー

事業所名称

事業主氏名

電話番号 （　　）

受付印

社会保険労務士記載欄 氏名等

申出者欄

この申出書(届書)記載のとおり申出(届出)します。 日本年金機構理事長あて　令和　年　月　日

住所

氏名

電話 （　　）

被保険者整理番号を必ず記入する

共通記載欄に加え、申出の場合は A.申出 、終了の場合は B.終了 の欄にも必要事項を記入してください。
また、上部の申出者欄に記入してください。

共通記載欄

① 被保険者整理番号

② 被保険者個人番号［基礎年金番号］

③ 被保険者氏名 (フリガナ) (氏) (名)　5.昭和 7.平成 9.令和　年 月 日

⑤ 被保険者性別 1. 男 2. 女

対象の子の申出が初めての場合は「1. はい」に○をつける

対象の子の生年月日または実際に養育を開始した日を記入する

次に該当する年月日を記入。

◆転職または転勤等で新たに被保険者資格を取得した場合は、資格取得年月日を記入する

◆産前産後休業または育児休業を取得した方は、終了した翌日（復職日）を記入する

養育特例を申出する場合

A. 申出

過去の申出の確認 ［⑥の子について、初めて養育特例の申出をしますか。］ 1.はい 2.いいえ

事業所の確認 ［現在勤務されている事業所と、⑥の子を養育し始めた月の前月に勤務していた事業所は同じ事業所ですか。］

該当月に勤務していた事業所 ［⑩で「2.いいえ」を選択された方 ⑥の子を養育し始めた月の前月に勤務していた事業所を記入してください。（勤務していなかった場合は、過去1年以内の直近の月に勤務していた事業所を記入してください。）］

事業所所在地（船舶所有者住所） 〒 ー

事業所名称（船舶所有者氏名）

養育開始年月日 7.平成 9.令和 年 月 日

養育特例開始年月日 7.平成 9.令和 年 月 日

養育特例を終了する場合

B. 終了

養育特例開始年月日 7.平成 9.令和 年 月 日

養育特例終了年月日 7.平成 9.令和 年 月 日

備考

必要書類

特例措置の申出を行う場合は，当該子を養育していることを明らかにすることができる書類として，次の（1）および（2）を添付することになります。

（1） 子の生年月日および子と申出者との身分関係を明らかにすることができる書類（戸籍謄（抄）本または戸籍記載事項証明書）

（2） 申出者と当該子が同居していることを確認できる書類（住民票）

※提出日から遡り 90 日以内に発行された原本

※マイナンバーの記載のないものが必要となります。

※被保険者の押印は不要です。

財形
貯蓄

育児休業中の財形貯蓄
（福利厚生）

育児休業を取得する場合，一般財形貯蓄は自由に中断可能ですが，財形年金貯蓄と財形住宅貯蓄については，利息の非課税措置の関係で最大２年間となっています。

財形貯蓄の一時中断・再開の概要ステップ

産前産後期間中・出生時育児休業・育児休業期間中	概要・提出書類	産前産後休暇および３歳未満の子にかかる育児休業等を取得する場合，育児休業等の開始日以前に所定の手続きを行うことで，育児休業期間中（２年間を超えても）中断することが可能です。 「育児休業等をする者の財産形成非課税住宅（年金）貯蓄継続適用申告書」・・・育児休業等の開始日までに会社に提出，会社を通じて金融期間へ提出。 申告書等については，各取扱金融機関へお問合せください。
出生時育児休業・育児休業期間中	概要，再開手続き	育児休業の終了後，契約上最初に積立を行うべき日（例：毎月払いであれば，育児休業の終了後，最初の給与支払日）に積立を再開する必要があります（例：毎月払いであれば，育児休業の終了後，最初の給与支払日）。

育児休業期間中も給与が支給され，そこから天引きによって定期的な払込みを継続できるのであれば，申告書を提出する必要はありません。
※当初予定していた育児休業終了日を変更した場合，会社に「育児休業等期間変更申告書」を提出。

ONE POINT 財形貯蓄制度導入のメリット

◆従業員のメリット
・財形年金貯蓄については，年金の支払いが終わるまで非課税措置が継続され，老後生活の安定に役立つ。
・賃金からの控除（天引き）なので直接銀行などへ出かける手間が省け，知らず知らずに財産づくりができる。
・財形持家融資を利用することができる。

◆事業主のメリット
・従業員の貯蓄意識を喚起し，勤労意欲が高まる。
・大きな負担を負うことなく，社内の福利厚生制度や社内融資制度の充実を図ることができる。
・従業員の定着性を高め，優秀な人材確保にも効果的である。

▶ 財形貯蓄制度とは

財形貯蓄制度には，一般財形貯蓄，財形年金貯蓄，財形住宅貯蓄の３種類があり，利子等に対する非課税措置や財形持家融資を利用できます。

表　財形貯蓄制度の種類

種類	詳細
一般財形貯蓄	従業員が，金融機関などと契約を結んで３年以上の期間にわたって，定期的に（毎月または夏季・年末のボーナス時期などに）賃金からの控除（天引き）により，事業主を通じて積み立てていく，目的を問わない使途自由な貯蓄のことです。契約時の年齢制限はありませんし，複数の契約もできます。
財形年金貯蓄	55歳未満の従業員が金融機関などと契約（１人１契約）を結んで５年以上の期間にわたって，定期的に賃金からの控除（天引き）により，事業主を通じて積み立て，60歳以降の契約所定の時期から５年以上の期間にわたって年金として支払いを受けることを目的とした貯蓄のことです。利子等に対する非課税措置（※）があります。
財形住宅貯蓄	55歳未満の従業員が金融機関などと契約（１人１契約）を結んで５年以上の期間にわたって定期的に賃金からの控除（天引き）により，事業主を通じて積み立てていく，持ち家取得または持ち家の増改築（リフォーム）等を目的とした貯蓄のことです。利子等に対する非課税措置（※）があります。

（※）財形年金貯蓄と財形住宅貯蓄を合わせて元利合計550万円（財形年金貯蓄のうち，郵便貯金，生命保険または損害保険の保険料，生命共済の共済掛金，簡易保険の掛金等にかかるものにあっては払込ベースで385万円）から生ずる利子等が非課税とされます。

<子が1歳の時点で復職するケース：育児休業等の期間中，給与支給なし>

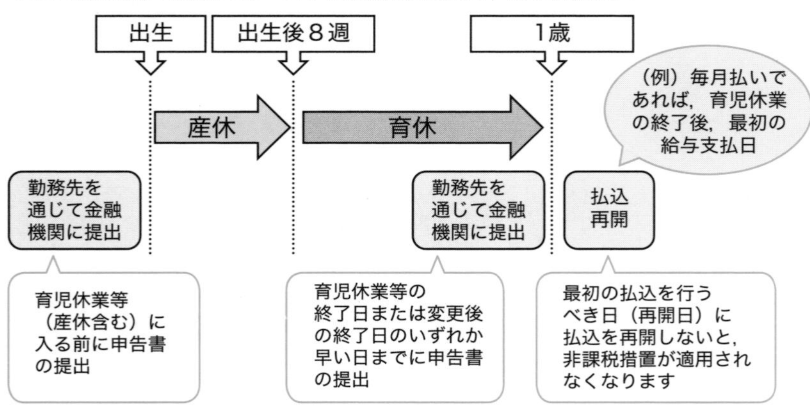

なお，育児休業の取得によって財形非課税貯蓄の払込を中断する期間（最初の払込日から次の払込日までの期間）が2年以内であることが確実な人は，申告書の提出は必要ありません。

住民税

育児休業中の住民税の支払方法
(住民税)

住民税は前年度所得に対して課税されるため，育児休業中も引き続き原則として従前の額を支払う必要があります。

☑ 育児休業中の住民税に関する手続き内容ステップ

産前産後休業・出生時育児休業・育児休業期間中	概要，提出書類	産前産後休業・出生時育児休業・育児休業中においては，特別徴収を継続または，普通徴収に切り替えることとなります。 休業期間中のみ，普通徴収に切り替える場合は，休業前に，「給与支払報告書・特別徴収に係る給与所得者異動届出書」復職後に，「特別徴収切替届出（依頼）書」を従業員が居住する市町村に提出します。 【特別徴収を継続する場合】 従業員から毎月○日までに会社が指定する口座に振り込んでもらうことになります。振込手数料は本人負担とするか否か等，取り決める必要があります。 【普通徴収に切り替える場合】 居住する各市町村に当該切替に必要な手続きを会社が行い，各市町村から自宅に届く納付書に従い，従業員は各市町村に直接，納付することとなります。

特別徴収とは：給与を支払う会社（特別徴収義務者）が，毎月支払う給与から住民税を天引徴収し，会社から市区町村へ納める方法です。
普通徴収とは：納税者が所得税の確定申告や住民税の申告を行うことによって，市町村が住民税額を計算のうえ，納税通知書を作成し，納税者に通知する方法です。納税者は，この納税通知書に基づいて，６月，８月，10月および翌年の１回に分けて納めることになります。（会社員が，前年中において給与の支払いを受けており，かつ，その翌年の４月１日において給与の支払いを受けている場合には，特別徴収の方法によって住民税を納めることになります。）

住民税は，長期欠勤や休職の場合，特別徴収から普通徴収に切り替えることも認められるため，育児休業のように休職期間が長期にわたる場合は，普通徴収に切り替える会社も多いです。

▶ 住民税控除の取扱い詳細 （産前産後・育児休業期間中）

住民税は前年所得に対する課税額を翌年６月から５月まで毎月の給与から控除します。しかし，産前産後休業や育児休業を取得した場合，当該期間中，会社から給与が支給されなければ控除ができません。よって，休業期間においては，**①住民税の残りを一括して徴収する，②特別徴収を継続し，毎月会社が指定する口座に振り込む，③普通徴収に切り替えて本人が納める，**という方法があげられます。

従業員の選択肢	休業開始時期		会社の処理		
	６〜12月	１〜５月	給与所得者異動届出書	住民税の控除	ポイント
①休業開始前に一括徴収	○	○	休業開始日の翌月10日までに提出	翌年５月までの残額を控除	**最後の給与で残りの住民税（翌年５月まで）を一括徴収します。**一括徴収した場合も普通徴収と同様に給与所得者異動届出書を提出します。
②特別徴収を継続し，毎月会社指定口座に振り込む	○	○	なし（毎月会社から市区町村への納付を継続）	なし	出生時育児休業は，長期にわたらず，１〜２カ月の間で取得することから，特別徴収を継続し，給与支給がなければ，会社指定口座に振り込んでもらうのが現実的な対応となります。
③普通徴収に切り替え，自身で納める	○	×	休業開始日の翌月10日までに提出	なし	休業開始月は通常どおり最後の給与から特別徴収で住民税を控除します。**事務処理としては，給与所得者異動届出書を休業開始日の翌月10日までに納税先の市区町村に提出します。**遅れると会社が住民税の滞納となってしまいますので注意が必要です。

普通徴収・一括徴収の「給与所得異動届出書」

給与支払報告・特別徴収 に係る給与所得者異動届出書
◎異動があった場合は、速やかに提出してください。

受付印

品川区長　あて
年　月　日 提出

給与支払者（特別徴収義務者）
住所（居所）又は所在地　〒
フリガナ
氏名又は名称
代表者の職氏名
法人番号 または個人番号

1. 現年度　2. 新年度　3. 過年度
※区処理欄
担当者連絡先　所属　氏名　電話　内線（　）

給与所得者
受給者番号　フリガナ　氏名　（旧姓）
月　日生
異動後の住所　〒

(ア) 特別徴収税額（年税額）	(イ) 徴収済額	(ウ) 未徴収税額 (ア)−(イ)
	月から	月から
	月まで	月まで
	円	円
異動年月日	・　・	

POINT

異動の事由
1. 退職
2. 転勤
3. 合併
4. 休職
5. 長期欠勤
6. 死亡
7. 会社解散
8. 住所誤報
9. その他（特別徴収不可）

異動後の未徴収税額の徴収
1. 特別徴収継続
2. 一括徴収（1月以降は必須）
（　月分で納入）
（　月　日納期分）
3. 普通徴収
理由

※「9.その他（特別徴収不可）」を選択された場合はいずれかの理由を必ず選択してください。
普C　給与が少なく税額が引けない
普D　給与の支払いが不定期
普　事業専従者（個人事業主のみ対象）

退職した年の1月から退職時までの給与支払額　円
控除社会保険料額　円
退職手当等の支払額（支払予定額）　円
勤続年数　年

死亡退職の場合で相続人の代表者又は海外出国の場合で納税管理人となる方の連絡先が分かるときは、その方の「住所、氏名、続柄、電話番号」を記載してください。

◎給与の支払を受けなくなった後の月割額（未徴収税額）を一括徴収する場合には、次の欄に記入してください。

一括徴収の理由	徴収予定月日	徴収予定額	徴収予定額合計（上記(ウ)同額）
1. 異動が　年12月31日までで、申出があったため（　月　日 申出）	・	円	円
	・	円	
2. 異動が　年1月1日以後で、特別徴収の継続の希望がないため	・	円	

相続人・納税管理人の氏名等
氏名　続柄
住所

◎転勤（転職）等による特別徴収届出書

新しい勤務先の特別徴収義務者指定番号　新規
新しい勤務先の住所（居所）又は所在地　〒
フリガナ
氏名又は名称
代表者の職氏名
法人番号 または個人番号
担当者連絡先　氏名　電話（内線　）

先では
月割額＿＿＿＿円を
＿＿月分から徴収し、納入します。
新規の場合、品川区作製の納入書は必要ですか ⇒ 要・不要
※市区町村記入欄
控送付 □

提出・問い合わせ先　〒140-8715　東京都品川区広町 2-1-36　品川区 総務部 税務課 課税担当　03-3777-1111（代）

○育児休業期間中の徴収方法を選択します。

○源泉徴収票から転記します。

○一括徴収をする場合の理由を選択します。

○住民税年税額を記入
○何月分まで徴収したのか
○実際の徴収額
○未徴収額があれば記入

介護
給付金

介護休業給付金
（介護休業期間中の給付金（雇用保険））

介護休業給付金は，対象となる家族が要介護状態にあるとき，同一の要介護状態につき１回の介護休業期間に限り支給されます。
※同一の対象家族であっても，要介護状態が異なる場合は，複数回取得できます。ただしこの場合は，同一家族について受給した介護給付金にかかる支給日数の通算は93日が限度となります。

▶ 介護にまつわる給付金の全体像

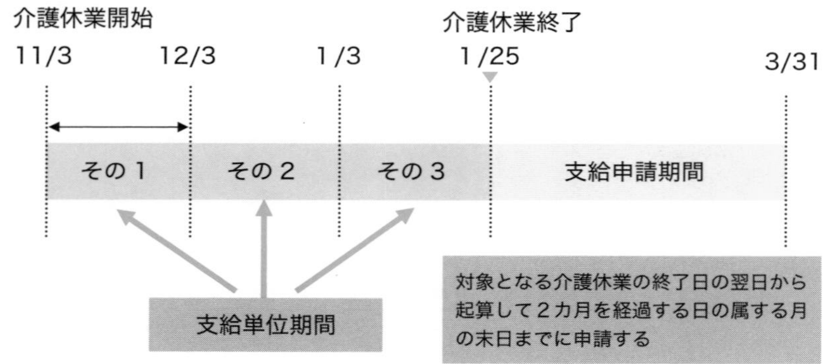

ONE POINT 介護休業期間中，介護休業給付金を受給できます！

介護休業は，「自分が介護を行う期間」だけではなく，「仕事と介護を両立させるための体制を整えるための期間」としても位置づけられており，同一対象家族に対し，通算して93日間を限度として最大3回までの分割取得が可能です。したがって，育児休業給付金のように，休業期間中に継続的に受給するのではなく，介護休業終了日以降に支給申請期間が設けられ，その後受給するという流れとなります。

ONE POINT 介護休業期間中，社会保険料の免除措置はありません。

産前産後休業・出生時育児休業・育児休業期間中のように，社会保険料の免除の措置は，現行では特段定められていないことから，介護休業取得前には，介護休業給付金の申請方法や受給時期を中心に，従業員に説明することが重要となります。

▶ 介護休業給付金の申請

Step1 支給対象者であるかの確認

次の(1)～(5)の要件を満たしているかどうか。

(1) 対象家族が2週間以上常時介護を有する「要介護状態」であること

(2) 介護休業期間の初日および末日を明らかにしたうえで、被保険者が実際に休業を取得すること

(3) 介護休業を開始した日の前2年間に、賃金支払基礎日数が11日以上ある月が完全月が通算して12カ月以上あること

(4) 支給単位期間において、就業している日が10日以下であること

はい　いいえ

Step2 賃金支給の有無

(5) 支給単位期間に支給された賃金額が、休業開始時の賃金月額の80%未満であること

はい　はい　いいえ

Step3 初回の手続き

☑ 雇用保険被保険者休業開始時賃金月額証明書

☑ 介護休業給付金支給申請書

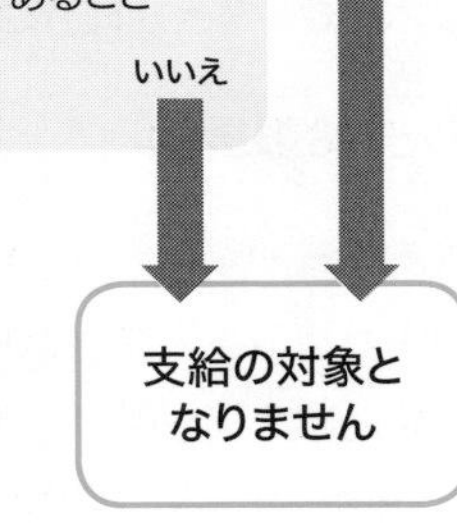

Step4 2回目以降の手続き

☑ 介護休業給付金支給申請書　ハローワークが定める期間内に申請

Step5 添付書類の準備

☑ 出勤簿　☑ 住民票　☑ マイナンバー

☑ 賃金台帳　☑ 介護休業申出書

Step6 提出先

全国健康保険協会の各支部または健康保険組合へ

▶ 支給額

❶ 休業期間中に賃金が支払われていない場合

1）支給単位期間が１カ月ある場合（最後の支給単位期間を除く）
　支給額＝休業開始時賃金日額×支給日数（30日）×67%（40%）

2）最後の支給単位期間の場合（職場復帰等による休業終了を含む）
　支給額＝休業開始時賃金日額×支給日数（暦日数）×67%（40%）

❷ 休業期間中に賃金が支払われている場合

1）休業開始時賃金の13%以下の場合
　支給額＝賃金日額×支給日数×67%（40%※）相当額

2）休業開始時賃金月額の13%を超えて80%未満の場合
　支給額＝賃金日額×支給日数の80%相当額と賃金の差額

3）休業開始時賃金月額の80%以上の場合
　支給されません。

※2016年７月31日までに開始した介護休業は40%

▶ 支給限度額

①支給対象期間あたり335,871円（67%の場合）

②賃金月額の上限額　501,300円

　賃金月額の下限額　79,710円

　（2022年８月１日現在）

ONE POINT 介護休業給付金支給申請のポイント

◆介護休業を開始する時点で，介護休業終了後に離職することが予定されている人は，支給の対象となりません。

◆介護休業中は育児休業中とは違い，健康保険や年金保険料は免除されません。

休業開始時賃金月額証明書（雇用保険）

2枚目（安定所提出用）

様式第10号の２の２（第14条の２、第14条の３関係）

雇用保険被保険者 休業開始時賃金月額証明書／所定労働時間短縮開始時賃金証明書（安定所提出用）（介護・育児）

①被保険者番号	－ －	③フリガナ		④休業等を開始した日の年月日	令和 年 月 日
②事業所番号	－ －	休業等を開始した者の氏名			
⑤名称 事業所所在地 電話番号		⑥休業等を開始した者の住所又は居所	〒 電話番号（ ） －		

この証明書の記載は、事実に相違ないことを証明します。

事業主 住所 氏名

休業等を開始した日前の賃金支払状況等

⑦休業等を開始した日の前日に離職したとみなした場合の被保険者期間算定対象期間	⑧⑦の期間における賃金支払基礎日数	⑨賃金支払対象期間	⑩⑨の基礎日数	⑪賃金額 Ⓐ	Ⓑ	計	⑫備考
休業等を開始した日 月 日							
月 日～休業等を開始した日の前日	日	月 日～休業等を開始した日の前日	日				
月 日～ 月 日	日	月 日～ 月 日	日				
月 日～ 月 日	日	月 日～ 月 日	日				
月 日～ 月 日	日	月 日～ 月 日	日				
月 日～ 月 日	日	月 日～ 月 日	日				
月 日～ 月 日	日	月 日～ 月 日	日				
月 日～ 月 日	日	月 日～ 月 日	日				
月 日～ 月 日	日	月 日～ 月 日	日				
月 日～ 月 日	日	月 日～ 月 日	日				
月 日～ 月 日	日	月 日～ 月 日	日				
月 日～ 月 日	日	月 日～ 月 日	日				
			日				
			日				
			日				
			日				

休業開始時賃金月額証明書／所定労働時間短縮開始時賃金証明書 受理 令和 年 月 日（受理番号 号）

年 月 日まで（休業開始日を含めて 年 カ月）

欄

雇用保険法施行規則第14条の３第１項の規定により被保険者の介護又は育児のための休業又は所定労働時間短縮開始時の賃金の届出を行う場合は、当該賃金の支払の状況を明らかにする書類を添えてください。
本手続は電子申請による申請が可能です。
なお、本手続について、社会保険労務士が事業主の委託を受け、電子申請により本届書の提出に関する手続を行う場合には、当該社会保険労務士が当該事業主から委託を受けた者であることを証明するものを本届書の提出と併せて送信することをもって、当該事業主の電子署名に代えることができます。

社会保険労務士記載欄	作成年月日・提出代行者・事務代理者の表示	氏名	電話番号

※	所長	次長	課長	係長	係

事業主捺印

ハローワークでの訂正に備えて事業主印を捺印します

出産・育休・傷病等で30日以上の賃金の支払いがない場合には、⑫の備考欄に期間および内容を記入する賃金額が「0円」の期間は、備考欄に理由を記載し、傷病手当金の申請書等を添付することで省略が可能となります。

＜被保険者期間算定対象期間＞
賃金支払基礎日数が11日以上ある月を12カ月以上記入
（2020年８月１日以降に育児休業を開始した人が、育休開始日の前２年間に、賃金支払基礎日数が11日以上の月が12カ月ない場合には、賃金支払基礎時間数が80時間以上ある月も含めることができます）
不備に備えて2，3カ月分多めに記入します。

記入の方法は離職票と同じです。

第3章 育児・介護休業にかかる給付金・社会保険等の手続き

介護休業給付金支給申請書（雇用保険）

1枚目（安定所提出用）

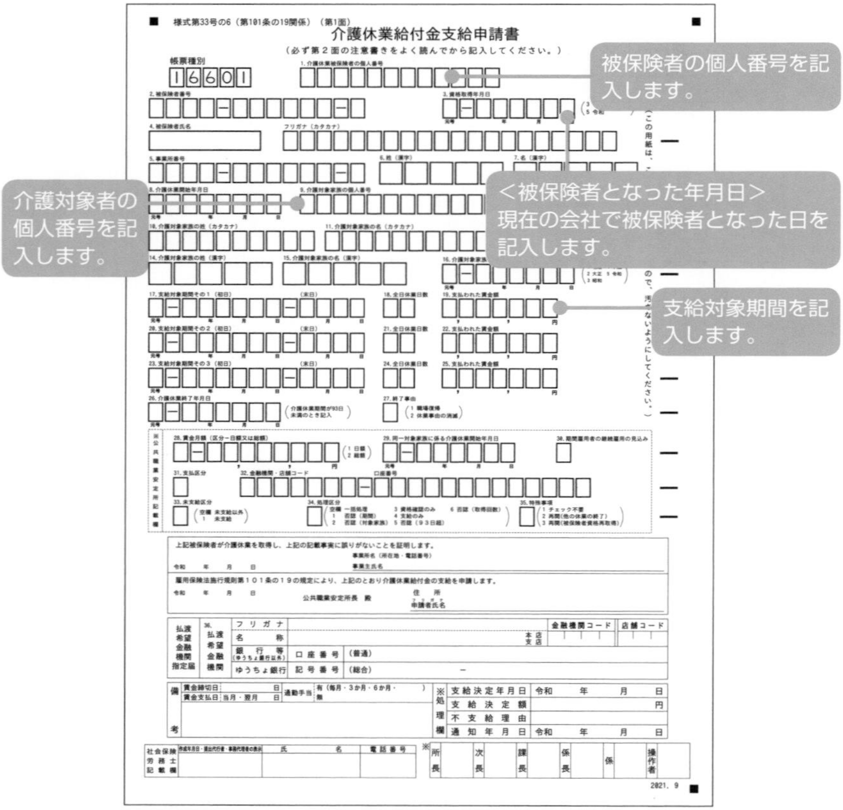

様式第33号の6（第101条の19関係）（第1面）

介護休業給付金支給申請書

（必ず第2面の注意書きをよく読んでから記入してください。）

帳票種別 16601

1. 介護休業被保険者の個人番号

被保険者の個人番号を記入します。

2. 被保険者番号
3. 資格取得年月日（3 平成 5 令和）

＜被保険者となった年月日＞
現在の会社で被保険者となった日を記入します。

4. 被保険者氏名　フリガナ（カタカナ）
5. 事業所番号
6. 姓（漢字）
7. 名（漢字）
8. 介護休業開始年月日
9. 介護対象家族の個人番号

介護対象者の個人番号を記入します。

10. 介護対象家族の姓（カタカナ）
11. 介護対象家族の名（カタカナ）
14. 介護対象家族の姓（漢字）
15. 介護対象家族の名（漢字）
16. 介護対象家族…（2 大正 3 昭和 5 令和）
17. 支給対象期間その1（初日）（末日）
18. 全日休業日数
19. 支払われた賃金額

支給対象期間を記入します。

20. 支給対象期間その2（初日）（末日）
21. 全日休業日数
22. 支払われた賃金額
23. 支給対象期間その3（初日）（末日）
24. 全日休業日数
25. 支払われた賃金額
26. 介護休業終了年月日（介護休業期間が93日未満のとき記入）
27. 終了事由（1 職場復帰　2 休業事由の消滅）

※公共職業安定所記載欄
28. 賃金月額（区分－日額又は総額）（1 日額　2 総額）
29. 同一対象家族に係る介護休業開始年月日
30. 期間雇用者の継続雇用の見込み
31. 支払区分
32. 金融機関・店舗コード　口座番号
33. 未支給区分（空欄 未支給以外　1 未支給）
34. 処理区分（空欄 一括処理　1 否認（期間）　2 否認（対象家族）　3 資格確認のみ　4 支給のみ　5 否認（93日超）　6 否認（取得回数））
35. 特殊事項（1 チェック不要　2 再開（他の休業の終了）　3 再開（被保険者資格再取得））

（この用紙は、…ので、汚さないようにしてください。）

上記被保険者が介護休業を取得し、上記の記載事実に誤りがないことを証明します。
令和　年　月　日　事業所名（所在地・電話番号）　事業主氏名

雇用保険法施行規則第101条の19の規定により、上記のとおり介護休業給付金の支給を申請します。
令和　年　月　日　公共職業安定所長　殿　住所　申請者氏名

払渡希望金融機関指定届	36. 払渡希望金融機関	フリガナ		金融機関コード	店舗コード
		名称	本店 支店		
		銀行等（ゆうちょ銀行以外）	口座番号	（普通）	
		ゆうちょ銀行	記号番号	（総合）　－	

備考	
賃金締切日	日
賃金支払日	当月・翌月　日
通勤手当	有（毎月・3か月・6か月・　）無

※処理欄	
支給決定年月日	令和　年　月　日
支給決定額	円
不支給理由	
通知年月日	令和　年　月　日

社会保険労務士記載欄	作成年月日・提出代行者・事務代理者の表示	氏名	電話番号

※所長	次長	課長	係長	係	操作者

2021. 9

必要書類

- 介護休業給付金支給申請書
- 雇用保険被保険者休業開始時賃金月額証明書
- 介護対象者と被保険者の続柄等確認できる書類　⇒住民票，戸籍謄本等
- 出勤簿（タイムカード），賃金台帳　⇒届出書の記載内容を確認します。
- 雇用保険適用事業所台帳
- 個人番号（マイナンバー）
- 介護休業申出書
- 振込先確認資料（通帳またはキャッシュカードの写し）

※ネット銀行の場合はログイン画面の写し

こんなときどうする？

▶支給申請　▶財形貯蓄　▶住民税

Q1　受給中に本人が死亡したときの介護休業給付金の支給申請は？

A　死亡した月（日）の前月（前の支給対象期間）までについて，生計を同じにしていた遺族の方が支給申請を行うことができます。この請求は「死亡した日の翌日から６カ月以内」に行わなければなりません。

Q2　介護休業期間中の財形貯蓄の取扱いは？

A　165頁の育児休業中の財形貯蓄の内容と同様の取扱いとなりますので，ご参照ください。

Q3　介護休業期間中の住民税の取扱いは？

A　167頁の育児休業中の住民税の内容と同様の取扱いとなりますので，ご参照ください。

コラム

雇用保険改正
～みなし被保険者期間について～

2021年9月
改正

▶ 育児休業給付金のみなし被保険者期間の特例

入社後の雇用期間が１年程度と短いなどの場合に，出産の時期によって育児休業給付金の受給要件（育児休業を開始した日の前２年間にみなし被保険者期間が12カ月以上）を満たさないケースについて，**「みなし被保険者期間の計算の起算を産前休業開始日とする**ことで受給要件を満たすことができるようにする特例」が，2021年９月より設けられました。

具体的な事例	
就業	2021年４月１日
産前産後休業	2022年４月５日～2022年６月25日
出産日	2022年４月30日
育児休業	2022年６月26日～

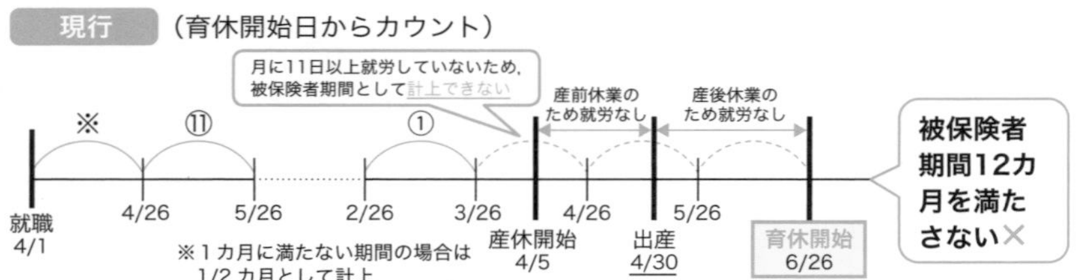

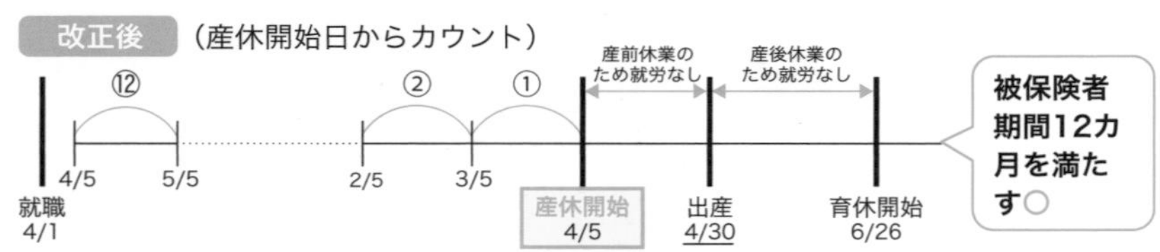

みなし被保険者期間とは

「休業開始日」を「資格喪失日」とみなして，雇用保険法14条の被保険者期間の規定を適用した場合の被保険者期間に相当する期間をいい，休業を開始した日の前日から遡って被保険者期間を１カ月ごとに区分し，各区分期間のうち賃金支払基礎日数が11日以上（11日以上の月が12カ月ない場合，就業している時間数が80時間以上）あるものを１カ月として計算したものをいいます。

第4章

育児・介護休業等に関する不利益取扱いとハラスメント

ハラスメントの定義を正確に捉えましょう

社会情勢の変化により，さまざまなハラスメントが注目を浴びています。妊娠・出産・育児休業にまつわるハラスメントもその1つです。

- ハラスメントの定義を正確に理解していないと，すべてがハラスメントになるのではないかと考えるようになってしまいます。
- 事業主にはハラスメントの防止措置が求められていますが，その内容についても押さえていきましょう。

1 不利益取扱いの禁止（法令上の定め）

男女雇用機会均等法，育児・介護休業法では制度を利用したこと，取得したことなどを理由に不利益な取扱いを行うことを禁止しています。不利益な取扱いとは，妊娠・出産・育児休業等を契機として降格や解雇することを指します。

▶ 不利益取扱いの種類

不利益取扱いには，男女雇用機会均等法で定める事項と，育児・介護休業法で定める事項の２つがあります。それぞれの法律による規定と，不利益取扱いが禁止される事由は，以下のとおりです。

男女雇用機会均等法９条３項（抜粋）	育児・介護休業法 10 条
3　事業主は，その雇用する女性労働者が妊娠したこと，出産したこと，労働基準法（昭和22 年法律第 49 号）第 65 条第 1 項の規定による休業を請求し，又は同項若しくは同条第２項の規定による休業をしたことその他の**妊娠又は出産に関する事由**であって厚生労働省令で定めるものを理由として，当該女性労働者に対して解雇その他不利益な取扱いをしてはならない。	事業主は，労働者が**育児休業申出等（育児休業申出及び出生時育児休業申出をいう。以下同じ。）をし，若しくは育児休業をしたこと又は第９条の５第２項の規定による申出若しくは同条第４項の同意をしなかったことその他の同条第２項から第５項までの規定に関する事由**であって厚生労働省令で定めるものを理由として，当該労働者に対して解雇その他不利益な取扱いをしてはならない。
「妊娠又は出産に関する事由」とは？	**不利益取扱いの対象になる，育児・介護に関する制度と事由とは？**
①　妊娠したこと ②　出産したこと ③　妊婦健診などの母性健康管理措置を受けたこと ④　産前，産後休業をしたこと ⑤　他の軽易な業務に転換したこと ⑥　時間外労働，休日労働，深夜残業をしないこと ⑦　育児時間を取得したこと ⑧　妊娠または出産に起因する症状により労務の提供ができないことまたは労働能率が低下したこと ⑨　坑内業務・危険有害業務の就業制限の申出をしたことまたはこれらの業務に従事しなかったこと	①　育児休業・出生時育児休業 ②　介護休業 ③　子の看護休暇 ④　介護休暇 ⑤　所定外労働の制限 ⑥　時間外労働の制限 ⑦　深夜業の制限 ⑧　所定労働時間の短縮措置 ⑨　労働者またはその配偶者が妊娠し，出産したことやその事実の申出 ⑩　出生時育児休業中の就業に関して， ・就業希望の申出をしないこと ・就業希望の内容が事業主の意に反するものであったこと ・就業可能日等の変更または撤回 ・事業主からの就業日提示への不同意 ・同意した就業日に対する撤回

▶ 不利益取扱いの例

男女雇用機会均等法で定める不利益な取扱い，育児・介護休業法で定める不利益取扱いは，以下のとおりとなります。

❶ 男女雇用機会均等法９条：婚姻，妊娠，出産をしたことを理由とした不利益取扱い

不利益取扱いの例

①解雇すること
②期間を定めて雇用される者について，契約の更新をしないこと
③契約更新の上限回数を引き下げること
④退職または労働契約内容の変更の強要を行うこと
⑤降格させること
⑥就業環境を害すること
⑦不利益な自宅待機を命じること
⑧減給をし，または賞与等において不利益な算定を行うこと
⑨昇進，昇格の人事考課において不利益な評価を行うこと
⑩不利益な配置の変更を行うこと
⑪派遣先が派遣労働者の労働者派遣の提供を拒むこと

❷ 育児・介護休業法10条，16条の4，16条の10，18条の2，20条の2，23条の2：育児休業等を取得したことを理由とした不利益取扱い

不利益取扱いの例

①から⑪は上記と同じです。
⑫労働者が希望する期間を超えて，**所定外労働の制限，時間外労働の制限，深夜業の制限または所定労働時間の短縮措置等**を適用すること

所定外労働の制限、時間外労働の制限、深夜業の制限等は、育児・介護休業法独自の論点です。

▶ 妊娠・出産・育児休業等を理由とした不利益取扱いとは？

取扱いが，妊娠・出産・育児休業等の事由を**「契機として」**行われた場合は，原則として不利益取扱いと解されます。

「契機として」とは，原則として，妊娠・出産・育児休業等の事由の終了から**１年以内**に不利益取扱いがなされた場合は「契機として」いると判断します。

▶ 不利益取扱いとなるか否かの判断は？

例えば…妊娠中の従業員を能力が低いという理由で降格とするのは，**「妊娠・出産を契機として行われた」**と解される？

妊娠・出産が評価結果に影響を与えていないかを確認します。人事評価に応じて降級される制度となっており，**妊娠・出産等の事情の有無にかかわらず平等に制度が運用されている**のであれば，降格も男女雇用機会均等法に抵触しません。

例）**妊娠・出産以前より成果不十分で，指導を受けていた**等であれば，妊娠・出産と人事評価に因果関係がないことが明らかとなります。

▶ 不利益取扱いにまつわる判例

広島中央保健生協（C生協病院）事件
（最高裁第一小法廷平26.10.23判決，労働判例1100号５頁）

妊娠した女性従業員が，希望により軽易な業務へ転換した際，病院がその従業員の副主任職（管理職に相当）を免じた措置が，男女雇用機会均等法９条３項に違反するとされた判例です。

○経緯○
病院に勤務していた理学療法士の女性が，妊娠後に降格されたのは不当だとして病院側に賠償を求めた訴訟。産休と育休を取得する前に軽易業務への転換を求めたところ，異動先には主任がいるという理由で副主任を外されて管理職でなくなり，育休から復帰後も，副主任職に戻れないことを不服として提訴した。

○判決○
・本人の自由な意思に基づいて降格を承諾したと認めるに足りる合理的な理由がない（**説明不足**，本人の「不満であったが妊娠中で精神的ストレスが辛く**仕方なく承諾した**」という主張があった）。
・解任によって業務の軽減等有利な影響が大きかったとはいえない一方，管理職手当の減額等，不利な影響は明白であり，職場復帰後も副主任に戻れないことから一時的な措置ではない。
・よって，軽易業務転換を契機として降格させる措置は，**原則として，男女雇用機会均等法が禁止する不利益取扱いにあたると判示。**

この判例では，女性従業員が降格について**一応**同意しているものの，手当が減額する点等の事情から考えると，**「自由な意思に基づいて承諾した」**とは判断されていません。

降格に対して従業員の同意を得ていても，従業員が受ける不利益（手当の減額など）についての説明が不足していたり，業務の軽減などによる有利な影響より不利益が上回っている場合，不利益取扱いとなる可能性があります。会社の実務上においても，従業員が受ける不利益が大きすぎないか，確認が必要になるでしょう。

▶ 不利益取扱いの例外

妊娠・出産・育児休業等を契機としたものは原則，不利益取扱いとなることが多いですが，その例外として，以下の場合があります。

① 不利益取扱いによる影響よりも，必要性が上回る場合

② 不利益取扱いよりも，有利な影響が不利な影響よりも上回り，かつ労働者が合意している場合

これに該当する場合は，妊娠・出産・育児休業等を「契機として」いても，法が禁止している妊娠・出産・育児休業等を「理由とする」不利益取扱いではないと解釈されています（平28.8.2職発0802第1号，雇児発0802第3号）。

例外①	例外②
○業務上の必要性から不利益取扱いをせざるを得ず， ○業務上の必要性が，不利益取扱いにより受ける影響を上回ると認められる事情が存在するとき	○不利益取扱いにより受ける有利な影響が不利益取扱いにより受ける不利な影響を上回り， ○会社がこれらを説明したうえで，本人が合意している場合
不利益取扱いによる影響 ＜ 必要性	不利益 ＜ 有利な取扱い＋事業主の説明、本人の合意
例：かねてより能力不足が問題とされており，降格の内容・程度が能力不足と比較して妥当で，改善の機会を相当程度与えたが改善の見込みがない場合 等	例：社員の求めに応じ業務量が軽減される等，有利な影響が不利な影響を上回り，不利益な影響について事前に適切な説明があり，従業員が十分理解したうえで応じるかどうかを決められた 等

2 賞与算定と不利益取扱い

育児・介護休業や子の看護休暇等を取得した日，短時間勤務等で短縮された期間を超えて働かなかったものとして取り扱う賞与の算定は，不利益な取扱いと判断されることがあります。勤務しなかった期間について，日割りで算定対象期間から控除する対応は問題ありませんが，留意点を確認しておきましょう。

▶ 賞与算定における不利益な取扱い

賞与算定の方法については，「労働者に対する性別を理由とする差別の禁止等に関する規定に定める事項に関し，事業主が適切に対処するための指針（平成18年厚労告614号）」が参考になります。

例えば，育児・介護休業や子の看護休暇等を取得した日，短時間勤務等で現に短縮された日数・時間に相当する日数分を日割りで算定対象期間から控除する等の取扱いは問題ありませんが，短縮された期間を超えて働かなかったものとして取り扱うことは「不利益な算定」にあたります。

▶ 賞与の支給そのものに出勤率要件を定めている場合

賞与の支給対象に，「賞与の支給対象者を出勤率50％以上の者とする」など，出勤率要件を定めている会社もあると思います。

「休業・短時間勤務による不就労日・時間に応じて，賞与を減額する」との内容であれば問題ないですが，「育児休業による不就労があれば一律50％に減額する」旨の規定は，賞与対象期間中に出勤しているにもかかわらず，この出勤を欠勤扱いすることとなるため，不利益取扱いにあたりますので，確認しておきましょう。

ONE POINT　短時間勤務時の給与の減額の方法はどうしたらよいですか？

さまざまなパターンがありますが，労働時間に比例して減額支給する方法が一般的です。

事例①　控除型　所定労働日数×欠勤時間を控除

年休の付与が時短前の８時間にならないように注意！　年休の１日分は，短時間勤務時間で付与します。

事例②　定額型　基本給30万の人が６時間勤務になる場合　　月給22.5万円（＝30万円×（120/160））

事例③　一定割合（％）を乗じて定額支給　　６時間勤務　基本給×75％　　７時間勤務　基本給×88％

いずれも時間外が発生した際の分母は新しい労働時間（所定労働日数×短時間勤務時間）と設定しましょう！

▶ 算定期間の一部を育児休業等で休んだ場合の賞与算定

例①　賞与算定期間・・・1月1日から12月31日の場合

1月	2月	3月	4月	5月	6月	7月	8月	9月	10月	11月	12月
育休	育休	育休	出勤	出勤	出勤	出勤	出勤	出勤	出勤	出勤	出勤

●育児休業による不就労があれば一律50%に減額　⇒×
●月に15日の育児休業を1カ月として控除　⇒×
●全額×9カ月÷12カ月で算出　⇒○　　日割りもOK！

例②　賞与算定期間・・・1月1日から12月31日（1～8月は通常勤務，9～12月は6時間勤務）の場合

1月	2月	3月	4月	5月	6月	7月	8月	9月	10月	11月	12月
8時間	8時間	8時間	8時間	8時間	8時間	8時間	8時間	6時間	6時間	6時間	6時間

$$(\text{全額} \times \frac{8\text{カ月}}{12\text{カ月}}) + (\text{全額} \times \frac{4\text{カ月}}{12\text{カ月}} \times \frac{6\text{時間}}{8\text{時間}}) \Rightarrow ○$$

▶ 賞与の支給そのものに出勤率要件を定めている場合

❶年次有給休暇の算定の場合

- 産前産後休業　出勤に含める
- 育児・介護休業　出勤に含める
- 子の看護休暇等　出勤に含めなくてよい

❷退職金，賞与の算定の場合

- 産前産後休業
- 育児・介護休業
- 子の看護休暇等

①賞与の支給要件となる出勤率には算入する

②休業・短時間勤務による不就労日・時間に応じた賞与の減額にとどめる

1 マタニティハラスメント

妊娠・出産したこと，育児や介護のための制度を利用したこと等に関して，上司・同僚が就業環境を害する言動を行うことは，妊娠・出産，育児・介護休業等に関するハラスメント（マタニティハラスメント）に該当します。女性従業員のみならず，育児休業等を取得した男女従業員もその対象になります。どのような行為がハラスメントに該当するかを確認しておきましょう。

▶ 妊娠・出産・育児休業等に関するハラスメントとは

マタニティハラスメントとは，職場において行われる上司・同僚からの言動（妊娠・出産したこと，育児や介護のための制度の利用に関する言動）により，妊娠・出産した女性従業員や育児・介護休業等を申出・取得した男女従業員等の就業環境が害されることをいいます。ここで，業務分担や安全配慮等の観点から，客観的に見て，**業務上の必要性**に基づく言動によるものはハラスメントには該当しません。

なお，「職場」とは，業務遂行をする場所を指し，通常働く場所以外でも，業務を遂行する場所であれば，職場に含まれます。例えば忘年会など，実質上職務の延長と考えられるものは，職場に該当します。

▶ 妊娠・出産・育児休業等に関するハラスメントの種類

マタニティハラスメントには，以下の２種類があります。

❶ 制度利用への嫌がらせ型

制度または措置の利用に関する上司・同僚による言動により，従業員の就業環境が害されるものをいいます。

❷ 状態への嫌がらせ型

妊娠等の事由に関する言動により，従業員の就業環境が害されるものをいいます。

! ONE POINT 「業務上の必要性」の判断は？

部下が休業するとなると，上司としては業務の調整を行う必要があります。妊娠中に医師等から休業指示が出た場合のように，従業員の体調を考慮してすぐに対応しなければならない休業についてまで，「業務が回らないから」といった理由で上司が休業を妨げる場合はハラスメントに該当します。

しかし，ある程度調整が可能な休業等（例えば，定期的な妊婦健診の日時）について，その時期をずらすことが可能か従業員の意向を確認するといった行為までがハラスメントとして禁止されるものではありません。

（1）制度利用への嫌がらせ型

妊娠の制度または措置の利用に関して，利用を阻害するような言動を行ったり，制度または措置を利用したことを理由とする嫌がらせが対象になります。

妊娠等に関するハラスメント	育児休業等に関するハラスメント
①　産前休業 ②　妊娠中および出産後の健康管理に関する措置 ③　軽易な業務への転換 ④　変形労働時間制での法定労働時間を超える労働時間の制限、時間外労働および休日労働の制限、深夜業の制限 ⑤　育児時間 ⑥　坑内業務の就業制限および危険有害業務の就業制限	①　育児休業 ②　介護休業 ③　子の看護休暇 ④　介護休暇 ⑤　所定外労働の制限 ⑥　時間外労働の制限 ⑦　深夜業の制限 ⑧　育児のための所定労働時間の短縮措置 ⑨　始業時刻変更等の措置 ⑩　介護のための所定労働時間の短縮等の措置
	なお，従業員が出生時休業中の就業希望の申出を行わない場合に嫌がらせをしたりすることも，ハラスメントに該当します！

（2）状態への嫌がらせ型

以下の事由に関した言動により，嫌がらせを行うものが対象になります。

(i)　妊娠したこと
(ii)　出産したこと
(iii)　産後の就業制限の規定により就業できず，または産後休業をしたこと
(iv)　妊娠または出産に起因する症状により労務の提供ができないこと，もしくはできなかったことまたは労働能率が低下したこと
(v)　坑内業務の就業制限もしくは危険有害業務の就業制限の規定により業務に就くことができないことまたはこれらの業務に従事しなかったこと

▶ ハラスメントのパターン

類型	例	備考
（1）解雇その他不利益な取扱いを示唆するもの	●上司が「休みを取るなら辞めてもらう」と言う ●上司が「次の査定の際は昇進しないと思え」と言う	※1回の発言でも該当 注意！
（2）制度の利用または利用の請求を阻害するもの	●上司から「男のくせに育休を取るなんてあり得ない」と言われ，あきらめざるをえない状況となる ●同僚から「自分なら請求しない，あなたもそうすべき」だと何度も言われる	※上司は1回の発言で該当 ※同僚は繰返しもしくは継続的な発言で該当
（3）制度の利用により嫌がらせをするもの	●上司・同僚が「所定外労働の免除をしている人にたいした仕事はさせられない」と何度も言う ●上司・同僚が「自分だけ短時間勤務なんて周りを考えていない。迷惑だ」と何度も言う	※繰返しもしくは継続的な発言でハラスメントとなる

▶ ハラスメントに該当しないと考えられる言動の例

一方，休業・休暇についてその時期を調整するといった，業務上の必要性から行う言動まではハラスメントとして禁止されるものではありません。

①　制度利用への嫌がらせ型	②　状態への嫌がらせ型
・業務体制を見直すため，上司が育児休業をいつからいつまで取得するのかを確認すること。 ・上司が「次の妊婦健診はこの日は避けてほしいが調整できるか」と確認すること。 ※なお，制度等の利用を希望する従業員に対する変更の依頼や相談は，強要しない場合に限られます。	・上司が，長時間労働をしている妊婦に対して，「妊婦には長時間労働は負担が大きいだろうから，業務分担の見直しを行い，あなたの残業量を減らそうと思うがどうか」と配慮すること。 ・同僚が「妊婦には負担が大きいだろうから，もう少し楽な業務に代わってはどうか」と配慮すること。

先輩から「就職したばかりのくせに妊娠して、産休・育休を取ろうなんて図々しい」と何度も言われました……

2 ハラスメントと法的責任（男女雇用機会均等法，育児・介護休業法）

ハラスメントが起こってしまったとき，責任を負うのはハラスメント行為を行った者のみではなく，雇用する事業主も使用者としての責任を問われることになります。事業主がハラスメントを防ぐ取組みを行うことも重要になりますので，確認しておきましょう。

▶ ハラスメントの防止を定めた法律

妊娠・出産・育児休業等を理由とする「不利益取扱い」に加えて，上司・同僚からのハラスメントの防止措置についても，男女雇用機会均等法や育児・介護休業法において事業主に義務づけられています。

男女雇用機会均等法 11条	育児・介護休業法 25条
上司・同僚からの妊娠・出産等に関する言動により妊娠・出産をした女性従業員の就業環境を害することがないよう防止措置を講じること	上司・同僚からの育児・介護休業等に関する言動により育児・介護休業者等の就業環境を害することがないよう防止措置を講じること

法的責任を負うのは，ハラスメント行為を行った者のみではありません。行為者を雇用する会社は，使用者としての使用者責任を負うことがあります。

さらに，ハラスメント防止を定めた男女雇用機会均等法や育児・介護休業法の法違反を問われることになります。

そして，損害賠償請求がされることとなれば，企業にとってその影響は大きいと思います。

▶ もし裁判になってしまったら？

裁判となった場合には，民事責任として加害者に対する損害賠償請求がなされることがあります。そして，ハラスメントをした個人のみならず，会社に対しても民事責任を問われる可能性がありますので，注意が必要です。

（1） 個人の責任

法律	加害者に対しての賠償請求に関する法律
民法 709 条 （不法行為による損害賠償）	故意又は過失によって他人の権利又は法律上保護される利益を侵害した者は，これによって生じた**損害を賠償**する責任を負う。
民法 710 条 （財産以外の損害の賠償）	他人の身体，自由若しくは名誉を侵害した場合又は他人の財産権を侵害した場合のいずれであるかを問わず，前条の規定により損害賠償の責任を負う者は，財産以外の損害に対しても，その賠償をしなければならない。
民法 723 条 （名誉毀損における原状回復）	他人の名誉を毀損した者に対しては，裁判所は，被害者の請求により，損害賠償に代えて，又は損害賠償とともに，名誉を回復するのに適当な処分を命ずることができる。

ハラスメントが不法行為にあたるとして，損害賠償責任を負うことに…！

（2） 企業の責任

法律	ハラスメントに適用される法律 （企業に対しての責任の追及，賠償請求に関する法律）
民法 415 条 （債務不履行による損害賠償）	契約上発生した，しなければならない事を怠ったことによって，損害が生じた場合は，債権者は債務者に対してその損害賠償を請求することができる。（概要）
民法 715 条 （使用者等の責任）	ある事業のために他人を使用する者は，被用者がその事業の執行について第三者に加えた損害を賠償する責任を負う。（後略）
民法 719 条 （共同不法行為者の責任）	数人が共同の不法行為によって他人に損害を加えたときは，各自が連帯してその損害を賠償する責任を負う。共同行為者のうちいずれの者がその損害を加えたかを知ることができないときも，同様とする。（後略）

企業（使用者）は，加害者の責任であるとか，当事者同士の問題であるとして法的責任を逃れることは基本的にできない！

上記を根拠として，**会社（個人）に対して，損害賠償請求がなされる可能性があります！**

ただし，ハラスメント防止対策を十分に果たしていることは，企業責任を軽減させる要素にはなり得るので，会社のハラスメント防止対策がより重要になります。

ハラスメント

3 ハラスメント防止措置
(会社が取り組むべき措置)

ハラスメントを防止するために，会社はハラスメント防止の方針の策定，相談窓口の設置等，対応すべきことがあります。会社が対応すべき措置については，厚労省の指針にてまとめられています。なかでも，ハラスメント相談窓口は相談を受け，事実確認を行ううえで重要な機能を果たしますので，確認しておきましょう。

▶ 指針で定めるハラスメント防止措置

厚労省の指針（平成21年厚労告509号）を基にすると，会社が対応すべき措置としては，以下の内容が考えられます。

分類	詳細	具体的なアクション
（1）方針の明確化およびその周知・啓発	①妊娠・出産・育休等に関するハラスメントの内容，**ハラスメントがあってはならない旨の方針，制度等の利用ができることを明確化し，**管理監督者を含む労働者に**周知**すること。	**社内ホームページ，経営者からの声明，ハラスメント防止規程作成**
	②ハラスメントを行った者を厳正に対処する旨の方針・対処の内容を**就業規則等の文書に規定し，労働者に周知・啓発**すること。	**就業規則への懲戒条文追加，ハラスメント防止規程作成**
（2）相談・苦情に適切に対応するための体制の整備	③**相談窓口**をあらかじめ定めること。	**相談窓口の設置後の周知，ハラスメント防止規程作成**
	④**相談窓口担当者が，内容や状況に応じ適切に対応できるようにする**こと。また，**広く相談に対応**すること。	**相談窓口の対応マニュアルの作成**
（3）ハラスメントにかかる事後の迅速かつ適切な対応	⑤**事実関係を迅速かつ正確に確認**すること。	**ハラスメント相談受付票の作成，相談窓口の対応マニュアルの作成**
	⑥事実確認ができた場合には，**速やかに被害者に対する配慮の措置**を適正に行うこと。	**加害者の配転，被害者のメンタルヘルス対策，相談窓口の対応マニュアルの作成**
	⑦事実確認ができた場合には，**行為者に対する措置を適正に行う**こと。	**懲戒委員会を設置し，審議（弁明の機会を与える）**
	⑧**再発防止に向けた措置**を講ずること。	**全社的な教育（アンケート），方針の再周知，ハラスメント防止規程作成**
（4）ハラスメントの原因や背景となる要因を解消するための措置	⑨業務体制の整備など，事業主や妊娠等した労働者その他の労働者の実情に応じ，必要な措置を講ずること。	**管理職研修，育児休業ハンドブック**
（5）（1）から（4）までの措置と併せて講ずべき措置	⑩相談者・行為者等の**プライバシーを保護するために必要な措置**を講じ，周知すること。	**相談窓口の対応マニュアルの作成，全社的な教育，セクハラ防止規程作成**
	⑪相談したこと，事実関係の確認に協力したこと等を理由として**不利益な取扱いを行ってはならない**旨を定め，労働者に**周知・啓発**すること。	**社内ホームページ，ハラスメント防止ポスター，ハラスメント防止規程作成**

▶ 事業主の方針の明確化およびその周知・啓発

職場におけるハラスメントの内容および職場におけるハラスメントがあってはならない旨の事業主の方針等を明確化し，管理監督者を含む労働者に周知・啓発することをいいます。

また，ハラスメントにかかる言動を行った者については，厳正に対処する旨の方針および対処の内容を，就業規則その他の職場における服務規律等を定めた文書に規定し，労働者に周知・啓発することが必要です。

【取組みの例】
・就業規則に妊娠・出産・育児休業等に関するハラスメント防止の方針を掲載すること
・就業規則にハラスメントの行為者に対する懲戒規定を定め，その内容を従業員に周知・啓発すること

▶ 相談・苦情に適切に対応するための体制の整備

相談窓口をあらかじめ定め，従業員に周知することをいいます。このためには，相談窓口を形式的に設けることだけでは足りず，従業員が利用しやすい体制を整備しておくこと，周知されていることが必要です。ハラスメントに該当するか否かが微妙な場合であっても，広く相談に対応することが望ましいです。

【取組みの例】
・相談に対応する担当者をあらかじめ定めること
・相談を受けた場合，あらかじめ作成した留意点などを記載したマニュアルに基づき対応すること
・外部の機関に相談への対応を委託すること

▶ ハラスメントにかかる事後の迅速かつ適切な対応

ハラスメントが起きてしまったら，事実関係を迅速かつ正確に確認することが必要です。問題が生じた場合の担当部署や対応の手順などをあらかじめ定めておきましょう。

また，ハラスメントが生じた事実が確認できた場合，速やかに被害者に対する配慮を行います。加えて，ハラスメントの行為者を異動するといった措置を取ります。

行為者に対しては，就業規則の懲戒規定に応じた処分を行うこととなります。

そして，再発防止に向け，ハラスメントに関する意識を啓発するための研修を改めて行うことも必要です。また，これまでの防止対策に問題がなかったかどうかを再点検することもよいと考えます。

【取組みの例】
- 相談者および行為者の双方から事実関係を確認し，主張に不一致がある場合は第三者からも事実関係の確認を行うこと
- 事案の内容や状況に応じ，被害者と行為者の間の関係改善に向けての援助，被害者と行為者を引き離すための配置転換，行為者の謝罪，被害者の労働条件上の不利益の回復，被害者のメンタルヘルス不調への相談対応を行うこと
- 就業規則に基づき，行為者に対して必要な懲戒を行うこと

▶ ハラスメントの原因や背景となる要因を解消するための措置

ハラスメントの発生の原因や背景となる要因を解消するため，職場の実態を踏まえて体制づくりを進めましょう。ハラスメントとなる背景の１つには，つわり等体調不良のため労務提供ができないことにより周囲の負担が増えることがあります。

妊娠中，自身の体調等に応じて業務をしていくことと並行して，日頃からお互いに業務をカバーできる環境づくりも重要です。

【取組みの例】
- 妊娠した従業員の周囲の従業員への業務の偏りを軽減するよう，適切に業務分担の見直しを行うこと

▶ 上記の措置と併せて講ずべき措置

ハラスメントに関する事実確認の際には，相談者・行為者のプライバシーに配慮しましょう。相談への対応や事後の対応にあたっては，相談者・行為者等のプライバシーを保護するため，窓口担当者には，プライバシーの保護に関する研修を実施しておくことをお勧めします。

相談者の中には，報復をおそれ，匿名で相談をするケースがありますが，その場合は，事実確認に限界が出てきます。相談のプライバシーは守られることを周知し，安心して相談できるような環境づくりが必要です。

さらに，相談をしたことや事実確認に協力したことを理由とした解雇等の不利益取扱いがなされないことを周知・啓発するようにしましょう。

【取組みの例】
・相談窓口において相談者・行為者等のプライバシーを保護するために必要な措置を講じていることを社内報等に掲載し，配付すること
・相談等を理由として，労働者が解雇等の不利益な取扱いをされない旨を記載し，周知・啓発すること

▶ ハラスメント防止措置のチェックポイント

□　ハラスメント防止が就業規則等の社内規程に明文化されていますか？
□　就業規則の懲戒条文に，「ハラスメントを行ったとき」という内容が定められていますか？
□　ハラスメントの相談窓口が設けられ，周知されていますか？
□　窓口担当者は，相談を受けたときどのように事実確認を行うか，把握していますか？

ハラスメント防止の対応がなされているか，
チェックしておきましょう！

ハラスメント

4 ハラスメントが起こってしまった場合（迅速かつ適切な措置）

ハラスメントに関する相談を受けた場合，事実関係を迅速に確認し，適切な措置を取る必要があります。発生後の対応を誤ると二次被害を生んだり，被害者が行為者と共に会社を訴えることも考えられます。適切な対応をしていれば会社のリスクを減らすことができますので，今一度確認しておきましょう。

▶ ハラスメント相談窓口

・ハラスメントと思われる言動を受けた
・ハラスメントとなるか判断できないが，上司との関係で悩んでいることがある

このような相談を広く受け付けるため，会社は相談窓口を設けなければなりません。相談を受けられるよう，就業規則やハラスメント規程において相談窓口の担当部署を明らかにし，周知しておきましょう。

相談窓口担当者になったら，以下のポイントを重点的にチェックしましょう。

＜相談窓口担当者のポイント＞

□ **相談者のプライバシーに配慮すること**
相談者の了承がないかぎり，行為者や他の従業員に事実関係の確認を行わないことを伝えましょう。

□ **意見を言う立場ではなく，事実を確認する立場であると認識すること**
アドバイス目的の発言であっても，相談者にとっては責められていると捉えられる可能性があります。

□ **その後の対応に関する要望を確認すること**
行為者への事実確認を望んだ場合，迅速に事実確認の対応を進めます。
一方で，行為者への事実確認を望まない場合，相談で終了することとなりますが，深刻度合いを考慮し，本来であれば事実確認が必要とされる場合，相談を継続する判断も必要です。

ONE POINT セクハラ相談窓口，パワハラ相談窓口とマタハラ相談窓口は，それぞれ別の部署で設置する必要がありますか？

それぞれ別の部署で設置する必要はありません。３つの相談窓口は，１つの窓口で対応することのほうが望ましいとされています。

▶ 相談対応の流れ

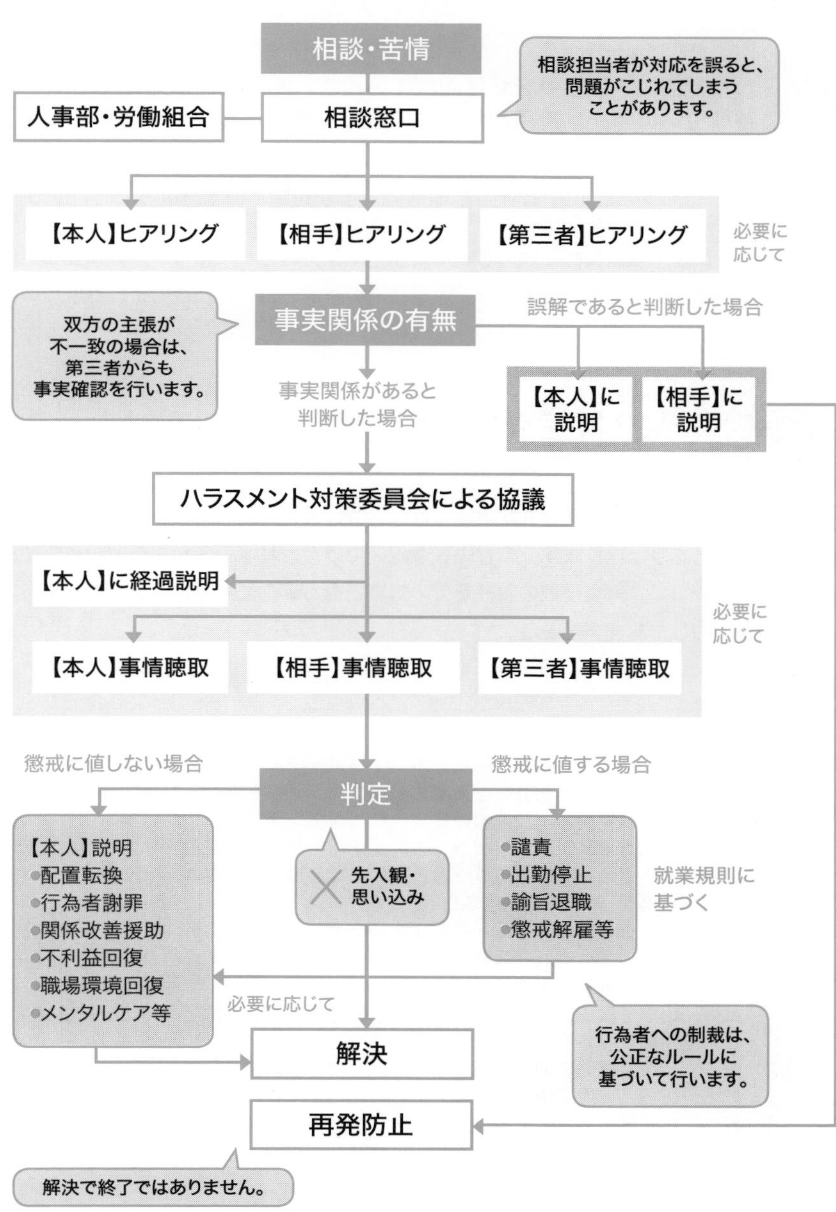
相談・苦情
相談担当者が対応を誤ると、問題がこじれてしまうことがあります。
人事部・労働組合
相談窓口
【本人】ヒアリング
【相手】ヒアリング
【第三者】ヒアリング
必要に応じて
双方の主張が不一致の場合は、第三者からも事実確認を行います。
事実関係の有無
誤解であると判断した場合
【本人】に説明
【相手】に説明
事実関係があると判断した場合
ハラスメント対策委員会による協議
【本人】に経過説明
【本人】事情聴取
【相手】事情聴取
【第三者】事情聴取
必要に応じて
懲戒に値しない場合
懲戒に値する場合
判定
【本人】説明
●配置転換
●行為者謝罪
●関係改善援助
●不利益回復
●職場環境回復
●メンタルケア等
先入観・思い込み
●譴責
●出勤停止
●諭旨退職
●懲戒解雇等
就業規則に基づく
必要に応じて
解決
行為者への制裁は、公正なルールに基づいて行います。
再発防止
解決で終了ではありません。

こんなときどうする?

▶ハラスメント，不利益取扱い（派遣社員，就業規則，匿名の相談，防止研修，窓口担当者）

わが社では派遣社員を受け入れています。派遣社員に対しても不利益取扱いの禁止は適用されるのでしょうか？

A　派遣先と派遣元の両方で，妊娠・出産等を理由とする不利益取扱いの禁止および育児休業等の申出・取得等を理由とする不利益取扱いの禁止が適用されます。例えば，妊娠した派遣社員が，派遣契約に定められた業務ができるにもかかわらず，派遣先が派遣元に対し，派遣社員の交替を求めたり，派遣社員の派遣を拒むことは，不利益取扱いに該当します。

就業規則にマタニティハラスメント防止の条文を追加します。具体的にはどのような条文を記載すべきですか？

A　就業規則では，ハラスメントがあってはならない旨の方針を周知します。具体的な例は，以下のとおりとなります。自社の就業規則で規定されているかをチェックしてみてください。そして，就業規則の懲戒処分の対象となる事由にも「ハラスメントを行ったとき」を追加しておきましょう。

条文例

第〇条（マタニティハラスメントの禁止）
　マタニティハラスメントとは，職場において妊娠・出産・育児休業等を背景として従業員の労働条件に対し不利益を与えること，また，妊娠・出産・育児休業等にかかる言動により当該従業員および他の従業員の就業環境を害するような行為をいう。
（2）　マタニティハラスメントは，従業員の働く意欲を阻害し，職場の秩序を乱し，職場の環境を悪化させるものであり，社員はいかなる形でもマタニティハラスメントに該当する行為を行ってはならない。
（3）　社員はマタニティハラスメントを防止するため，次に掲げる各号に違反してはならない。また，自己，第三者を問わず各号のいずれかに違反する行為を認めた場合には，速やかに所属長に報告しなければならない。
1．妊娠，出産，育児に関する制度や措置の利用等に関し，解雇その他不利益な取扱いを示唆する言動
2．妊娠，出産，育児に関する制度や措置の利用を阻害する言動
3．妊娠，出産，育児に関する制度や措置の利用したことに対する嫌がらせ等
4．妊娠，出産等したことにより，解雇その他不利益な取扱いを示唆する言動
5．妊娠，出産等したことに対する嫌がらせ等
6．その他前各号に相当する行為を行うこと

Q3 匿名でハラスメントの相談が来ました。匿名で相談を受け付けることは可能でしょうか？

A なかには報復をおそれ，匿名で相談するケースがあります。匿名での相談受付は可能ですが，その場合，ヒアリングや事実確認に限界が出てきます。そのため，正確な事実確認を行うために，氏名の開示を求めることも一案です。

その際には，プライバシーの保護について丁寧に説明をし，ヒアリング内容は口外しないこと，相談者は会社として全力で守ることを確約したうえで，名前を出して調査に協力してもらえるよう伝えてみることも考えられます。

Q4 ハラスメントの防止研修は，1回だけでも実施すればよいのでしょうか？

A ハラスメントの防止の周知・啓発は一度行えばよいというものではなく，管理職を中心に，階層別に分けて研修を実施したり，正社員のみならずパート，派遣社員なども対象に含めたり，新入社員の入社時期に合わせたりと，皆さんに対して研修を実施し，周知する工夫をしていきましょう。

Q5 新しくハラスメント窓口の担当者を選任します。窓口担当者として気を付けておく点はありますか？

A 相談窓口担当者は中立的な立場で相談を受け，解決に取り組める人を選任するようにしましょう。また，相談窓口担当者の教育は，大変重要になります。

相談は電子メールや電話で受け付けることが考えられますが，誰でもいきなり相談の問い合わせが来ると，驚いてしまうはずです。

よって，相談があった際に担当者が適切に対応できるように，従業員向けのハラスメント防止研修とは別に，相談窓口担当者への研修を受けさせることや，対応マニュアルを作成することがポイントとなります。

コラム

2023年4月の法改正

～育児休業の取得状況の公表の義務づけ～

▶ 育児休業の取得割合の公表

常時雇用する従業員が1,000人を超える会社は，育児休業等の取得の状況を年１回，公表することが義務づけられます。

具体的には，以下の①または②のいずれかの割合を公表する必要があります。

①男性の育児休業等の取得割合

公表を行う日の属する事業年度の直前の事業年度

公表前事業年度中においてその雇用する男性労働者で育児休業等をした者の数

公表前事業年度において，事業主が雇用する男性労働者であって，配偶者が出産したものの数

または

②男性の育児休業等と育児目的休暇の取得割合

目的の中に育児を目的とするものであることが明らかにされている休暇制度

公表前事業年度においてその雇用する男性労働者で育児休業等をした者の数および小学校就学の始期に達するまでの子を養育する男性労働者を雇用する事業主が講ずる育児を目的とした休暇制度を利用した者の数の合計数

公表前事業年度において，事業主が雇用する男性労働者であって，配偶者が出産した者の数

公表は，公表前事業年度終了後速やか（おおむね３カ月以内）に行うこととされています。自社のホームページや，厚労省のウェブサイト「両立支援のひろば」等で公表することが求められています。

取得割合の公表は，2023年４月１日以後に開始する事業年度からとなります。例えば，事業年度が４月１日～３月31日の企業の場合，「公表を行う日の属する事業年度の直前の事業年度」の公表が必要となりますので，2022年４月１日～2023年３月31日の状況を公表することになります。したがって，2022年４月からの取得状況の把握が必要となりますので，準備を進めておきましょう。

第5章

妊娠・出産・育児・介護にまつわる法的問題と対応策

育児・介護休業法の違反となる対応を確認しましょう

- 労基法関連の違反とは異なり，育児・介護休業法に違反しても，行政罰の適用はありませんが，裁判に発展するというリスクがあります。
- どのような対応が，育児・介護休業法違反となるのか，実際の例を基に確認しましょう。

法違反

企業名公表と過料

育児・介護休業制度の対象となる従業員から休業の申出があった場合，事業主は必ず休業を取得させなければならず，取得させなかった場合，法違反となります。また，妊娠・出産・育児休業等を理由とする「解雇・雇止め・降格」など不利益な取扱いも法違反となります。違反に対する罰則は，①企業名公表と②過料の２とおりがあります。

育児・介護休業法に違反した場合

育児・介護休業法には，個別労働関係紛争法は適用されません。

Step1	従業員が労働局に相談に行くと，「都道府県労働局長の助言，指導，勧告（育児・介護休業法52条の4）」を受けることができる

Step2	それでも解決しないときは，個別労働関係紛争調整委員会による調停を利用することができる （育児・介護休業法52条5，52条6）

Step3	厚生労働大臣は事業主に対し，報告を求め，助言，指導および勧告ができる（育児・介護休業法56条，58条）。従わないときは，企業名公表（育児・介護休業法56条の2）

Step4	公序良俗違反（民法90条），不法行為（民法709条）による損害賠償請求裁判

▶ 育児・介護休業法に違反すると？

育児・介護休業法に違反した場合，労基法違反とは異なり，行政罰はありません。ただし，違反があった場合には，担当行政である労働局雇用環境・均等部から，行政指導が行われます。

行政の指導に従わない場合または報告の求めに対して報告をしない場合は，過料や企業名の公表の対象となります。

なお，従業員は会社が育児・介護休業法に違反している等，会社の対応に疑問をもった際は，労働局長の助言，指導，勧告を申し込むことができます。

労働局長の助言・指導で解決しない場合，個別労働関係紛争調整委員会による調停を利用することもできます。

それでも解決しない場合，最終的には民事裁判に発展するリスクもあります。

▶ 過料とは

厚生労働大臣およびその委任を受けた都道府県労働局長の報告の求めに対して，報告をせず，または虚偽の報告をした者は，20万円以下の過料に処することとされます。

▶ 企業名の公表とは

法違反となる事実の有無を確認する必要があるとき，厚生労働大臣は事業主に対して報告を求めることができます。法違反がある場合には助言，指導，勧告が行われ，勧告に従わない場合は企業名公表の対象となります。

次頁以降では，どのような対応が
育児・介護休業法違反となるか，
Q＆A形式で確認しましょう！

ONE POINT「育児・介護休業法には個別労働関係紛争法が適用されない」とは？

個別労働関係紛争法とは，個々の従業員と事業主との間の紛争について，その実情に即した迅速かつ適正な解決を図るもので，総合労働相談コーナーでの相談，都道府県労働局長による助言・指導，紛争調整委員会にあっせんを受けることができます。育児・介護休業法では，個別労働関係紛争法の適用ではなく，独自に労働局長による助言・指導・勧告の規定が設けられています。

ONE POINT 個別労働関係紛争調整委員会による調停とは？

◆相手が出頭しなければ調停は行われません。
◆最終調停案を受け入れないことも可能。
◆利用は，各都道府県で年間1,2件程度。

こんなときどうする?

妊娠中の雇止め

Q1 契約社員が妊娠し，健診やつわり等で欠勤や早退が増えています。不定期で休むため，勤怠が良くないことを理由に雇止めすることはできますか？

A 欠勤や早退が雇止めの理由でも，実質的には妊娠または出産を事由とした不就労が雇止めの理由となることから，雇止めはできません。

男女雇用機会均等法９条では，育児・介護休業を取得したこと，「その他の妊娠又は出産に関する事由であって厚生労働省令に定めるもの」を理由とした，解雇その他不利益取扱いを禁止しています。

❶「その他の妊娠又は出産に関する事由」とは？

「妊娠又は出産に関する事由」とは，均等則２条２において具体的に８つの事由が定められています。本問での「つわり等による欠勤や早退」は，⑧の妊娠または出産に起因する症状による不就労に該当します。

均等則２条の２

① **妊娠したこと**
② 出産したこと
③ **妊婦健診などの母性健康管理措置を受けたこと**
④ 産前・産後休業をしたこと
⑤ 他の軽易な業務に転換したこと
⑥ 時間外労働，休日労働，深夜残業をしないこと
⑦ 育児時間を取得したこと
⑧ **妊娠または出産に起因する症状により労務の提供ができないこと，できなかったことまたは労働能率が低下したこと**

❷ 男女雇用機会均等法９条に定める不利益取扱いとは？

また，「不利益取扱い」については，男女雇用機会均等法９条において，次の取扱いを指すと定められています。本問での「雇止め」は，②の期間を定めて雇用される者の契約更新をしないことに該当します。

男女雇用機会均等法９条

① 解雇すること
② **期間を定めて雇用される者について，契約の更新をしないこと**
③ 契約更新の上限回数を引き下げること
④ 退職または労働契約内容の変更の強要を行うこと
⑤ 降格させること
⑥ 就業環境を害すること
⑦ 不利益な自宅待機を命じること
⑧ 減給をし，または賞与等において不利益な算定を行うこと
⑨ 昇進，昇格の人事考課において不利益な評価を行うこと
⑩ 不利益な配置の変更を行うこと
⑪ 派遣先が派遣従業員の従業員派遣の提供を拒むこと

よって，本問のように勤怠不良を理由として雇止めをする場合であっても，実質的には妊娠に起因する症状による不就労が雇止めの理由になることから，同法の違反となります。

❸ 均等法における母性保護管理

なお，男女雇用機会均等法13条では，女性従業員が医師等から指導を受けた場合，その指導事項を守ることができるようにするために，会社は必要な措置を講じる義務があると定めています。母性保護管理に関する措置は，雇用形態を問わず適用があり，派遣社員やパートタイマーも対象となります。

会社は従業員から母性健康管理指導事項連絡カードの提出があった場合，必要な措置を講じましょう。

母性健康管理指導事項連絡カード⇒詳しくは24頁

男女雇用機会均等法13条

事業主は，その雇用する女性従業員が前条の保健指導又は健康診査に基づく指導事項を守ることができるようにするため，**勤務時間の変更，勤務の軽減等必要な措置を講じなければならない。**

必要な措置とは？

○通勤緩和（時差通勤，勤務時間の短縮等の措置）
○妊娠中の休憩に関する措置（休憩時間の延長，休憩回数の増加等の措置）
○妊娠中または出産後の症状等に対応する措置（作業の制限，休業等の措置）

こんなときどうする？

▶産休明けの解雇

Q1 業績悪化により，急遽店舗が閉店することとなりました。産休明けに，店舗に復帰する予定の従業員について，整理解雇の対象としてもよいでしょうか？

A　労基法19条の定めにより，産前産後休業中の期間およびその後30日間は，従業員を解雇することはできないとされます。

唯一解雇が認められるケースは，天災事変その他やむを得ない事由のために事業の継続が不可能となり，その事由について，労基署長の認定を受けたときのみです。

❶ 労基法の解雇制限

労基法19条に定める解雇制限は，前頁における男女雇用機会均等法における「妊娠・出産」を理由とした不利益取扱いよりも，強い禁止規定です。

例えば，従業員側に明らかに非があるような懲戒解雇相当事由がある場合や，会社が経営難に陥っている場合も「産前産後期間＋その後30日間」の期間は解雇することができません。

唯一解雇が認められるケースは，天災事変その他やむを得ない事由のために事業の継続が不可能となり，その事由について，労基署長の認定を受けたときのみです。

労基法においては，産前６週間，産後８週間の産休が取れることになっています。産後６週間は従業員の請求がなくとも働くことを禁止されていますが，産前６週間，産後６～８週間は，従業員の請求により休む期間です。

解雇制限の期間は，法律で定められた産休期間のうち実際に休んだ期間とその後30日間について，適用されます。

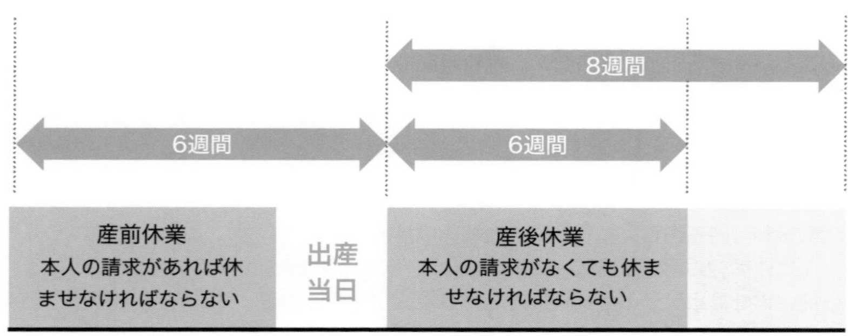

❷ 労基法の解雇制限と均等法の解雇制限

「産前産後期間＋その後30日間」については，労基法の定めにより解雇が制限されていますが，加えて，男女雇用機会均等法９条４項では，妊娠中もしくは出産後１年以内の解雇は原則無効としています。

ただし，事業主が当該解雇が妊娠・出産，産休・育休取得を理由とする解雇でないことを証明した場合にかぎり，解雇が有効になるとしています。

男女雇用機会均等法９条

1　事業主は，女性労働者が婚姻し，妊娠し，又は出産したことを退職理由として予定する定めをしてはならない。

2　事業主は，女性労働者が婚姻したことを理由として，解雇してはならない。

3　事業主は，その雇用する女性労働者が**妊娠**したこと，**出産**したこと，労働基準法（昭和22年法律第49号）第65条第１項の規定による休業を請求し，又は同項若しくは同条第２項の規定による**休業**をしたことその他の妊娠又は出産に関する事由であって**厚生労働省令で定めるもの**を理由として，当該女性労働者に対して**解雇その他不利益な取扱い**をしてはならない。

4　妊娠中の女性労働者及び出産後１年を経過しない女性労働者に対してなされた解雇は，無効とする。ただし，事業主が当該解雇が**前項に規定する事由を理由とする解雇でないことを証明したとき**は，この限りでない。

❸ まとめ

産休明けの従業員の解雇は，男女雇用機会均等法だけでなく，労基法19条で禁止されています。労基署長の認定を受けないかぎり，原則解雇はできません。業績悪化による店舗閉店の場合であっても，通勤可能な他店舗への異動を提示する等，雇用確保に努める必要があります。

こんなときどうする?

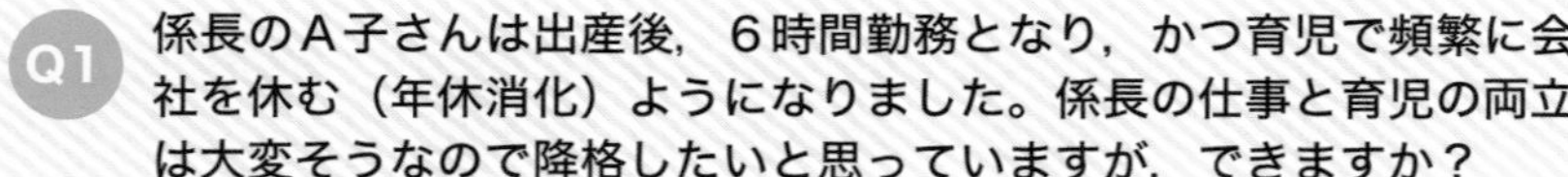

育休明けの降格

Q1 **係長のＡ子さんは出産後，６時間勤務となり，かつ育児で頻繁に会社を休む（年休消化）ようになりました。係長の仕事と育児の両立は大変そうなので降格したいと思っていますが，できますか？**

A　妊娠・出産等の事由を契機とした降格は，男女雇用機会均等法９条に定める不利益取扱いになるため，できません。

Ａさんの係長としてのパフォーマンスが，以前と変わらないにもかかわらず，単に「短時間勤務となった」「年休消化の頻度が増えた」ことを理由に降格する場合，降格は**妊娠出産等の事由を「契機として行われた」と解されます。**

ただし，以下のケースは不利益取扱いに該当しません。

・育休取得前より「能力が低い」「リーダーとしての適格性がない」ことが問題となっていた
・本人が役職解任を希望している

❶「妊娠出産を契機とした」不利益取扱いについて

契機としているか否かの判断は，「妊娠出産等の事由」と不利益取扱いの事由が時間的に近接しているかどうかで判断されます。

「妊娠・出産・育児休業等を契機とする不利益取扱いに係るQ&A（厚労省）」によると，具体的に，**『原則として，妊娠・出産・育休等の事由の終了から１年以内に不利益取扱いがなされた場合は「契機として」いると判断する。ただし，事由の終了から１年を超えている場合であっても，実施時期が事前に決まっている，又は，ある程度定期的になされる措置（人事異動（不利益な配置変更等），人事考課（不利益な評価や降格等），雇止め（契約更新がされない）など）については，事由の終了後の最初のタイミングまでの間に不利益取扱いがなされた場合は「契機として」いると判断する』**とされています。

今回のケースでは，産休もしくは育休明けすぐの出来事であり，１年以内の降格に該当し，「妊娠・出産を契機としている」と解されます。

❷ 不利益取扱いが違法にならない例

妊娠・出産を契機とした不利益取扱いであっても，次のいずれかに該当する場合は，違法にならないとされます（平28.8.2職発0802第２号，雇児発0802第３号）。

ア　業務上の必要性から不利益取扱いをせざるをえず，業務上の必要性が，不利益取

扱いにより受ける影響を上回ると認められる事情が存在するとき

イ　育休や不利益取扱いにより受ける有利な影響が，不利益取扱いにより受ける不利な影響を上回り，会社がこれらを説明したうえで，本人が合意している場合

例外①
○業務上の必要性から不利益取扱いをせざるをえず，
○業務上の必要性が，不利益取扱いにより受ける影響を上回ると認められる事情が存在するとき

不利益取扱いによる影響＜必要性

ex.かねてより能力不足が問題とされており，降格の内容・程度が能力不足と比較して妥当で，改善の機会を相当程度与えたが改善の見込みがない場合 等

例外②
○育休や不利益取扱いにより受ける有利な影響が不利益取扱いにより受ける不利な影響を上回り，
○会社がこれらを説明したうえで，本人が合意している場合

不利益＜有利な取扱い＋事業主の説明、本人の合意

ex.社員の求めに応じ業務量が軽減される等，有利な影響が不利な影響を上回り，不利益な影響について事前に適切な説明があり、従業員が十分理解したうえで応じるかどうかを決められた 等

能力が低いという理由で降格とするのは、「妊娠・出産を契機として行われた」と解されるか？

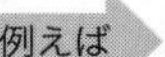

妊娠・出産が評価結果に影響を与えていないかを確認します。人事評価に応じて降格される制度となっており，妊娠・出産等の事情の有無にかかわらず平等に制度が運用されているのであれば，降格も男女雇用機会均等法に抵触しません。

❸ まとめ

育休明けすぐの従業員の降格を検討する場合は，基本的に不利益取扱いに該当しますが，不利益取扱いが違法とならないケースもあります。

実際に不利益取扱いが違法となるかどうかは，業務上の必要性を鑑みて，本人が受ける影響や合意の有無等によって総合的に判断されます。

こんなときどうする？

▶育休明けの配置転換

Q1 育児休業期間中に，組織改編により担当していた業務が消滅してしまいました。
復帰する際，従前の業務がないことから，配置転換はできるのでしょうか？

A　育介指針では，原職または原職相当職に復帰させるよう配慮すること，とされています。

育児・介護休業法では「努力義務」のため，現職または原職相当職に就くことが難しい場合，他の業務に配転することは可能ですが，不利益な配置転換とならない対応が必要です。

経済的・精神的不利益の程度によっては，男女雇用機会均等法や育児・介護休業法の不利益取扱い禁止規定に抵触する場合があるので，復職明けに配置転換が必要となる場合は，本人の希望を確認しながら，慎重に対応しましょう。

❶ 原職または原職相当職とは？

育児休業および介護休業後の配置について，育介指針（第２の７（１））によると「原則として原職または原職相当職に復帰させるよう配慮すること」とされています。

原職相当職とは，次の３つの要件をすべて満たす必要があるとされます（平28.8.2職発0802第２号、雇児発0802第３号）。

① 休業後の職制上の地位が休業前より下回っていないこと
② 休業前と休業後とで職務内容が異なっていないこと
③ 休業前と休業後とで勤務する事業所が同一であること

当該配置転換の配慮については，「努力義務」とされており，原職相当職に就くことが難しい場合，他業務に配置転換することも可能です。

その他の業務に配置転換する場合は，当該配置転換が不利益な取扱いか否かについて確認する必要があります。

❷ 復帰後の配置転換の不利益性の検証

原職または原職相当職に配置転換できない場合，配置転換が育児・介護休業法10条で禁止されている不利益な取扱いとならないよう検証する必要があります。

例えば，「土日休みの本社勤務の企画職の社員を，シフト勤務の店舗スタッフに配置転換をし，給与を20％下げる」といった配置転換など，本来の業務からかけ離れており，かつ勤務体制が変更になるなど，通常の人事異動のルールにはない変更により，従業員に経済的・精神的に相当程度不利益を生じさせる場合は，不利益取扱いに該当します。

一方，「土日休み企画職の社員を，同じく土日休みの営業事務職に異動するが，給与は据置き」など，通常の人事異動のルールから十分説明ができるような配置転換は不利益取扱いには該当しないと判断されます。

【不利益取扱いになる場合】

通常の人事異動のルールからは十分に説明できない職務または就業の場所の変更を行うことにより，従業員に相当程度経済的または精神的な不利益を生じさせる場合

【不利益取扱いにならない場合】

通常の人事異動ルール（内規等の人事異動の基本方針）から十分に説明できる場合

❸ まとめ

育児休業・介護休業明けは，原職・原職相当職に配置することが望ましいとされます。原職相当職の配属が難しい場合には，従業員が受ける不利益性を考慮し，かつ配置の変更が会社の人事異動のルールに合っているなど，合理性があることの説明が必要です。

具体的には次のポイントを勘案しつつ，変更の合理性について検討しましょう。

検討ポイント

1．配置の変更前後の賃金その他の労働条件

・賃金の低下（基本給の低下，手当不支給等）や給与体系変更による不利益は生じないか

・通勤時間の面で不利益は生じないか

・その他労働条件の低下は生じないか

2．通勤事情

・通勤時間が大幅に増加することはないか

3．当人の将来に及ぼす影響等諸般の事情

・職務の具体的内容

・再び従前の職務に配転する可能性はあるか

こんなときどうする?

育休中の就労

育休中の従業員に業務委託で執筆の仕事を依頼してもよいでしょうか?

A　育児休業中の従業員に対して，個人事業主として業務委託をお願いすることは可能です。ただし，この場合も，育児休業中であることには変わりないため，「一時的・臨時的」依頼である必要があります。

また，同一事業主の間で，業務委託契約と雇用契約の二重契約を締結することは可能ですが，指揮命令権が及ぶリスクが高まることから，偽装請負とならないよう注意が必要です。

❶ 育児休業中の就労について

育児休業中は，基本的には就労を免除されている期間のため，恒常的に就労することはできません。ただし，労使の話し合いによって，一時的・臨時的に就労することは可能であるとされています（育児・介護休業法９条の５）。

また，育児休業中は育児休業給付金を受給することができますが，支給単位期間中の就業が10日を超え，かつ就業時間が80時間を超える場合，育児休業給付金は不支給となります。

恒常的・定期的就労は不可

育児休業中の就労

労使の話し合いにより，一時的・臨時的に就労することは可能。
※従業員が会社の求めに応じ，合意することが必要。

2022年10月改正

出生時育児休業中の就労

労使協定を締結している場合にかぎり，労使の個別合意により育児休業中の就業が可能。

❷ 業務委託契約とは

業務委託契約とは，自社の業務を他社や個人事業主に代わりに行ってもらう契約です。業務委託契約の場合，雇用主と従業員という雇用関係とは異なり，発注者と個人事業主の関係になり，労基法の適用を受けません。

業務委託契約では，成果物の納品によって報酬が支払われるものであり，労働時間という概念がなくなります。

なお，業務委託契約の特徴は「指揮命令権がないこと」であり，会社が細かい指示などを出すことはできません。業務委託契約であっても，会社が細かい指示をしていたり，会社が稼働時間を指定したりしている場合は，偽装請負と判断されます。

業務委託契約の注意点

- □ **会社に指揮命令権がありません。細かい指示などは出せません。**
- □ **成果物の納品によって，報酬が支払われます。稼働時間を指示することはできません。**

❸ まとめ

業務委託契約で執筆をする場合でも，育児休業中に働くことは変わりません。育児休業中の就労が認められる原則である「一時的・臨時的」就労である要件は満たす必要があります。恒常的に就労する場合は，育児休業をしているとはみなされなくなり，給付金や社会保険料免除に影響が出る可能性があります。

例えば，突発的に商品のマニュアルの翻訳が必要になり，英語の得意な従業員に担当していた商品の翻訳を依頼するなど，育児休業中の従業員にその業務を依頼することについて，合理性があり，かつ，その業務負担が過重にならないよう配慮する必要があります。

【臨時的就労にならない場合】

当初より，あらかじめ決められた１日４時間で月20日勤務したり，毎週特定の曜日・時間に勤務する場合

【臨時的就労になる場合】

限られた少数の社員にしか情報共有されていない事項に関わるトラブルが発生し，経緯を知っている休業者に一時的なトラブル対応を依頼し，合意した場合

こんなときどうする？

▶管理監督者の介護休業取得

部長職についている従業員が介護を抱えている様子です。管理職でも介護休業や短時間勤務は適用されるのでしょうか？

A　管理監督者も介護休業取得することは可能です。

一方，管理監督者は，労基法上，「労働時間，休暇及び休日に関する規定」の適用除外とされていることから，短時間勤務の適用は必須とされていません。

しかしながら，必要性に応じて役割・責任等を見直して，短時間勤務の適用とするなどの配慮は必要でしょう。

❶ 管理監督者とは

管理監督者とは，企業の中で相応の地位と権限が与えられ，労働条件の決定その他労務管理について経営者と一体的な立場と評価することができる従業員のことをいいます。

労基法41条２号では「事業の種類にかかわらず監督若しくは管理の地位にある者」と定義しており，労基法で定められた労働時間，休日等に関する規制が適用されないことも特徴です（ただし，深夜業については適用あり）。

【管理監督者とは】
- **労働時間，休憩，休日等に関する規制の枠を超えて活動せざるを得ない重要な職務内容，責任と権限を有していること**
- **現実の勤務態様が労働時間等の規制に馴染まないようなものであること**
- **賃金等について，その地位にふさわしい待遇がなされていること**

❷ 管理監督者の短時間勤務

育児・介護休業法における，育児・介護休業については，管理監督者を適用除外する定めはなく，管理監督者であっても育児・介護休業を取得することができます。

一方，労働時間，休日等に関する規制が適用されず，管理監督者は自ら労働時間を管理することが可能な立場であることから，会社が短時間勤務の措置を講じることは必須ではないと解されます。

ただし，管理監督者であっても，介護を抱えている場合には，役割や責任等を見直したうえで，短時間勤務制度を適用する検討は必要といえます。

また，社内で管理監督者扱いの従業員であっても，遅刻・早退で賃金控除があるなど，法律の管理監督者要件を満たさない場合には，短時間勤務を認める必要があるでしょう。

管理監督者

管理監督者の適用除外

管理監督者は，労基法上，「労働時間、休暇及び休日に関する規定」は適用除外です。

育児休業・介護休業の適用は？

育児休業・介護休業は労働時間、休憩、休日に含まれず，育児休業・介護休業を認める必要があります。

つまり？

管理監督者の育児・介護短時間勤務

管理監督者は，自ら労働時間管理を行うことが可能な立場にあることから，

原則， 短時間勤務の措置を講じることは必須でなく，給与も減額となりません。

こんなときどうする?

▶管理監督者に対する時間外労働の制限

Q1 部長職についている従業員から,「時間外労働の制限」の請求がありました。利用させる必要があるのでしょうか?

A 管理監督者は,「労働時間,休暇及び休日に関する規定」の適用除外とされていることから,育児・介護休業法における「時間外労働の制限」「所定外労働の制限」の対象外となります。

ただし,管理監督者も深夜業については,労基法において適用除外となっていないことから「深夜業の制限」は適用されます。

管理監督者の深夜業の免除

> 管理監督者も労基法における「深夜業」については,適用除外となっていません。
> よって,「深夜業の制限」の請求は受けることができます。

▶助言・指導・勧告

Q1 育休明けの配置転換に納得がいかない従業員が労働局に相談に行く,と言っています。事実確認など,どのような手続きになるでしょうか?

A 従業員が労働局雇用環境・均等部に相談に行った場合,労働局の担当者はまず,従業員から事情を聴取し,妊娠・出産・育児休業等を「契機として」行われた不利益取扱いであるか等を判断します。

そのうえで,従業員の意向を尊重しつつ,必要な場合は,「例外」に該当するかどうか(法違反にはあたらないとされる特段の事情等が存在するかどうか)等の事実関係を確かめるために,雇用環境・均等部は会社に対して報告を求めます。

会社が報告の求めに応じ,報告を行った場合において,「例外」に該当しない(法違反となる不利益取扱いに該当する)と判断された場合,雇用環境・均等部は会社に対して,「助言・指導・勧告」を行い,是正を求めることになります。

「助言・指導・勧告」するものの,是正しない場合には,次に厚生労働大臣名の勧告書が交付されます。

それでもなお是正されない場合には,最終的に企業名が公表される可能性もあります

(男女雇用機会均等法30条，育児・介護休業法56条の２)。

なお，会社が報告に応じないもしくは，虚偽の申告をした場合，20万円の過料が課される可能性があります（男女雇用機会均等法33条，育児・介護休業法66条)。

従業員が労働局に行き,「助言・指導・勧告」を利用

従業員から事情聴取後, 本人の希望に応じて,
事実確認のために, 会社に報告を求める

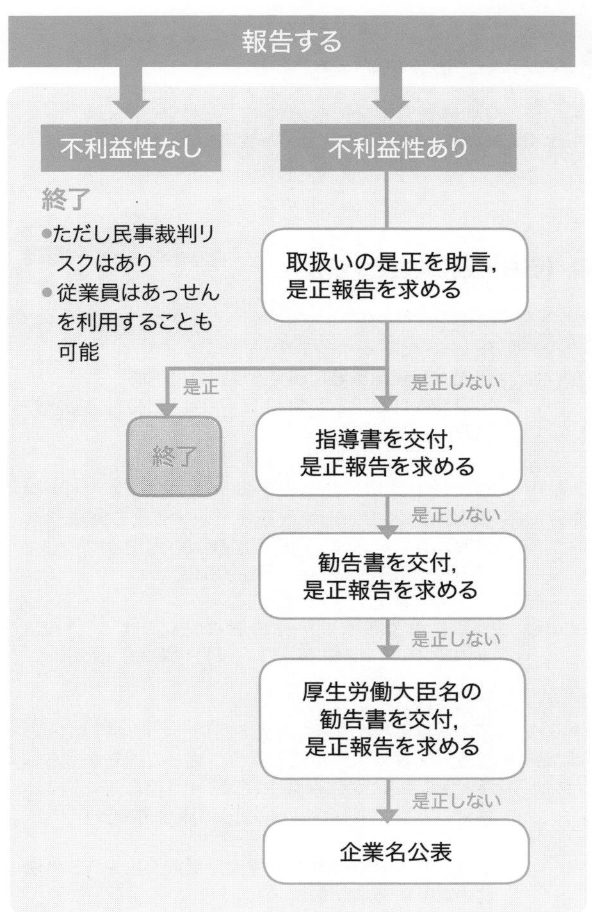

会社が報告に応じないもしくは, 虚偽の申告をした場合, 20万円の過料が課される(男女雇用機会均等法33条, 育児・介護休業法66条)

特典
資料ダウンロードサービス

本書の特典として，下記の資料をダウンロードできます。どうぞご活用ください。

1．行政の詳細な説明文書（実務に役立つ部分）

2．育児・介護休業制度のための社内様式

3．従業員に説明するためのプレゼンテーション資料（本書のダイジェスト），「出産・育児をめぐる制度の手引き」

下記，URLにアクセスしてください。情報更新は随時行います。

http://www.e-sanro.net/data/4517/

1 行政の詳細な説明文書（うち実務に役立つ部分）

PDFファイル

記号	概要	資料名
A	法改正に伴い，変更しなければならない規定の例	育児・介護休業等に関する規則の規定例〔簡易版〕（2022年4月1日，10月1日施行対応版）〔厚生労働省〕
B	法改正に伴う，育児休業中の健康保険料の免除要件の見直しに関するQ＆A	全世代対応型の社会保障制度を構築するための健康保険法等の一部を改正する法律による健康保険法等の改正内容の一部に関するQ&Aの送付について（2022年3月31日）〔厚生労働省〕
C	改正育児休業法についてのQ＆A（最新版）	令和３年改正育児・介護休業法に関するQ＆A（2022年7月25日時点）〔厚生労働省〕
D	事業主が育児・介護休業法にのっとり守らなければならない事項	子の養育または家族の介護を行い，または行うこととなる労働者の職業生活と家庭生活との両立が図られるようにするために事業主が講ずべき措置等に関する指針（2022年10月1日改正）（厚生労働省）
E	育児・介護休業法	育児休業，介護休業等育児又は家族介護を行う労働者の福祉に関する法律

2 育児・介護休業制度のための社内様式（厚労省）

番号			関連頁
1	社内様式1	（出生時）育児休業申出書	44～47頁, 68～80頁
2	社内様式2	〔(出生時）育児・介護〕休業取扱通知書	42～47頁, 68～80頁, 108～109頁
3	社内様式3	〔(出生時）育児休業・育児のための所定外労働制限・育児のための時間外労働制限・育児のための深夜業制限・育児短時間勤務〕対象児出生届	72～73頁
4	社内様式4	〔(出生時）育児・介護〕休業申出撤回届	48～49頁, 78～80頁, 112～113頁
5	社内様式5	〔(出生時）育児・介護〕休業期間変更申出書	48～49頁, 76～77頁, 110～111頁
6	社内様式6	介護休業申出書	108～109頁
7	社内様式7	〔子の看護休暇・介護休暇〕申出書	90～94頁, 118～119頁
8	社内様式8	〔育児・介護〕のための所定外労働制限請求書	86～88頁, 116～117頁
9	社内様式9	〔育児・介護〕のための時間外労働制限請求書	86～88頁, 116～117頁
10	社内様式10	〔育児・介護〕のための深夜業制限請求書	86～88頁, 116～117頁
11	社内様式11	育児短時間勤務申出書	82～85頁
12	社内様式12	介護短時間勤務申出書	114～115頁
13	社内様式13	〔育児・介護〕短時間勤務取扱通知書	82～85頁, 114～115頁
14	社内様式14	育児目的休暇取得申出書	42～43頁
15	社内様式15	出生時育児休業中の就業可能日等申出・変更申出書	50～56頁
16	社内様式16	出生時育児休業中の就業可能日等申出撤回届	50～56頁
17	社内様式17	出生時育児休業中の就業日等の提示について	50～56頁
18	社内様式18	出生時育児休業中の就業日等の〔同意・不同意〕書	50～56頁
19	社内様式19	出生時育児休業中の就業日等撤回届	50～56頁
20	社内様式20	出生時育児休業中の就業日等通知書	50～56頁

【参考】

本書で解説した社会保険関連の申請書

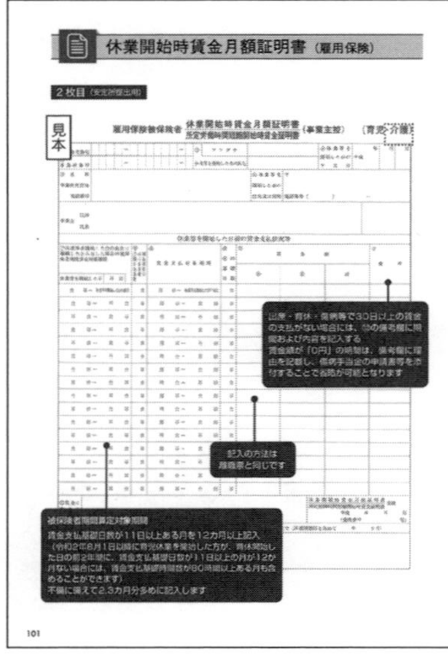

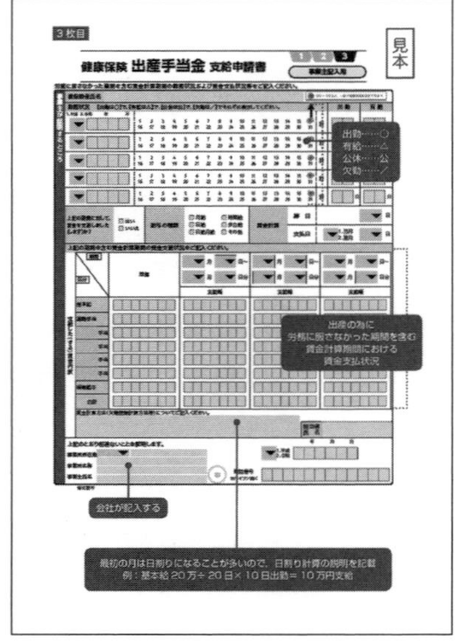

3 従業員に説明するために本書をダイジェストしたプレゼン資料「出産・育児をめぐる制度の手引き」

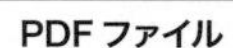

＜手引きの内容＞

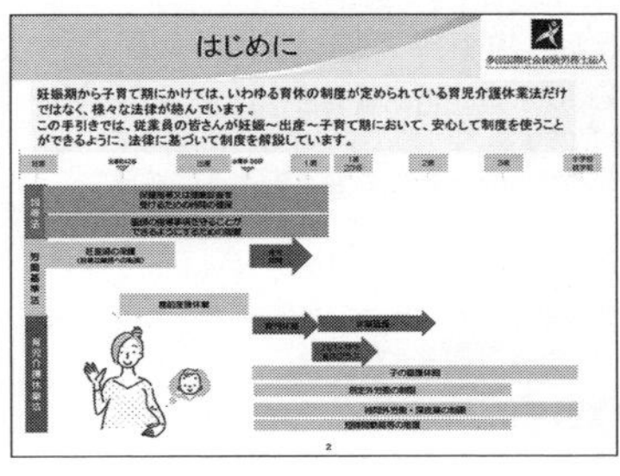

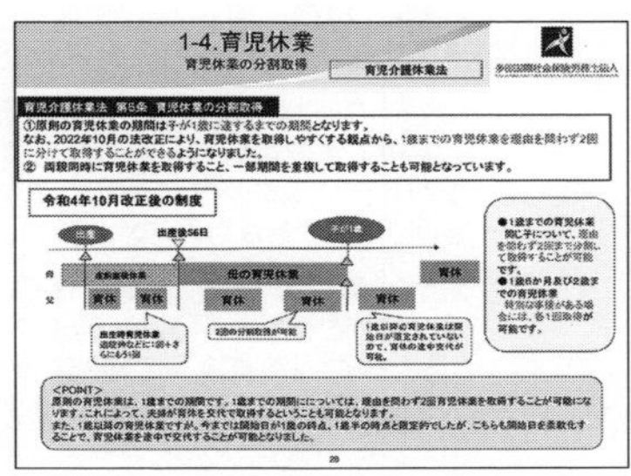

Q&A
こんなときどうする？
一覧

■出産・育児関連

Q&Aこんなときどうする? 一覧

キーワード		Qの内容	掲載頁
育休明けの配置転換	Q1	育児休業期間中に，組織改編により担当していた業務が消滅してしまいました。復帰する際，従前の業務がないことから，配置転換はできるのでしょうか？	208
育休中の就労	Q1	育休中の従業員に業務委託で執筆の仕事を依頼してもよいでしょうか？	210
助言・指導・勧告	Q1	育休明けの配置転換に納得がいかない従業員が労働局に相談に行く，と言っています。事実確認など，どのような手続きになるでしょうか？	214

■介護関連

キーワード		Qの内容	掲載頁
介護休業	Q1	入院している家族の介護休業を取得したいと申出がありました。入院しているのであれば，従業員が介護する必要はないと思うのですが，休業させなければなりませんか？	122
	Q2	介護休暇の1日の時間数について，1日の所定労働時間が日によって異なる従業員の場合，何時間が「1日」となりますか？	122
	Q3	短時間勤務制度において，所定労働時間を5時間とする場合，休憩なしで連続勤務を認めてもよいでしょうか？	122
	Q4	従業員に転勤を命じたところ「親の介護があるので，他の人に代えてもらえないか」と言われました。介護をする従業員には異動を命じられないのでしょうか？	123
	Q5	祖母の介護のための介護休業を取得中です。先日父が倒れ，父の介護も必要になりました。2人同時に介護をする場合は，介護休業の日数はどうなるでしょうか？	123
	Q6	母の介護のために介護休業を取得していますが，先日自分が事故に遭い，介護ができなくなってしまいました。介護休業日数は残っていますが，介護休業を取得したまま休むことはできるのでしょうか？	124
	Q7	店舗で働く社員から金曜日に介護休暇の申出がありました。金曜は繁忙期のため他の日の取得に代えられないか提案してもよいでしょうか？	124
支給申請，財形貯蓄，住民税	Q1	受給中に本人が死亡したときの介護給付金の支給申請は？	175
	Q2	介護休業期間中の財形貯蓄の取扱いは？	175
	Q3	介護休業期間中の住民税の取扱いは？	175
管理監督者の介護休業取得	Q1	部長職についている従業員が介護を抱えている様子です。管理職でも介護休業や短時間勤務は適用されるのでしょうか？	212
管理監督者に対する時間外労働の制限	Q1	部長職についている従業員から，「時間外労働の制限」の請求がありました。利用させる必要があるのでしょうか？	214

多田智子（ただ・ともこ）
特定社会保険労務士。多田国際社会保険労務士法人代表社員。
日本化学工業株式会社　社外取締役，株式会社ムロコーポレーション　社外取締役。
経営方針から直結する人材戦略，グローバル化への対応をお客様と共に実現することを目指す労務分野に特化した社会保険労務士事務所を経営。2002年創業以来，上場・中堅企業の就業規則・労務相談・最近では海外労務に関するコンサルティング活動を中心に積極的に活動。独立した公正中立な立場を採り，大手金融機関等の主催によるセミナーを講演し，独自のプレゼンツール等含め高い評価を得ている。2006年3月に法政大学大学院イノベーションマネジメント専攻にてMBA取得。同校にて修士論文「ADR時代の労使紛争」が優秀賞を受賞。

育児・介護休業のすべて
制度から手続きまでがぱっとわかる

2022年10月10日　第1版　第1刷発行

著　者　　多田　智子
発行者　　平　盛之
発行所　　(株) 産労総合研究所　出版部　経営書院
〒100-0014
東京都千代田区永田町1－11－1三宅坂ビル
TEL　03-5860-9799
URL　https://www.e-sanro.net/

デザイン　DeHAMA
イラスト　あべまれこ
校正　ドーン・プランニング
印刷・製本　中和印刷株式会社

定価はカバーに表示してあります。
ISBN　978-4-86326-332-1